WIRTSCHAFTS- UND FINANZWISSENSCHAFTLICHE FORSCHUNGEN

Herausgegeben von Professor Dr. H. Jecht

Band 2

WIRTSCHAFTS- UND FINANZWISSENSCHAFTLICHE FORSCHUNG

Herausgegeben von Professor Dr. H. Jecht

Band 2

ALOIS OBERHAUSER

Finanzpolitik und private Vermögensbildung

SPRINGER FACHMEDIEN WIESBADEN GMBH

FINANZPOLITIK UND PRIVATE VERMÖGENSBILDUNG

Eine theoretische und
empirische Untersuchung

von

Alois Oberhauser

SPRINGER FACHMEDIEN WIESBADEN GMBH

Als Habilitationsschrift auf Empfehlung der Staatswirtschaftlichen Fakultät der Universität München

Gedruckt mit Unterstützung der Deutschen Forschungsgemeinschaft

ISBN 978-3-663-00531-5 ISBN 978-3-663-02444-6 (eBook)
DOI 10.1007/978-3-663-02444-6

Verlags-Nr. 033002
1. Auflage 1963

Ursprünglich erschienen bei Westdeutscher Verlag, Köln und Opladen 1963

VORWORT DES HERAUSGEBERS

Der Gedanke, die Finanz- und Steuerpolitik in den Dienst der Einkommensredistribution zu stellen, weist sowohl in der finanzwissenschaftlichen Ideengeschichte als auch in der Steuergesetzgebung bereits eine ehrwürdige Tradition auf. Dies gilt nicht in gleichem Maße für das Ziel einer gleichmäßigeren Verteilung des volkswirtschaftlichen Vermögenszuwachses auf die verschiedenen sozialen Schichten der Bevölkerung. Zwar spricht – was heute nicht allgemein bekannt ist – schon Adolph Wagner von der Aufgabe einer „sozialen Volkswirtschafts- und Finanzpolitik", „regulierend in die vertragsmäßige Verteilung der Einkommen (und Vermögen)" einzugreifen[1]. Doch steht bei ihm wie auch bei den späteren finanzwissenschaftlichen Autoren und in der praktischen Steuergesetzgebung der Gesichtspunkt einer gleichmäßigeren Verteilung des Volkseinkommens „als Grundlage für eine umfassende Bedürfnisbefriedigung"[2] im Mittelpunkt des Interesses.

In dieser Hinsicht vollzieht sich gegenwärtig ein bedeutsamer Wandel. Hatte die Steuergesetzgebung der Bundesrepublik in der ersten Nachkriegsperiode der Förderung des Wiederaufbaus und des volkswirtschaftlichen Wachstums ihr Hauptaugenmerk zugewandt, so rückt in der gegenwärtigen Erörterung über eine Neuorientierung der Finanz- und Steuerpolitik die Frage einer gleichmäßigeren Vermögensverteilung immer stärker in den Vordergrund. In der Literatur wird diese Frage vor allem im Zusammenhang mit den Problemen der Wirtschaftsordnung und ihrer Sicherung diskutiert.

Die Arbeit von Herrn Privatdozent Dr. Alois Oberhauser will einen Beitrag zu diesem Problemkreis liefern. Dies geschieht allerdings nicht in der Weise, daß sie in die aktuelle Diskussion einer gleichmäßigeren Vermögensverteilung mit finanz- und steuerpolitischen Mitteln unmittelbar eingreift. Es geschieht vielmehr in dem Sinn, daß sie sich um die Klärung der grundlegenden Zusammenhänge zwischen den finanzpolitischen Maßnahmen des Staates, der Vermögensbildung im privaten Sektor und deren Verteilung auf die verschiedenen sozialen Schichten bemüht. Sie füllt insofern eine Lücke in der Literatur aus, als es in dieser bisher an einer systematisch-umfassenden Behandlung des Fragenkreises fehlte.

[1] Adolph Wagner: Grundlegung der politischen Ökonomie. 3. A., I. Teil: Grundlagen der Volkswirtschaft, 2. Halbband 1893, insbesondere S. 669 und 706.
[2] Ebenda: S. 715.

Für diejenigen, die glauben, daß das erstrebte Ziel in einfacher Weise durch Änderung der Steuergesetzgebung unter dem Gesichtspunkt der Förderung der Vermögensbildung der breiten Schichten der Bevölkerung erreicht werden kann, wird die Arbeit von Herrn Dr. Oberhauser eine Enttäuschung bedeuten. Denn eines der wichtigsten Ergebnisse dieser Arbeit ist es, daß viele der heute angewandten finanzpolitischen Maßnahmen nur wenig auszurichten vermögen, ja, daß sie vielfach sogar das Gegenteil des vom Gesetzgeber Erstrebten bewirken. Aber hier wie auf anderen Gebieten besteht die Aufgabe der Wissenschaft nicht zuletzt darin, überkommene Vorurteile zu zerstören und die Grenzen des durch staatliche Eingriffe Erreichbaren deutlich zu machen. Auf der anderen Seite zeigt die Untersuchung aber doch, daß es bei richtiger Einsicht in die Zusammenhänge auf einigen Gebieten durchaus möglich ist, die Finanzpolitik mit Erfolg in den Dienst der erwähnten Zielsetzung zu stellen. Im übrigen ist es Sinn der vorliegenden wie jeder wissenschaftlichen Arbeit, weniger Fragen abschließend zu beantworten, als die Diskussion über eine für das Schicksal unserer Gesellschaft und Wirtschaft fundamental wichtige Frage anzuregen.

H. Jecht

München, Juli 1963

VORWORT DES VERFASSERS

Nur wenige Sätze will ich dem Vorwort des Herausgebers hinzufügen. Zunächst möchte ich meinem verehrten Lehrer, Herrn Professor Dr. Horst Jecht, aufrichtig danken. Von ihm ging die Anregung zu der vorliegenden Untersuchung aus, die er durch großzügiges Entgegenkommen und kritische Anmerkungen wesentlich gefördert hat. Auch den Herren Professoren Bernhard Pfister und Hans Möller bin ich für wertvolle Hinweise sehr verbunden, desgleichen meinen Kollegen am Institut für Finanzwissenschaft der Universität München, Herrn Dr. H. Fecher, Herrn Dr. L. Weichsel und Fräulein Dipl.-Volkswirt E. Sommer. Nicht zuletzt danke ich Frau G. Bader für die große Mühe, die sie mit der Anfertigung des Manuskriptes hatte.

Mein besonderer Dank gilt der Deutschen Forschungsgemeinschaft, die durch ihre bereitwillige Unterstützung die Veröffentlichung der Arbeit ermöglicht hat.

Alois Oberhauser

München, Juli 1963

INHALTSÜBERSICHT

TABELLENÜBERSICHT

Erstes Kapitel

Problemstellung und Begriffsabgrenzung

1. Problemstellung der Untersuchung

Bildung und Verteilung des Vermögens werden derzeit vor allem in ihrer sozialpolitischen Problematik diskutiert; doch kommt ihnen unter wirtschaftstheoretischen und wirtschaftspolitischen Aspekten kaum geringeres Gewicht zu. Ihre sozialpolitische Relevanz zeigt sich besonders in den Spannungen, die aus der ungleichmäßigen Verteilung des Vermögens und seines Zuwachses folgen. Die Maßnahmen der sozialen Sicherheit haben diesen Teil der »sozialen Frage« bisher nicht lösen können, wie die starken Auseinandersetzungen um die Vermögensverteilung in der Bundesrepublik deutlich werden lassen [1].

Die wirtschaftliche Problematik der Vermögensbildung und ihrer Verteilung ist nicht weniger weit gespannt. Letztlich wird die Wirtschaftsordnung in ihrer Substanz durch sie berührt; denn die durch die Vermögensverteilung erheblich bestimmten Startchancen der einzelnen und die Bereitschaft der Wähler, die bestehende Ordnung zu akzeptieren, entscheiden nicht zuletzt über Funktionsfähigkeit und Bestand der Wettbewerbswirtschaft [2]. Zudem hängt das Ausmaß des wirtschaftlichen Wachstums von der Höhe der Investitionen und damit des Vermögenszuwachses ab.

Die Vermögensdistribution beeinflußt darüber hinaus die Einkommensverteilung – und zwar in doppelter Weise. Einmal wirkt die bestehende Vermögensverteilung bestimmend auf die funktionale und personelle Einkommensverteilung ein [3]. Zum anderen sind, wie die neuere Verteilungstheorie nachgewiesen hat, Lohn- und Profitquote in hohem Grad vom Sparverhalten der Arbeitnehmer und demnach von ihrem Anteil am volkswirtschaftlichen Vermögenszuwachs abhängig.

Im Rahmen dieses weiten Problemkreises hat die vorliegende Arbeit eine

[1] Einen Überblick gibt Thiemeyer, Theo: Gegenwärtige Diskussion über die Vermögensbildung der Arbeitnehmer in der Bundesrepublik. In: Eigentum in der industrialisierten Gesellschaft, Göttingen 1958, S. 59 ff.

[2] »Breitere Vermögensstreuung ist eine Alternative zum totalen Versorgungsstaat, die freiheitliche Alternative.« Föhl, Carl: Über die Möglichkeiten einer Beeinflussung der Vermögensbildung. FA, Bd. 19, 1959, S. 133. Siehe auch: Kloten, Norbert: Das Eigentum in der Wirtschaftsordnung. In: Wirtschaftsdienst, Bd. 35, 1955, S. 76 ff.

[3] Vgl. Preiser, Erich: Besitz und Macht in der Distributionstheorie. In: Bildung und Verteilung des Volkseinkommens. Göttingen 1957, S. 173 ff.

isolierte und begrenzte Aufgabe. Ihre Zielsetzung ist, die vielfältigen Auswirkungen der Finanzpolitik auf die private Vermögensbildung und deren Verteilung theoretisch und empirisch zu analysieren. Ursprünglich war beabsichtigt, lediglich die Einflüsse auf die *Verteilung* des Vermögenszuwachses zu untersuchen. Im Verlauf der Vorarbeiten stellte sich jedoch heraus, daß nur stark eingeschränkte Erkenntnisse über die Verteilung gewonnen werden können, wenn nicht zuvor die Abhängigkeit der gesamten privaten Vermögens*bildung* von den einnahme- und ausgabepolitischen Maßnahmen der öffentlichen Hand geklärt ist. Der erste Teil der vorliegenden Studie beschäftigt sich deshalb zunächst mit diesem Fragenkreis; erst auf der Grundlage der dabei gewonnenen Erkenntnisse werden dann im zweiten Teil die Einwirkungen auf die Verteilung des Vermögenszuwachses näher dargelegt.

In die Analyse dieser Zusammenhänge werden nicht nur die finanzpolitischen Eingriffe einbezogen, mit denen der Staat unmittelbar die Investitionen und das Sparen zu beeinflussen sucht, sondern auch die mittelbaren Zusammenhänge, die über die Einkommensverteilung und Einkommensverwendung gegeben sind. Da ein hoher Anteil des Sozialproduktes heute durch die Hand des Staates fließt, müssen diese mittelbaren Effekte von vornherein als sehr beträchtlich angesehen werden.

Die Ausführungen beschäftigten sich nur mit der Stromgröße des Vermögenszuwachses und dessen Verteilung auf die verschiedenen sozialen Schichten. Es werden mithin nicht alle Beziehungen zwischen der Finanzpolitik und dem privaten Vermögen untersucht; denn auch der bisherige Vermögensbestand und seine Verteilung werden von der Einnahme- und Ausgabepolitik der öffentlichen Hand berührt. Die Beschränkung der untersuchten Thematik rechtfertigt sich jedoch aus der größeren Bedeutung, die den Einflüssen auf die Höhe und Verteilungsstruktur der laufenden privaten Vermögensbildung zukommt.

Bisher haben diese Fragen in der Literatur keine umfassende Behandlung erfahren. Lediglich Teilaspekte wurden – meist im Zusammenhang mit anderen Problemen – aufgegriffen. Die Gründe hierfür sind wohl vor allem darin zu suchen, daß auf den ersten Blick die Vermögenseffekte nur eine Folge des finanzpolitischen Einflusses auf die Einkommensverteilung zu sein scheinen. In vielen Fällen liegen indes, wie zu zeigen sein wird, die Zusammenhänge umgekehrt; die Vermögenswirkungen bestimmen nämlich (auch) die Einkommensverteilung.

Die wirtschafts- und sozial*politischen* Aspekte der aufgegriffenen Fragestellung liegen außerhalb des Aufgabenbereichs der Untersuchung; sie ist ausschließlich den theoretischen und empirischen Zusammenhängen gewidmet. Ihre Ergebnisse können aber durchaus Ansatzpunkte für die Politik geben.

2. *Begriffsabgrenzungen*

Die im Rahmen der Arbeit hauptsächlich verwandten Begriffe bedürfen einer näheren Abgrenzung, da nicht immer Übereinstimmung über Inhalt und Umfang besteht.

Unter *Finanzpolitik* werden alle Maßnahmen verstanden, die die öffentliche Hand mit der Beschaffung von Einnahmen und der Verwendung von Ausgaben ergreift. Die Finanzpolitik schließt daher nicht nur die Steuerpolitik, sondern auch die Ausgaben-, Verschuldungs- und Haushaltspolitik ein[4]. Dabei ist es für die begriffliche Abgrenzung ohne Belang, welche Zielsetzung die Maßnahmen verfolgen, ob sie ausschließlich oder primär fiskalischer Art sind oder außerfiskalischen Aufgaben dienen sollen. Indes sind die Zielsetzungen in vielen Fällen für die Rückwirkungen auf die Vermögensverteilung entscheidend.

Zum Bereich der *öffentlichen Hand*[5] rechnen alle Gebietskörperschaften. Die öffentlichen Unternehmen werden – schon in Anlehnung an die Statistik – nicht darunter erfaßt; doch werden dann, wenn es für das Untersuchungsobjekt von Bedeutung ist, auch die Hilfsfisci wie die Sozialversicherungen einbezogen.

Schwierigere Abgrenzungsfragen tauchen bei dem Begriff des *Vermögens* auf, da keine einheitliche Definition vorliegt[6]. Es ist somit erforderlich, den hier verwandten Begriffsinhalt genauer zu umreißen. In Anbetracht des unterschiedlichen Gebrauchs des Wortes wird der Vermögensbegriff den folgenden Ausführungen zugrunde gelegt, der sich vom Untersuchungsobjekt her anbietet.

Vermögen ist wie Einkommen eine Kategorie, die lediglich auf Privatpersonen oder Haushalte bezogen ist[7]. Unternehmen – auch in der juristischen Form der Körperschaften – können höchstens in übertragenem Sinn Vermögen besitzen; doch erscheint es besser, hier von (Eigen-)Kapital zu sprechen.

In einer allgemeinen Umschreibung umfaßt Vermögen die Gesamtheit der in Geld schätzbaren Güter und Forderungen einer Person oder eines Haus-

[4] Vgl. Jecht, Horst: Wirtschaftspolitische Probleme der gegenwärtigen Finanzpolitik. In: Z. f. Nat. Ök., Bd. 20, 1960, S. 74. Und: Haller, Heinz: Finanzpolitik, HdSW, Bd. 3, S. 625.

[5] Aus stilistischen Gründen wird synonym auch der Ausdruck Staat verwandt.

[6] Vgl. Herrmann, Kurt A.: Vermögensstatistik, HdSW, Bd. 11, S. 149. Siehe auch: Conzelmann, Heinrich: Der Begriff des Vermögens, Diss. Tübingen 1937; Scheffler: Zur Begriffsbildung von Vermögen und Kapital. In: Z. f. Betriebsw., Bd. 5, 1928, S. 761; Herden, Günter: Der Vermögensbegriff im Steuerrecht, Diss. Breslau 1940; Salz, Arthur: Vermögen und Vermögensbildung in der vorkapitalistischen und in der modernen kapitalistischen Wirtschaft. In: GdS, IV. Abt., 1. Teil, Tübingen 1925, S. 161 ff.

[7] Vgl. Diehl, Karl: Vermögen. WdV, Bd. 5, 4. Aufl., Jena 1933, S. 708.

halts[8]. In dieser weiten Fassung schließt der Begriff auch das Gebrauchsvermögen ein. Diesem steht das Erwerbsvermögen gegenüber, dessen Kennzeichen es ist, daß es in der Regel einen vom Markt bewerteten Ertrag abwirft. Zum Erwerbsvermögen gehören Grund und Boden, Gebäude, Produktionsgüter, Wertpapiere, Spar- und sonstige Guthaben. Man kann in diesem Sinn auch von einem engeren Begriff des Vermögens sprechen[9].

Die vorliegende Arbeit beschäftigt sich nur mit dem Erwerbsvermögen. Die Ausgaben für Gebrauchsvermögen werden als Konsum angesehen. Damit wird nicht die große Bedeutung verkannt, die das Gebrauchsvermögen gerade in einer entwickelten Volkswirtschaft hat. Für die Beschränkung der Ausführungen auf das Erwerbsvermögen lassen sich jedoch zwei Gründe anführen: Einmal sind Untersuchungen, die statistische Unterlagen der volkswirtschaftlichen Gesamtrechnung verwerten wollen, darauf angewiesen, vom Sozialprodukt auszugehen, bei dessen Berechnung nur das Marktgeschehen erfaßt wird[10]. Wollte man das Gebrauchsvermögen berücksichtigen, müßten zunächst seine Nutzungen und die Abschreibungen auf seinen Bestand, also das Nationalprodukt, ermittelt werden; dafür liegen jedoch noch keine brauchbaren Schätzungen vor.

Der zweite Grund besteht darin, daß bislang noch keine ausgebaute Theorie für das Gebrauchsvermögen im Rahmen der Nationalökonomie vorhanden ist; denn Gebrauchs- und Erwerbsvermögen können nicht gleich behandelt werden, da ihre Bildung unterschiedlichen Bestimmungsfaktoren unterliegt.

Die Begrenzung des Vermögensbegriffes auf das Erwerbsvermögen weist für eine Analyse wirtschaftlicher Zusammenhänge zudem wesentliche Vorteile auf: Der gesamte Vermögenszuwachs entspricht nämlich der volkswirtschaftlichen Gesamtersparnis, die ebenfalls nicht die Zunahme des Gebrauchsvermögens einschließt. Entsprechend ist die gesamte private Vermögensbildung gleich der volkswirtschaftlichen Ersparnis abzüglich des staatlichen Anteils. Durch die Gleichheit des Vermögenszuwachses mit der volkswirtschaftlichen Ersparnis ergibt sich außerdem eine Übereinstimmung mit der volkswirtschaftlichen Nettoinvestition (einschließlich der Lagerveränderungen und des Außenbeitrags).

[8] Vgl. Weisser, Gerhard: Vermögen und Vermögenspolitik. HdSW, Bd. 11, S. 163. Weisser wendet den Vermögensbegriff allerdings auch auf juristische Personen an.

[9] »Im engeren Sinne ist – im Zuge der Unterscheidung von Erwerbsvermögen und Gebrauchsvermögen – Vermögen nur mit dem ertragbringenden (und zwar geldertragbringenden) Teil des Gesamtvermögens identisch.« Herrmann, Kurt A.: Vermögensstatistik a. a. O., S. 149.

[10] Vgl.: Methodische Erläuterungen zu den Berechnungen über die Vermögensbildung und ihre Verteilung. In: Monatsberichte der Deutschen Bundesbank, Dezember 1961, S. 14.

Aus der Beschränkung des Vermögensbegriffs auf die privaten Haushalte ergibt sich ferner eine Vermeidung von Doppelzählungen. Der Wert des Eigenkapitals der Körperschaften – einschließlich der offenen und stillen Reserven – wird den Anteilseignern zugerechnet. Er spiegelt sich in den Kursen der Wertpapiere und dem Wert sonstiger Anteilsrechte. Auch wenn der Markt nicht den genauen Wert der Anteilsrechte zum Ausdruck bringt, ergibt sich daraus doch kein entscheidender Einwand gegen diese Begriffsabgrenzung; denn den übrigen Vermögenswerten der privaten Haushalte haften ähnliche Bewertungsschwierigkeiten an. Finanzpolitische Einflüsse auf die Höhe des Eigenkapitals der Körperschaften schlagen sich in Vermögensänderungen der Anteilseigner nieder.

Die Ausrichtung des Vermögensbegriffes auf die privaten Haushalte[11] bedeutet außerdem, daß nicht die rechtliche Verfügungsmacht über wirtschaftliche Werte entscheidend ist. Vermögen ist somit nicht gleichbedeutend mit dem juristischen Begriff des Eigentums. Um Mißverständnisse zu vermeiden, werden daher auch beide Worte nicht synonym verwandt, wie dies in der Diskussion um die Vermögensverteilung meist geschieht[12].

Im Zuwachs an Vermögen, der Vermögensbildung, werden Wertsteigerungen und Wertminderungen nicht berücksichtigt, obwohl sie für die Verteilung des Vermögens von erheblichem Gewicht sein können. Diese Beschränkung erweist sich als möglich und sinnvoll, weil den Vermögensänderungen, die durch Preisverschiebungen hervorgerufen werden, gesamtwirtschaftlich keine Zunahme oder Abnahme des realen Kapitalbestandes entspricht.

Unter *Vermögensverteilung* wird die Aufteilung des gesamten Vermögens und des Vermögenszuwachses auf die einzelnen sozialen Schichten und Einkommensgruppen verstanden. Wie bereits erwähnt, beschäftigen sich die folgenden Ausführungen vornehmlich mit der Verteilung der Vermögensbildung; die Distribution des Vermögensbestandes findet nur indirekt, nämlich über den Zuwachs, Beachtung. Im Hinblick auf die Verteilung steht die Frage im Vordergrund, welchen Anteil am Vermögenszuwachs die Bezieher

[11] Die Bedeutung des Vermögens wird daher weniger in der mit ihm verbundenen gesellschaftlichen und wirtschaftlichen Macht gesehen – eine Funktion, die mit dem Vordringen des Managements stark an Bedeutung verloren hat – als in seiner Bezogenheit auf den einzelnen und seine Familie. Aus der Fülle der literarischen Beiträge sei lediglich erwähnt: Höffner, Joseph: Die Funktionen des Privateigentums in der freien Welt. In: Wirtschaftsfragen der freien Welt, Frankfurt 1957, S. 121 ff.

[12] Die Schwierigkeiten, den juristischen Eigentumsbegriff für die wirtschafts- u. sozialpolitischen Fragen zu verwenden, werden besonders deutlich in: Wiegmann, Hildegard: Probleme der Eigentumsbildung, Diss. Münster 1959, S. 2 ff. Vgl. auch Nell-Breuning, Oswald von: Der Lohn als Erwerbsmittel und Eigentumsquelle. In: Eigentum und Eigentümer, Köln 1960, S. 59 ff. Und: Pfister, Bernhard: Diskussionsbeitrag in: Sinnvolle und sinnwidrige Sozialpolitik, Ludwigsburg 1959, bes. S. 69.

von Gewinneinkommen[13] und die Empfänger von Einkommen aus unselbständiger Arbeit erhalten. Darüber hinaus wird versucht, bei den finanzpolitischen Einflüssen nach der Höhe des Einkommens und der Art des Vermögens zu trennen.

Aus dem Gesagten wird die Abgrenzung zu den so unterschiedlich gebrauchten Begriffen *Kapital* und Kapitalbildung deutlich[14]. Aus dem jeweiligen Verhältnis des Begriffsinhaltes des Wortes Kapital zum Sparen bzw. zur Investition ergibt sich die Beziehung zu dem hier verwandten Vermögensbegriff. Gesamtwirtschaftlich und ex post betrachtet stimmen diese Größen (weitgehend) überein: Die Geldkapitalbildung entspricht der volkswirtschaftlichen Gesamtersparnis, die Realkapitalbildung der volkswirtschaftlichen Investition (ohne Außenbeitrag). Es kann somit auf den Gebrauch des Terminus Kapital verzichtet werden, zumal sich neben den erwähnten noch eine Reihe anderer meist engerer Begriffsverwendungen im Sprachgebrauch und in der Literatur finden.

Um die Begriffsabgrenzung abzurunden, erscheint es angebracht, noch die Beziehungen der Vermögensverteilung zur Einkommensverteilung einerseits und zur Konzentration andererseits aufzuweisen; denn diese Größen sind stark miteinander verbunden.

3. Die Beziehungen zwischen Einkommens- und Vermögensverteilung

Die Zusammenhänge zwischen Einkommensverteilung, Höhe des Vermögenszuwachses und Struktur der Vermögensverteilung sind überaus eng. Zunächst ist das Einkommen die Hauptquelle der Vermögensbildung der Privaten, zum anderen wird die Höhe des Einkommens durch den Umfang und die Ertragsfähigkeit des bereits vorhandenen Vermögens mitbestimmt.

Dennoch ist die Vermögensbildung keine unmittelbare Funktion der Einkommenshöhe. Die Sparneigung wird außer vom Haushaltseinkommen von der Mentalität der Haushaltsmitglieder, der Größe und Altersstruktur der Familie, der sozialen Schicht und einer Reihe anderer Faktoren – darunter

[13] In die Gewinneinkommen sind die (ausgeschütteten und nichtausgeschütteten) Gewinne der Körperschaften eingeschlossen. Die Körperschaften (hauptsächlich Kapitalgesellschaften) werden im Rahmen dieser Untersuchung als Teil des Unternehmenssektors angesehen. In den Statistiken werden jedoch ihre Gewinne, soweit möglich, gesondert ausgewiesen.

[14] Vgl. Preiser, Erich: Der Kapitalbegriff und die neuere Theorie. In: Bildung und Verteilung des Volkseinkommens, Göttingen 1957, S. 99 ff. Ferner: Brinkmann, Karl: Die Wirtschaftsgeschichte des Kapitals und die Lehrgeschichte des Kapitalbegriffs. In: Die Unternehmung am Markt. Festschrift für W. Rieger, Stuttgart 1953, S. 9 ff.; Forstmann, Albrecht: Zur Problematik einer dynamischen Kapitaltheorie. In: Schm. J., Bd. 75, 1955, S. 25 ff.

auch finanzpolitischer Maßnahmen – beeinflußt. Ferner kann das Vermögen einer Person durch Vermögensübertragungen sowie durch Wertsteigerungen wachsen. Das gesamte volkswirtschaftliche Realvermögen wird dadurch allerdings nicht berührt.

Die Zusammenhänge zwischen Einkommen und Vermögen gehen aber über diese kausalen Beziehungen hinaus. Das Einkommen ist nämlich nicht nur ein Bestimmungsfaktor für die Höhe des Sparens und damit der Vermögensbildung in den einzelnen Haushalten und Einkommensgruppen. Durch die Art der Einkommensverwendung, d. h. die Höhe des Sparens und des Verbrauchs in den einzelnen sozialen Schichten, wird vielmehr auch die Einkommensverteilung in starkem Maße tangiert. Es bestehen also funktionale Zusammenhänge zwischen beiden Größen. Hier liegt die Ursache dafür, daß die Verteilungstheorie so lange unbefriedigend blieb, als sie die Einkommensverwendung nicht berücksichtigte. Erst neuerdings hat sich die »dynamische Verteilungstheorie« dieser Frage angenommen [15].

Die Einflüsse der Finanzpolitik auf die Vermögensverteilung erschöpfen sich daher nicht in den Auswirkungen auf die personelle Einkommensverteilung. Vielmehr werden auch die Verwendung des Einkommens und damit die funktionale Verteilung erheblich durch die Steuern und die Staatsausgaben berührt. Diese wirken z. T. unmittelbar auf die Einkommensverwendung ein, indem sie auf eine Veränderung der Spar- oder Investitionsneigung abzielen, z. T. handelt es sich um mittelbare Folgen, die sich aus der Art und Höhe der Besteuerung und der Struktur der staatlichen Ausgaben ergeben. In diesen funktionalen Zusammenhängen liegt die letzte Begründung und Rechtfertigung einer gesonderten Untersuchung der Einflüsse der Finanzpolitik auf die Vermögensbildung. Andernfalls genügte – von Spezialstudien einiger Teilaspekte abgesehen – eine Analyse der Einwirkungen der Finanzpolitik auf die Einkommensverteilung.

Darüber hinaus wird durch die Finanzpolitik aber auch die Art der Vermögensbildung wesentlich mitbestimmt. Soweit die Finanzpolitik auf eine

[15] Vgl. Preiser, Erich: Distribution, Theorie. In: HdSW, Bd. 2, S. 627. Ferner: Kalecki, Michael: The Distribution of the National Income. In: Readings in the Theory of Income Distribution, London 1954, S. 197 ff.; ders. A Theory of Profits. In: Ec. J., Bd. 52, 1942, S. 258 ff.; Kaldor, Nicholas: Alternative Theories of Distribution. In: Rev. of Ec. and St., Bd. 23, 1955/56, S. 83 ff.; ders.: Economic Growth and the Problem of Inflation. In: Economica, Bd. 26, 1959, S. 212 ff.; Schneider, Erich: Einkommen und Einkommensverteilung in der makroökonomischen Theorie. In: L'industria 1957, S. 256 ff.; Bombach, Gottfried: Preisstabilität, Wirtschaftswachstum und Einkommensverteilung. In: Sch. Z. f. V. u. St., 1959, S. 1 ff.; ders.: Die verschiedenen Ansätze der Verteilungstheorie. In: Niehans, Bombach, Ott: Einkommensverteilung und technischer Fortschritt. Schriften d. Vereins f. Socialpolitik, NF, Bd. 17, S. 95 ff.; Föhl, Carl: Ursachen und Beeinflußbarkeit der Vermögensverteilung. In: Die Konzentration in der Wirtschaft. Schr. d. Vereins f. Socialpolitik, NF, Bd. 22, Berlin 1961, S. 156 ff.; Krelle, Wilhelm: Verteilungstheorie, Tübingen 1962.

direkte Beeinflussung wirtschaftlicher Größen gerichtet ist, wird sie regelmäßig bestimmte Formen der Vermögensbildung in besonderem Maße berühren, z. B. das Kontensparen der privaten Haushalte oder die Selbstfinanzierung.

4. Vermögensbildung, Vermögensverteilung und Konzentration

Des weiteren soll noch die Beziehung zwischen Vermögensbildung und Vermögensverteilung einerseits und Konzentration andererseits einleitend geklärt werden. In einer allgemeinen Umschreibung wird unter Konzentration jede »Ballung ökonomischer Größen« verstanden[16]. Der Begriff umfaßt ein statisches und ein dynamisches Element; er bezeichnet zugleich den Zustand des Vorherrschens größerer Wirtschaftseinheiten wie die Entwicklung zu solchen Einheiten hin. Er wird zumeist in der dreifachen Differenzierung nach Betriebs-, Unternehmens- und Vermögenskonzentration gebraucht. Während die Betriebskonzentration auf die technischen Produktionseinheiten bezogen ist, wird als Unternehmenskonzentration das Vorhandensein oder die Herausbildung von im Verhältnis zur Branche großen wirtschaftlich-organisatorischen Einheiten bezeichnet; dabei ist nicht die rechtliche Unternehmenseinheit, sondern der wirtschaftliche Entscheidungsbereich (Konzern) ausschlaggebend.

Nicht in direktem Zusammenhang damit steht die Vermögenskonzentration, d. h. die Ansammlung großer Vermögen in der Hand einzelner Privatpersonen. Einerseits können nämlich die Vermögensbesitzer ihr Vermögen streuen, andererseits sind an den größeren Unternehmen meist mehrere, an den Publikumsgesellschaften sogar viele Personen beteiligt. Unternehmens- und Vermögenskonzentration laufen daher nur z. T. parallel. Im Rahmen dieser Untersuchung ist unmittelbar nur die Vermögenskonzentration von Bedeutung, da sie ein Ausfluß der Vermögensverteilung ist. Jedoch wird mittelbar auch die Unternehmenskonzentration berührt; denn ein großer Teil der finanzpolitisch beeinflußten Vermögensbildung vollzieht sich in den Unternehmen.

[16] Vgl. hierzu wie zum folgenden besonders: Arndt, Helmut u. Günter Ollenburg: Begriff und Arten der Konzentration. In: Die Konzentration in der Wirtschaft, Bd. 1, Schr. d. Vereins f. Socialpolitik, NF, Bd. 20, Berlin 1960, S. 3 ff. Siehe auch: Vogel, Otto: Begriff, Typen und Wirkungen der Unternehmenskonzentration. Berichte des Deutschen Industrieinstitutes zur Wirtschaftspolitik, Nr. 1, 1959. Einige Autoren beziehen den Begriff der Konzentration unmittelbar auf das Vorliegen wirtschaftlicher Macht. Z. B.: Seifert, Jürgen: Zum Begriff der Konzentration, Gew. Mon. Hefte 1959, S. 664 ff. Und: Sohn, Karlheinz: Konzentration heute und morgen. In: Das Mitbestimmungsgespräch, Sonderdruck, S. 3 f.

5. Steuerinzidenz und Steuerüberwälzung

Schließlich ist noch ein Wort zu sagen über die Verwendung der Begriffe Steuerüberwälzung und Steuerinzidenz, da sie bei den folgenden Ableitungen häufig gebraucht werden. »Ein intensives Studium der Literatur führt zunächst zu dem Ergebnis, daß der Inhalt der Begriffe Steuerinzidenz und Steuerüberwälzung seit alters uneinheitlich und neuerdings wieder stark umstritten ist[17].« Die unterschiedliche Begriffsverwendung ist in den letzten Jahren vor allem dadurch verstärkt worden, daß beide Termini sowohl bei mikro- wie bei makroökonomischen Untersuchungen der Steuerwirkungen verwandt wurden. Es wäre ein vergebliches Bemühen, eine allgemein akzeptierbare Abgrenzung dieser Begriffe vornehmen zu wollen. In Anbetracht der starken Unterschiede weist daher Recktenwald mit Recht darauf hin, daß eine Fortsetzung des Streites um die Weite des Inhaltes der Begriffe Überwälzung und Inzidenz müßig erscheint; jede Untersuchung sollte jedoch eine exakte Angabe über die Art ihrer Verwendung enthalten[18].

Versteht man unter Steuerüberwälzung lediglich den Einfluß der Steuer auf die Preise der Güter und Dienstleistungen, die vom Steuerzahler angeboten oder nachgefragt werden[19], so lassen sich damit die gesamtwirtschaftlichen Auswirkungen auf die Einkommensverteilung nicht fassen. Für eine makroökonomische Untersuchung ist diese Begriffsabgrenzung folglich ungeeignet. Im weiteren wird daher in Anlehnung an Musgrave unter Steuerinzidenz und Steuerüberwälzung der Einfluß der Besteuerung auf die Verteilung des (Real-)Einkommens verstanden[20]. Musgrave unterscheidet davon die »output effects« (Produktionseffekte), die die Wirkung auf die *Höhe* des (realen) Sozialprodukts bzw. des (realen) Volkseinkommens umfassen. »Der Inzidenzbegriff beinhaltet dann nur jene Einkommensänderungen, die in ihrer Summe gleich dem Steuerertrag sind, die steuerlichen Produktions-

[17] Recktenwald, Horst Claus: Steuerinzidenzlehre. Volkswirtschatliche Schriften Heft 35, Berlin 1958, S. 35. Vgl. auch Stockfisch, J. A.: On the Absolescence of Incidence. In: Publ. Fin., Bd. 14, 1959, S. 125 ff.

[18] Ebenda S. 35.

[19] In diesem Sinne verwendet z. B. von Mering den Begriff. In Art. Steuerüberwälzung, HdSW, Bd. 10, Stuttgart 1959, S. 175. Auch F. K. Mann hebt die unmittelbaren Preiswirkungen hervor, betont aber gleichzeitig, die Überwälzung sei »ein Bestandteil des allgemeinen Güterverteilungsprozesses«. (Überwälzung der Steuer. In: HdSt. 4. Aufl. 1928, Bd. 8, S. 345 f.)

[20] Vgl. Musgrave, Richard A.: On Incidence. In: J. of Pol. Ec., Bd. 61, 1953, S. 306 f.; ders.: General Equilibrium Aspects of Incidence Theory. In: AER, Bd. 43, 1953, S. 505. Vgl. auch die auffallende Übereinstimmung mit einem Hinweis Adolph Wagners: »In den wichtigsten Fällen der Überwälzung handelt es sich nun um einige Grundprobleme der allgemeinen Lehre von der Verteilung und vom Preise.« Finanzwissenschaft, Tl. 2: Gebühren und allgemeine Steuerlehre, Leipzig 1880, S. 263.

effekte bleiben dabei ausgeschaltet[21].« In einer vollbeschäftigten Wirtschaft entfallen die Produktionseffekte; es treten dann lediglich Einkommenseffekte auf, sofern die Vollbeschäftigung erhalten bleibt.

Die Schlußfolgerungen der makroökonomischen Inzidenztheorie werden stark durch die Annahmen über die Verwendung der Steuern bestimmt. Entsprechend den drei möglichen Annahmen unterscheidet Musgrave zwischen absoluter, differentialer (relativer) und »balanced budget«-Inzidenz (Budgetinzidenz)[22]. Bei der Untersuchung der absoluten Inzidenz wird gefragt, welche Wirkungen eine Erhöhung oder Senkung einer Steuer bei konstanten Staatsausgaben auf die Einkommensverteilung ausübt. Diese Begriffsverwendung ist – außer bei Steuern mit geringer quantitativer Bedeutung – vor allem dann angebracht, wenn die Folgen eines durch Steueränderungen herbeigeführten Budgetüberschusses oder -defizites analysiert werden oder wenn die Ausgabeninzidenz gesondert der Steuerinzidenz gegenübergestellt wird. Unter relativer Inzidenz werden die Wirkungen der Substitution einer Steuer durch eine andere verstanden.

Bei der Budgetinzidenz wird von der Voraussetzung ausgegangen, daß die staatlichen Ausgaben im gleichen Ausmaß wie die Steuern steigen oder fallen. Um die Einflüsse der Besteuerung auf die Einkommensverteilung zu erfassen, wird man zumeist diese Unterstellung machen müssen, da im allgemeinen das Steueraufkommen vom Staat voll verausgabt wird. Bei quantitativ bedeutungsvollen Steuern können – von den oben erwähnten Fällen abgesehen – die Einkommenseffekte kaum richtig erkannt werden, wenn die Verausgabung der Steuern nicht berücksichtigt wird; denn es ist von entscheidender Wichtigkeit für die Wirkungen der Steuern, ob die Gesamtnachfrage erhalten bleibt, steigt oder zurückgeht. Es hat wenig Sinn, bei den Steuern, die einen spürbaren Teil der Gesamtnachfrage ausmachen, die Verausgabung durch den Staat – wenn auch nur zunächst – unbeachtet zu lassen. Allerdings ist es nicht ohne Bedeutung für die Einkommensverteilung, welche Art von Ausgaben der Staat tätigt; entsprechende Modifikationen können jedoch nachträglich angebracht werden. Wichtiger ist, daß zunächst einmal die Wirkungen auf die Gesamtnachfrage betrachtet werden[23].

[21] Recktenwald, Horst Claus: Steuerinzidenzlehre, a. a. O., S. 41; siehe auch ders.: Steuerwirkungen. In: HdSW, Bd. 10, Stuttgart 1959, S. 185.

[22] Vgl. Musgrave, Richard A.: On Incidence, a. a. O., S. 306 f. Siehe auch Shoup, Carl S.: Some Problems in the Incidence of the Corporation Income Tax. In: AER, Pap. and Proc., Bd. 50, 1960, S. 461 f.

[23] Auch die herkömmliche mikroökonomische Überwälzungstheorie geht – trotz mancher entgegengesetzter Äußerungen in der Literatur – bei der Untersuchung der Gewinnsteuerüberwälzung von dieser Unterstellung aus. Sie nimmt nämlich an, die Nachfrage (-kurve) bleibe konstant. Das kann aber nur zutreffen, wenn die ausfallende Nachfrage der Privaten durch staatliche Mehrnachfrage kompensiert wird. (Daß damit stets Verschiebungen in der

Im Rahmen dieser Arbeit werden daher, soweit nichts anderes erwähnt, die Begriffe Inzidenz und Überwälzung im Sinne der Budgetinzidenz gebraucht.

Von Föhl[24] und Albers[25] ist gegen die Verwendung des Begriffes Überwälzung für die gesamtwirtschaftlichen Einflüsse der Besteuerung auf die Einkommensverteilung eingewandt worden, dieser bringe zu sehr ein Wollen zum Ausdruck und könne daher nicht auf die Vorgänge angewandt werden, die sich aus dem Ablauf des Wirtschaftsprozesses ergeben. Föhl schlägt vor – allerdings erst am Ende seiner Ausführungen und nachdem er sich des Begriffs der Überwälzung im obigen Sinne fortwährend bedient hat –, statt von »überwälzbaren« von »sich überwälzenden« Steuern zu sprechen.

Recktenwald wendet jedoch wohl zu Recht ein, die gegebene Begründung könne nicht voll überzeugen, da nach der bisherigen Begriffsverwendung in der Literatur der Überwälzungsprozeß sowohl ein Ausfluß der subjektiven wie der objektiven Überwälzungsfaktoren sei[26]. Es erscheint zudem fraglich, ob eine exakte Trennung zwischen der mikro- und der makroökonomischen Begriffsverwendung möglich ist. Wie sich später zeigen wird, geht zwar der gesamtwirtschaftliche Überwälzungsbegriff über den einzelwirtschaftlichen hinaus, schließt diesen aber voll ein.

Um die Bildung eines neuen Begriffs zu vermeiden und weil für die hier diskutierten gesamtwirtschaftlichen Steuerwirkungen bisher in der Literatur das Wort Überwälzung verwandt wurde und kein besserer anerkannter Terminus zur Verfügung steht, wurde dieser Begriff für die vorliegende Arbeit beibehalten.

6. *Aufbau der Arbeit und methodisches Vorgehen*

Da sich, wie erwähnt, die Zusammenhänge zwischen Finanzpolitik und Vermögensverteilung nicht aus einer isolierten Betrachtung der einzelnen staatlichen Maßnahmen ableiten lassen, ist es erforderlich, zunächst die Einwirkungen des gesamten öffentlichen Haushalts auf die private Vermögens*bildung* zu erfassen. Dieser Aufgabe ist der erste Teil der Arbeit gewidmet.

Nachfragestruktur verbunden sind, bleibt zumeist unberücksichtigt.) An die andere Möglichkeit, daß die Privaten trotz der Steuererhöhung ihre Nachfrage mit Hilfe zusätzlicher Kredite aufrechterhalten, kann nicht gedacht sein, da sonst jede Verausgabung der Gelder durch den Staat zu Preissteigerungen führen müßte.

[24] Vgl. Föhl, Carl: Das Steuerparadoxon. In: FA, Bd. 17, 1956, S. 33.

[25] Vgl. Albers, Willi: Preisliche Wirkungen der Besteuerung. In: FA, Bd. 16, 1955/56, S. 228.

[26] Vgl. Recktenwald, Horst Claus: Steuerinzidenzlehre, a. a. O., S. 36.

Um dabei in den theoretischen Überlegungen wirklichkeitsfremde Annahmen zu vermeiden und eine weitgehende Annäherung der Ergebnisse an die Realität zu erreichen, werden zuvor die empirischen Entwicklungslinien in vier nordamerikanischen und westeuropäischen Ländern dargelegt. Erst auf diesem Hintergrund werden die theoretischen Untersuchungen durchgeführt. Schon um die Beziehung zu den empirischen Größen zu wahren, muß dabei die makroökonomische Betrachtungsweise angewandt werden.

Aufbauend auf den Schlußfolgerungen über die gesamtwirtschaftlichen Zusammenhänge zwischen Finanzpolitik und privater Vermögensbildung können sodann im zweiten Teil die einzelnen einnahme- und ausgabepolitischen Maßnahmen in ihrer Bedeutung für die Vermögens*verteilung* analysiert werden ohne die Gefahr, zu Ergebnissen zu gelangen, die nur unter engen, meist wirklichkeitsfremden Voraussetzungen gelten. Dabei erschien es allerdings nicht angebracht – abgesehen von der Erbschaftsteuer und der öffentlichen Verschuldung, für die sich eine gesonderte Behandlung als sinnvoll erwies –, von den einzelnen Steuer- und Ausgabearten auszugehen. Als Gliederungskriterien wurden die Einflüsse auf die privaten Investitionen einerseits und das Sparen der privaten Haushalte andererseits gewählt. Von beiden Seiten her wirkt die Finanzpolitik auf Art, Umfang und Verteilung der privaten Vermögensbildung ein.

Im Abschnitt B des zweiten Teils wird sodann am Beispiel der Bundesrepublik die quantitative Bedeutung derartiger Maßnahmen dargestellt. Dabei wird jedoch nicht versucht, alle Einwirkungen der Finanzpolitik auf die Verteilung des Vermögenszuwachses zu erfassen; die Ausführungen beschränken sich vielmehr auf die einnahme- und ausgabepolitischen Maßnahmen, die unmittelbar die Vermögensverteilung berühren und für die sich ohne größere Schwierigkeiten quantitative Anhaltspunkte finden lassen. Eine Untersuchung der mittelbaren Einflüsse, die sich über die Einkommensverteilung vollziehen, hätte mit zu starken Unterstellungen arbeiten müssen, um zu quantifizierten Ergebnissen zu gelangen. Die westdeutschen Verhältnisse eignen sich in besonderem Maße für eine Analyse der genannten Zusammenhänge, da die Jahre seit der Währungsreform durch ein starkes Bemühen des Staates gekennzeichnet waren, Investition und Sparen durch steuer- und ausgabepolitische Mittel zu lenken.

TEIL I

Wachsender Staatsbedarf und private Vermögensbildung

Die Einflüsse der Finanzpolitik auf die private Vermögensbildung und Vermögensverteilung sind nicht auf solche Maßnahmen beschränkt, durch die der Staat eine unmittelbare Einwirkung anstrebt, wie z. B. durch die einmaligen Vemögensabgaben oder die Regelungen auf der Einnahme- und Ausgabeseite des öffentlichen Etats, die das Sparen und Investieren der Privaten anregen oder hemmen sollen. Daneben bestehen vielfältige mittelbare Zusammenhänge, die sich daraus ergeben, daß alle finanzpolitischen Handlungen ohne Ausnahme die Einkommensverteilung und Einkommensverwendung tangieren [27], von denen wieder Höhe, Struktur und Verteilung des Vermögenszuwachses in starkem Maße bestimmt werden.

Das trifft zunächst und vor allem für die Einkommen- und Ertragsteuern zu. Aber auch die übrigen Steuern müssen letztlich aus dem Einkommen getragen werden und beschneiden damit die Quellen der Vermögensbildung. Die Verbindung der Schuldenpolitik des Staates mit dem Vermögenszuwachs der privaten Haushalte liegt auf der Hand. Desgleichen können von den Staatsausgaben Wirkungen in diese Richtung ausgehen, vornehmlich wenn die Ausgaben für außerfiskalische Zwecke eingesetzt werden.

Für eine umfassende Behandlung des Themas genügt es somit nicht, nur die Maßnahmen der Finanzpolitik zu betrachten, die unmittelbar auf eine Beeinflussung der Vermögensbildung im privaten Bereich abzielen. Eine derartige Beschränkung würde zudem die Gefahr in sich schließen, nur vordergründige Zusammenhänge aufzuweisen und so weitgehend in einer Untersuchung der »formalen« Inzidenz – hier bezogen auf die Vermögenswirkungen – steckenzubleiben [28].

Es gilt daher, auch die mittelbaren Beziehungen zwischen den relevanten Größen zu erfassen; in diesen Wirkungen liegt sogar der stärkste Einfluß der Finanzpolitik auf die private Vermögensbildung. Vor allem ist dabei an

[27] Vgl. Jecht, Horst: Staatliche Wirtschaftspolitik und Einkommensverteilung. In: Einkommensbildung und Einkommensverteilung, Schriften d. Vereins f. Socialpolitik, Bd. 13, Berlin 1957, S. 129.

[28] So läuft z. B. die Untersuchung Kronenbergs, der durchaus die Grenzen seiner isolierten Betrachtung gesehen hat, faktisch auf die Darstellung der »formalen« Inzidenz der staatlichen Förderungsmaßnahmen hinaus. Siehe: Kronenberg, Friedrich: Die Beeinflussung der Vermögensbildung in der Bundesrepublik Deutschland durch finanzpolitische Maßnahmen, insbesondere durch Subventionen zur Vermögensbildung. In: Jahrbuch des Instituts für Christliche Sozialwissenschaften, Bd. 2, Münster 1961, S. 17 ff.

die Steuern zu denken. Wenn und soweit sie das Sparen, die Investition oder das bereits vorhandene Vermögen beschneiden, muß von ihnen ein hemmender Effekt auf die Vermögensbildung ausgehen. Derartige Wirkungen sind zunächst bei der (progressiven) Einkommensteuer sowie den Körperschaft-, Vermögen- und Erbschaftsteuern zu vermuten, da durch sie insbesondere die oberen Einkommen und die Gewinne der Körperschaften getroffen werden. Die genannten Steuerarten sollen – nach Abzug der auf Arbeitnehmereinkommen entfallenden Einkommensteuerteile – unter dem Begriff der Gewinnsteuern zusammengefaßt werden[29].

Der negative Effekt der Gewinnsteuern auf die private Vermögensbildung wird nur dann ausbleiben, wenn die Steuern auf Einkommensschichten überwälzt werden, die die erhöhte Belastung durch eine Verminderung ihres Konsums tragen. Die Möglichkeiten einer Überwälzung der Gewinnsteuern sind damit von ausschlaggebender Bedeutung für die Höhe der privaten Vermögensbildung und die Vermögensverteilung.

Die bis heute vorherrschende Überwälzungstheorie, die sich einer mikroökonomischen Beweisführung bedient, hat nachgewiesen, daß bei Geltung der unterstellten Annahmen die Gewinnsteuern nicht überwälzt werden können[30]. Die Schlüssigkeit der Beweisführung läßt sich nicht bestreiten. Die Frage ist jedoch, ob die Annahmen in der Realität zutreffen. Ist dieses der Fall, so muß die starke Anhebung der Gewinnsteuersätze seit dem ersten Weltkrieg das private Sparen und die private Kapitalbildung erheblich gehemmt[31] und zu einer entsprechenden Reduktion des privaten Vermö-

[29] Eine derartige Zusammenfassung empfiehlt sich bei einer makroökonomischen Analyse, da wesentliche Wirkungsunterschiede zwischen diesen Steuern unter gesamtwirtschaftlichen Aspekten nicht vorliegen. Die theoretische Begründung für diese Behauptung wird weiter unten gegeben.

[30] Vgl. Mering, Otto von: Steuerüberwälzung. HdSW, Bd. 10, Stuttgart 1959, S. 177 ff.; ders.: Die Steuerüberwälzung, Jena 1928, S. 201 ff.; Seligman, Edwin R. A.: Die Lehre von der Steuerüberwälzung, Jena 1927, S. 321 ff.; Häuser, Karl: Die Unüberwälzbarkeit der Einkommen- und Körperschaftsteuer bei Gewinnmaximierung. In: FA, Bd. 20, 1960, S. 422 ff.

[31] Die Ansicht über die destruktive Wirkung der Besteuerung auf die Kapitalbildung durchzieht seit Ricardo (David: Über die Grundsätze der politischen Ökonomie, Berlin 1959, besonders S. 140) die gesamte finanzwissenschaftliche Literatur. Nach ihm gibt es keine Steuern, die nicht die Tendenz haben, die volkswirtschaftliche Kapitalbildung zu verringern. Diese Ansicht wird – wenngleich mit mehr oder weniger starken Einschränkungen – von annähernd allen Autoren geteilt, die sich zu den Fragen der Kapitalbildung und Besteuerung geäußert haben. Vgl. z. B. die verschiedenen Beiträge in: Kapitalbildung und Besteuerung. Finanzwissenschaftliche Untersuchungen, hrsg. von Walther Lotz, München, 1929; Kapitalbildung und Steuersystem, Verhandlungen und Gutachten der Konferenz von Eilsen, Berlin 1930; Kemper, Paul: Private Kapitalbildung und Steuersystem. In: Kapital und Kapitalismus, Bd. 1, Berlin 1931, S. 312 f.; Salin, Edgar: Besteuerung und Kapitalbildung, Z. f. Schw. St. u. V., Jahrgang 73, 1937, S. 510; Schmidt, Kurt: Steuerprogression. Basel 1960, S. 141. Allerdings wurden bereits in Eilsen erste Zweifel laut. Vgl. Mann, Fritz Karl: Die Überwälzbarkeit der Einkommen-, Vermögen-, Vermögenszuwachs- und Erbschaftsteuern. In: Kapitalbildung und Steuersystem, a. a. O., S. 326 ff.

genszuwachses geführt haben. Soweit nicht staatliche Investitionen an ihre Stelle traten, müßte durch die Einschränkung des privaten Sparens und damit der Investition auch das volkswirtschaftliche Wachstum vermindert worden sein.

Im Gegensatz zu diesen Schlußfolgerungen ist neuerdings vor allem von Föhl eine volle Überwälzbarkeit der Gewinnsteuern [32] behauptet worden. Die sich daran anschließende Diskussion hat zu dem Ergebnis geführt, daß eine Überwälzung unter bestimmten Voraussetzungen denkbar ist. Allerdings neigten die meisten Autoren der Auffassung zu, diese Voraussetzungen seien in der Realität nur in seltenen Fällen gegeben. Eine allgemein akzeptierte Erklärung der Zusammenhänge liegt bisher nicht vor. Die Analyse der gesamtwirtschaftlichen Überwälzungsvorgänge scheint »noch immer auf der Stufe der ersten Testversuche zu stehen«[33].

Die Untersuchung der Auswirkungen der Finanzpolitik auf den privaten Vermögenszuwachs erfordert demnach zunächst die Beantwortung der Frage, inwieweit die Steuern, speziell die Gewinnsteuern, die privaten Investitionen und die privaten Ersparnisse reduzieren. Zur Lösung dieser Frage erweist sich die mikroökonomische Überwälzungstheorie als ungeeignet. Da die Finanzpolitik in starkem Umfang die Kreislaufströme der Volkswirtschaft beeinflußt und da folglich nicht mehr mit der ceteris-paribus-Klausel gearbeitet werden kann, die mikroökonomische Überwälzungstheorie diese Klausel faktisch aber nicht zu umgehen vermag [34], muß sie zur Analyse der hier untersuchten Zusammenhänge als unzureichend angesehen werden.

Zur Klärung der Einflüsse der Finanzpolitik auf die private Vermögensbildung und Vermögensverteilung bedarf es vielmehr einer Theorie, die die fiskalischen Einwirkungen auf die Einkommensverteilung und Einkommensverwendung analysiert; dazu ist das Instrumentarium der makroökonomischen Überwälzungstheorie eher geeignet. Hierbei ergibt sich allerdings die Schwierigkeit, daß diese Theorie noch nicht voll entwickelt ist. Es erscheint indes im Rahmen eines Themas, das auf die Vermögensbildung aus-

[32] Föhls Argumentation bezog sich zunächst auf die Einkommensteuer, gilt aber, wie er selbst in seinem die Diskussion abschließenden Aufsatz gezeigt hat, für die Gesamtheit der Gewinnsteuern. Föhl, Carl: Kritik der progressiven Einkommensbesteuerung. In: FA, Bd. 14, 1953/54, S. 88 ff.; ders.: Das Steuerparadoxon, a. a. O., S. 5.

[33] Niehans, Jürg: Die Wirkungen von Lohnerhöhungen, technischem Fortschritt, Steuern und Spargewohnheiten auf Preise, Produktion und Einkommensverteilung. In: Einkommensverteilung und technischer Fortschritt. Schr. d. Verf. f. Socialpolitik, Bd. 17, Berlin 1959, S. 67. Zu der methodischen Stellung der makroökonomischen Überwälzungstheorie siehe: Goedhart, C.: Some Reflections on the Scope and Methods of a Macro-Economic Theory of Tax-Shifting. In: Public Finance, Bd. 13, 1958, S. 7 ff.

[34] Eine allgemeine Gleichgewichtstheorie auf mikroökonomische Basis läßt sich zwar, wie verschiedene Autoren gezeigt haben, entwickeln, doch ist ihr Aussagewert stark begrenzt.

gerichtet ist, nicht angebracht, sie durch die Einführung neuer Voraussetzungen und neuer Variablen auszubauen; denn auf diese Weise ergäbe sich nur eine Fülle unterschiedlicher Ergebnisse – je nach den gesetzten Annahmen. Es müßte im Anschluß daran immer noch gefragt werden, welches der erzielten Ergebnisse der Wirklichkeit am besten entspricht. Eine Entscheidung darüber könnte nur durch eine Konfrontierung der theoretischen Ableitungen mit den empirischen Gegebenheiten getroffen werden.

Um dieses Verfahren abzukürzen, wird hier der umgekehrte Weg eingeschlagen. Zunächst werden die Thesen der Nicht-Überwälzbarkeit der Gewinnsteuer an Hand der statistischen Unterlagen für verschiedene Länder überprüft. Erst im Anschluß daran wird versucht, die in den statistischen Werten gefundenen Entwicklungstendenzen theoretisch zu erklären [35]. Damit wird von vornherein darauf verzichtet, eine allgemeingültige Theorie zu entwickeln; es genügt in diesem Zusammenhang eine theoretische Analyse unter den Voraussetzungen, die für die untersuchte Periode galten.

Die empirisch zu überprüfende Fragestellung läßt sich wie folgt umschreiben: Kann in Übereinstimmung mit der vorherrschenden Überwälzungstheorie angenommen werden, daß Gewinnsteuern im allgemeinen nicht überwälzbar sind, daß durch sie also das private Sparen eingeschränkt wird und durch die Verminderung der Investitionen [36] das volkswirtschaftliche Wachstum leidet? Wenn dieses zutrifft, muß die starke Erhöhung der Gewinnsteuern in den vergangenen Dezennien zu einem beträchtlichen Rückgang der privaten Vermögensbildung im Verhältnis zum Sozialprodukt geführt haben, sofern nicht andere Faktoren dem entgegenwirkten.

[35] Ein Verfahren, das letztlich auch Föhl bei den Ableitungen seines ersten Aufsatzes angewandt hat. Er versuchte nämlich primär, die trotz der hohen Gewinnsteuern erstaunlich hohe Investitionsquote in der Bundesrepublik und die damit zusammenhängende einseitige Vermögensbildung bei den Unternehmen zu erklären.

[36] Diese Verminderung tritt allerdings nur ein, wenn nicht die im Privatsektor entfallenden Finanzierungsmittel durch staatliche Real- oder Finanzinvestitionen ausgeglichen werden.

Die empirischen Zusammenhänge zwischen Finanzpolitik, Einkommensverteilung und privater Vermögensbildung

Bevor auf die statistischen Unterlagen eingegangen wird, sollen zunächst die Größen zusammengestellt werden, die für die hier erörterte Fragestellung relevant sind. Die gesamte Vermögensbildung (V) ist – in einer geschlossenen Volkswirtschaft ohne staatliche Aktivität – gleich der Investition (I). Das Vermögen wächst den Unternehmern[37] und den Nicht-Unternehmern in Höhe ihres Sparens zu.

$$(1) \qquad V = I = S_U + S_{NU}$$

Ersetzt man S_U durch die Differenz zwischen dem Einkommen der Unternehmer (Y_U) und ihrem Verbrauch (C_U)

$$(1a) \qquad S_U = Y_U - C_U \qquad \text{so ist}$$

$$(2) \qquad V = I = Y_U - C_U + S_{NU}$$

Die Gleichung (2) entspricht der Keynesschen Gleichung der Einkommensverteilung in etwas umgestellter Form. Sie enthält damit die Ansatzpunkte für makroökonomische verteilungstheoretische Überlegungen.

Zieht man den Staat mit in die Betrachtung ein, so ist die gesamte volkswirtschaftliche Vermögensbildung gleich der Summe der Investition des

$$(3) \qquad V = I = I_{St} + I_{Pr}$$

Staates und der der Privatwirtschaft.

Die private Vermögensbildung ist aber nicht notwendig gleich der privaten Investition, da der Staat zur volkswirtschaftlichen Ersparnis mehr oder weniger als seine (Real-) Investitionen beitragen kann[38].

Die private Vermögensbildung steigt um die Zunahme der (Netto-) Verschuldung des Staates, sinkt aber um die Höhe der sogenannten Finanzinvestitionen, d. h. der Beträge, die der Staat zur Finanzierung privater Investitionen in Form von Krediten zur Verfügung stellt. Finanzinvesti-

[37] Zu dem Unternehmereinkommen wird alles Einkommen aus selbständiger Arbeit und aus Vermögen gerechnet, während das Einkommen der Nicht-Unternehmer, der Arbeitnehmer, die gesamte Lohn- und Gehaltssumme umfaßt. Daß Arbeitnehmer auch in einem gewissen, wenn auch geringen Maße Einkommen aus Vermögen beziehen, bleibt im folgenden unberücksichtigt.

[38] Die staatliche Ersparnis kann auch negativ sein, wenn die Neuverschuldung der öffentlichen Hand über ihre Real- und Finanzinvestitionen hinausgeht. Von diesem Fall soll im folgenden abgesehen werden, obwohl er in der Realität nicht ohne Bedeutung ist. So geht beispielsweise das gesamte private Vermögen in Groß-Britannien erheblich über das Volksvermögen hinaus, da die Verschuldung der öffentlichen Hand an den privaten Sektor ein Mehrfaches ihres realen Kapitalbestandes beträgt. Vgl. Morgan, E. Victor: The Structure of Property Ownership in Great Britain. Oxford 1960, S. 184 f.

tionen und Kreditaufnahme des Staates können mithin saldiert werden. Dieser Saldo entspricht der Differenz zwischen den Ausgaben des Staates (ohne den Aufwendungen für Finanzinvestitionen) A und den Steuereinnahmen T[39].

$$(4) \qquad A - T = D_{St}$$

Die private Vermögensbildung V_{Pr} weicht somit von der privaten Investition um diesen Betrag D_{St} ab[40]. Er kann sowohl positiv wie negativ sein.

$$(5) \qquad V_{Pr} = I_{Pr} + D_{St}$$

In einer offenen Volkswirtschaft ist außerdem noch die Höhe des Außenbeitrags bedeutsam. Die inländische Vermögensbildung ist von der inländischen Investition um die Höhe des Außenbeitrags verschieden, der dem Saldo des Waren- und Diensleistungsverkehrs mit dem Ausland entspricht. Bezeichnet man diesen Saldo mit B, so ergibt sich die folgende Gleichung der privaten Vermögensbildung:

$$(6) \qquad V_{Pr} = I_{Pr} + D_{St} + B = S_{NU} + Y_U - C_U$$

Die staatliche Vermögensbildung ist:

$$(7) \qquad V_{St} = I_{St} - D_{St}$$

wobei die Größe I_{St} nur die Realinvestitionen des Staates umfaßt. Die gesamte volkswirtschaftliche Vermögensbildung ist:

$$(8) \qquad V = V_{Pr} + V_{St} = I_{Pr} + I_{St} + B$$

Es handelt sich bei allen genannten Gleichungen um Identitätsgleichungen, die reinen ex-post-Charakter haben und nichts über die Auswirkungen der Veränderungen einer Größe auf die anderen Größen aussagen. Sie geben lediglich an, welche Größen für die private Vermögensbildung von Belang sind. Die Statistik weist ausschließlich derartige ex-post-Größen aus. Auf die Abhängigkeit der einzelnen Größen voneinander wird erst im folgenden Kapitel eingegangen.

Die Investitionen wie auch die Vermögensbildung können jeweils brutto oder netto erfaßt werden, d. h. mit oder ohne Berücksichtigung der Abschreibungen[41]. Im folgenden wird vornehmlich von den Bruttogrößen ausgegangen, da eine exakte Erfassung des gesamtwirtschaftlichen Kapitalverschleißes nicht möglich ist. Bei allen statistischen Werten der Abschreibungen handelt es sich um relativ grobe Schätzungen. So basieren beispielsweise die statistischen Angaben der beiden nordamerikanischen Länder auf

[39] Gebühren, Beiträge und Erwerbseinkünfte werden im Rahmen dieser Arbeit wegen ihrer geringen quantitativen Bedeutung nicht berücksichtigt.

[40] Vgl. Schneider, Erich: Einführung in die Wirtschaftstheorie, Bd. 3, 5. Aufl., Tübingen 1959, S. 238.

[41] Der Terminus Bruttovermögensbildung scheint in diesem Sinn in einem Widerspruch zum Begriff des Vermögens zu stehen. Er erweist sich jedoch bei empirischen Untersuchungen als sehr fruchtbar.

den Abschreibungsbeträgen der Steuerbilanzen[42] – weitgehend ohne Rücksicht darauf, daß die steuerlichen Abschreibungsregelungen in der Vergangenheit starke Änderungen erfahren haben und die Abschreibungen kaum mit dem wirtschaftlichen Werteverzehr übereinstimmen. Im Gegensatz dazu wird in Großbritannien und in der Bundesrepublik versucht, den effektiven Kapitalverzehr auf gesamtwirtschaftlicher Basis zu schätzen, wobei sich allerdings erhebliche Probleme bei der Ermittlung des gesamten Kapitalbestandes und seiner Lebensdauer ergeben[43]. Aus diesen Gründen erscheint es angebracht, hauptsächlich von den Bruttogrößen auszugehen, zumal die gesamtwirtschaftlichen Abschreibungsquoten in den letzten Jahrzehnten nicht gestiegen sind, wie noch zu zeigen sein wird.

Als Bezugsgröße wird im folgenden das Bruttosozialprodukt gewählt. Hierfür besteht eine sachlogische Notwendigkeit, da die Abschreibungen nicht ausgesondert werden. Nur bei der Untersuchung der Entwicklung der Einkommensverteilung wird vom Volkseinkommen ausgegangen.

Die statistische Analyse stützt sich vornehmlich auf die Werte für die USA und Kanada, da nur für diese beiden Länder die benötigten langfristigen Reihen innerhalb der volkswirtschaftlichen Gesamtrechnung vorliegen; ergänzend werden Angaben für Großbritannien und die Bundesrepublik herangezogen.

Noch ein letztes ist vorauszuschicken: Die folgende empirische Untersuchung ist ausschließlich auf die konjunkturell günstigen Jahre beschränkt; Perioden der Krise und der Rezession bleiben unberücksichtigt. Dieses Vorgehen ergibt sich aus der Zielsetzung der Arbeit. Ob eine Überwälzung der (Gewinn-)Steuern stattgefunden hat, läßt sich nur für Jahre mit gleicher konjunktureller Situation beurteilen. Allerdings wäre es denkbar, daß durch eine Steuererhöhung eine Krise hervorgerufen wird; auf diese Frage wird später eingegangen.

1. USA

Die offizielle volkswirtschaftliche Gesamtrechnung des US Department of Commerce reicht bis zum Jahre 1929 zurück. In diesem Zeitraum von mehr als 30 Jahren ist die Quote des Gewinnsteueraufkommens auf das

[42] Vgl. National Income 1954 und US Income and Output, Supplements to the Survey of Current Business, hrsg. v. US-Department of Commerce, Washington 1954 bzw. 1958, S. 150. bzw. S. 15; National Accounts, Income and Expenditure 1926–1950. Ottawa 1952, S. 101 ff.

[43] Vgl. National Income and Expenditure 1960, London 1960, S. 76 ff.; Raabe, Karl-Heinz: Übereinstimmung und Unterschiede in der Definition und Messung der Abschreibungen in betriebswirtschaftlicher und volkswirtschaftlicher Sicht. In: Allg. Stat. Arch., Bd. 41, 1957, S. 357 ff.

Zwei- bis Zweieinhalbfache gestiegen[44]. Die Sätze der Einkommen- und Körperschaftsteuer wurden stark angehoben[45]. Der erhöhte Anteil des Staates am Sozialprodukt wurde überwiegend mit »direkten« Steuern, weniger durch eine Zunahme der sogenannten »indirekten« Steuern finanziert. Es wäre demnach auf Grund der traditionellen Überwälzungstheorie ein erheblicher Rückgang der Quote der privaten Investitionen und der privaten Vermögensbildung zu erwarten.

Ein Blick auf die Verwendungsrechnung des Bruttosozialprodukts[46], die in Tabelle 1 wiedergegeben ist, zeigt jedoch, daß in dem betrachteten Zeitraum die private Investitionsquote nicht gesunken ist. Sie lag in den konjunkturell günstigen Jahren der letzten Dekade mit 15 bis 17,5 % bei oder sogar über der des Jahres 1929 (15,5 %). In der gleichen Zeit ist der Anteil des Staates an der Verwendung der erzeugten Güter und Leistungen (d. h. einschließlich der staatlichen Investitionen[47]) von 8 auf über 20 % gestiegen. Der private Konsum blieb entsprechend zurück. Der Anteil der öffentlichen Hand am Sozialprodukt hat sich mithin ausschließlich zu Lasten des privaten Konsums ausgeweitet.

Die private (Brutto-)Vermögensbildung weicht nicht wesentlich von der Entwicklung der privaten Investitionen ab. Überschüsse bzw. Defizite des Staates waren in den vergangenen Jahren zwar vorhanden (s. Tabelle 2), haben sich aber, über die gesamte Periode hin betrachtet, weitgehend aufgehoben und die private Vermögensbildung nicht gravierend beeinflußt[48]. Sie

[44] Der Anteil der Gewinnsteuern am Bruttosozialprodukt ist von 3,7 % im Jahre 1929 auf 8–10 % in den letzten Jahren angewachsen. Vgl. Tabelle 1.

[45] Es sei allerdings bereits hier darauf hingewiesen, daß das Gewinnsteueraufkommen weniger stark zunahm als die nominellen Steuersätze.

[46] Es wird im folgenden jeweils von den nominellen Werten ausgegangen. Da die vorliegende Arbeit primär auf die Vermögensbildung (und -verteilung) im Verhältnis zum Sozialprodukt ausgerichtet ist und daher nur Anteilssätze und keine absoluten Größen betrachtet werden, ist dieses gerechtfertigt. Zwar werden durch unterschiedliche Preisentwicklungen auch die Quoten berührt, doch ist die Problematik langfristiger Preisreihen, die zur Preisbereinigung benötigt werden, so groß, daß die daraus abgeleiteten Werte nur mit äußerster Vorsicht verwandt werden können. Zudem sind die vorhandenen Preisindices nach der Kostenmethode berechnet, berücksichtigen also den technischen Fortschritt nicht oder nur in beschränktem Maße. Während die Kostenmethode für Produktivitätsanalysen geeignet erscheint, müßte für eine Messung des Vermögens- oder Kapitalbestandes die Kapazitätsmethode angewandt werden, die die Auswirkungen des technischen Fortschritts mit erfaßt. Siehe: Reuß, Gerhart E.: Produktivitätsanalyse, Basel 1960, S. 85 ff. Vgl. auch Kuznets, Simon: Long-term Changes in the National Income of the United States of America since 1870. In: Income and Wealth of the United States, Trends and Structure. Income and Wealth Series II, London 1952, S. 158 ff.

[47] Die öffentlichen Investitionen werden in der US-amerikanischen Statistik nicht eigens ausgewiesen; sie sind in den »staatlichen Käufen von Gütern und Leistungen« enthalten. Lediglich die Höhe der öffentlichen Bauinvestitionen (brutto) ist bekannt. Ihr Anteil am Sozialprodukt hat sich in dem betrachteten Zeitraum nicht wesentlich erhöht (vgl. Tab. 2).

[48] Ohne Berücksichtigung der Kriegsjahre.

Tabelle 1. Verwendung[49] des Bruttosozialproduktes und Gewinnsteueraufkommen in den USA, 1929–1961
(in v.H. der Gesamtgröße)

Jahr	Privater Verbrauch	Private Investitionen	Staatliche Käufe von Gütern u. Leistungen	Gewinn-steuer aufkommen[50]	Preisindex für BSP (1954 = 100)
1929	75,6	15,5	8,1	3,7	57,4
1930	77,9	11,3	10,1	3,5	55,4
1931	80,4	7,2	12,1	3,0	49,9
1932	84,3	1,6	13,8	2,7	44,9
1933	82,9	2,5	14,4	3,5	44,2
1934	79,9	4,4	15,0	3,5	46,9
1935	77,6	8,7	13,8	3,9	47,4
1936	75,7	10,2	14,3	4,3	47,7
1937	74,1	12,9	12,9	4,7	49,5
1938	75,8	7,8	15,0	4,4	48,7
1939	74,2	10,2	14,6	4,1	48,1
1940	71,4	13,1	14,0	5,3	48,9
1946	69,8	13,4	14,5	8,8	74,6
1947	70,6	13,4	12,1	9,4	83,0
1948	68,7	16,6	13,3	8,6	88,5
1949	70,2	12,8	15,6	7,1	88,2
1950	68,5	17,6	13,7	9,6	89,5
1951	63,8	17,1	18,4	10,5	96,2
1952	63,3	14,4	21,9	9,3	98,1
1953	63,7	13,8	22,7	8,9	99,0
1954	65,6	13,5	20,7	7,9	100,0
1955	64,6	16,1	19,0	8,5	101,2
1956	64,4	16,1	19,1	8,3	104,6
1957	64,4	14,9	19,5	8,0	108,4
1958	66,0	12,7	21,0	7,3	110,8
1959	65,0	15,1	20,1	7,8	112,6
1960	65,2	14,4	19,8		114,1
1961	65,2	13,4	20,7		115,8

Quellen: National Income 1954, a.a.O., S. 22f., S. 170f., S. 216f.
US Income and Output, a.a.O., S. 118f., S. 226f., S. 220f.
Survey of Current Business, Juli 1962 (entsprechende Tabellen)

[49] Ohne Außenbeitrag.

[50] Von dem gesamten Aufkommen an direkten Steuern wurden die geschätzten Lohnsteuern abgezogen. Da der Einkommensteueranteil, der auf Einkommen aus unselbständiger Arbeit entfällt, in der Statistik nicht ausgewiesen wird, sondern nur seit 1942 die sogenannten »income taxes withheld by employers«, da außerdem nur Angaben für die Fiskaljahre (1. 7. – 30. 6.) vorliegen, wurde folgender Versuch gemacht, um wenigstens näherungsweise die in den gesamten Einkommensteuern enthaltenen »Lohnsteuern« auszuschalten: Die prozentualen Anteile am Einkommensteueraufkommen, die auf withheld taxes in den einzelnen Fiskaljahren entfielen, wurden von dem Gesamtaufkommen der einzelnen Kalenderjahre abgesetzt. Auf die Jahre vor 1942 wurde der – im Verhältnis zu späteren Jahren – sehr niedrige Prozentsatz dieses Jahres angewandt (10,3 %). Siehe Annual Report of the Secretary of the Treasury on the State of Finance, 1959, S. 430.

hingen vornehmlich mit der jeweiligen konjunkturellen Situation zusammen.

Eine Erklärung für die trotz der gestiegenen Besteuerung erhöhte private Bruttoinvestitionsquote kann auch nicht in einem steigenden Anteil der Abschreibungen an den gesamten Investitionen gefunden werden. Die Abschreibungsquote am Bruttosozialprodukt wie an den gesamten privaten Investitionen hat sich – wenigstens über den gesamten Zeitraum hin gesehen – nicht merklich verschoben, wenn man die konjunkturellen Veränderungen außer acht läßt. Sie lag in den letzten Jahren nicht oder wenigstens nicht wesentlich höher als 1929. Möglicherweise hat sie sogar an Bedeutung verloren; der starke Anstieg der Abschreibungsquote in der Nachkriegszeit – von einem relativ niedrigen Niveau aus – ist nämlich zum großen Teil auf eine Ausweitung der steuerlichen Abschreibungsmöglichkeiten zurückzuführen.

Da in der US-Statistik, wie bereits erwähnt, bei der Ermittlung der Abschreibungen weitgehend auf die Steuerbilanzen zurückgegriffen wird, haben die in den Nachkriegsjahren gewährten Sonderabschreibungen und die seit 1954 gestattete Verwendung der Methoden der beschleunigten Abschreibung eine Steigerung des Abschreibungsvolumens gebracht, die nicht mit einem entsprechend höheren Kapitalverschleiß zusammenhängt [51]. Da bei der Festsetzung der Abschreibungsbeträge für die Zwischenkriegszeit weit stärker als für die letzten Jahre auf Schätzungen zurückgegriffen werden mußte, kann allerdings aus den erwähnten Tatbeständen nicht mit Sicherheit auf eine gegenüber 1929 verminderte Bedeutung der Abschreibungen für die Investitionsfinanzierung geschlossen werden. Jedenfalls standen sie nicht in relativ stärkerem Umfang für diesen Zweck zur Verfügung [52].

Ceteris paribus lassen die aufgezeigten Entwicklungslinien mithin vermuten, daß die Gewinnsteuern die private Vermögensbildung insgesamt nicht beeinträchtigt haben. Es ist jedoch zu fragen, inwieweit die übrigen oben genannten Bestimmungsgrößen der Vermögensbildung eine Änderung erfahren haben.

Es wäre zunächst denkbar, das Sparen der Arbeitnehmer habe in dem betrachteten Zeitraum stark zugenommen und dadurch sei ein größerer Teil der Investitionen finanziert worden. Die erhebliche Steigerung der Durch-

[51] Vgl. National Income, a. a. O., S. 15. Unter dem Begriff der beschleunigten Abschreibung werden in der amerikanischen Literatur die verschiedenen Methoden der Abschreibung zusammengefaßt, bei denen in den ersten Jahren der Nutzungsdauer höhere Beträge als bei der linearen Abschreibung abgesetzt werden können.

[52] Einschränkend ist hinzuzufügen, daß die Abschreibungen der Steuerbilanzen von den Anschaffungspreisen und nicht von den Wiederbeschaffungswerten ermittelt werden und so in Perioden steigender Preise die Abschreibungen tendenziell zu niedrig ausfallen. Vgl. US Income and Output, a. a. O., S. 16.

schnittseinkommen könnte darauf schließen lassen. Dem widerspricht jedoch die bekannte Tatsache, daß das Sparen der privaten Haushalte in Relation zum verfügbaren Einkommen auch bei einem allgemeinen Anstieg des

Tabelle 2. Statistische Unterlagen zur Vermögensbildung in den USA 1929–1961 (in v. H. des Bruttosozialproduktes)

Jahr	Private Investitionen	Abschreibungen	Staatliche Realinvestitionen[53]	Staatlicher Überschuß bzw. Defizit	Außenbeitrag	Sparen der privaten Haushalte
1929	15,5	8,3	2,4	1,0	0,7	4,0
1930	11,3	9,4	3,1	— 0,3	0,8	3,7
1931	7,2	10,7	3,5	— 3,7	0,3	3,3
1932	1,6	13,0	3,2	— 2,9	0,3	— 1,1
1933	2,5	12,8	2,9	— 2,4	0,3	— 1,2
1934	4,4	11,0	3,4	— 3,7	0,7	0,1
1935	8,7	10,1	3,1	— 2,8	— 0,1	2,8
1936	10,2	9,1	4,3	— 3,6	— 0,1	4,4
1937	12,9	8,5	3,4	0,6	0,1	4,1
1938	7,8	9,1	4,0	— 1,8	1,3	1,2
1939	10,2	8,6	4,2	— 2,4	1,0	3,2
1940	13,1	8,1	3,6	— 0,7	1,5	4,2
1946	13,4	5,1	1,1	2,0	2,3	6,4
1947	13,4	5,6	1,5	5,7	3,9	2,0
1948	16,6	6,0	1,9	3,2	1,4	4,2
1949	12,8	6,7	2,5	— 1,2	1,5	3,3
1950	17,6	6,7	2,5	2,9	0,2	4,4
1951	17,1	6,7	2,9	1,9	0,7	5,4
1952	14,4	6,9	3,1	— 1,1	0,4	5,5
1953	13,8	7,3	3,1	— 1,9	— 0,1	5,4
1954	13,5	7,9	3,3	— 1,9	0,3	5,2
1955	16,1	8,1	3,0	0,7	0,3	4,4
1956	16,1	8,2	3,0	1,2	0,7	5,5
1957	14,9	8,5	3,2	0,3	1,1	5,3
1958	12,7	8,7	3,5	— 2,6	0,3	5,6
1959	15,1	8,5	3,3	— 0,3	— 0,2	4,9
1960	14,4	8,6	3,2	0,8	0,6	4,1
1961	13,4	8,7	3,3	— 0,9	0,8	4,9

Quellen: Berechnet aus: National Income 1954, a. a. O., S. 164f.
US Income and Output, a. a. O., S. 118f., 140f., 188–190,
Survey of Current Business, Juli 1962 (entsprechende Tabellen).

[53] Nur Brutto-Bauinvestitionen. Die Höhe der Abschreibungen auf das staatliche Realvermögen ist nicht bekannt.

Durchschnittseinkommens weitgehend konstant bleibt[54]. Die Statistik für die USA bestätigt diese Konstanz. Im Verhältnis zum verfügbaren Einkommen und noch mehr im Verhältnis zum Sozialprodukt ist das Sparen der privaten Haushalte kaum gestiegen (vergl. Tab. 2).

Allerdings könnte an der Gesamtersparnis der privaten Haushalte heute dem Arbeitnehmersparen ein größerer Anteil zukommen; eine statistische Ausgliederung dieser Größe ist indes nicht möglich. Für eine derartige Zunahme des Arbeitnehmeranteils sprechen einige Gründe. So ist, wie noch zu zeigen sein wird, die Anzahl der Selbständigen im Verhältnis zur Zahl der Unselbständigen stark zurückgegangen. Ferner sind die nicht-ausgeschütteten Gewinne sowie die Farm-, Zins- und Renteneinkommen abgesunken. Da jedoch von dem gesamten Sparen der privaten Haushalte nur ein Teil auf die Arbeitnehmer entfällt – es sind auf Grund der vorliegenden Schätzungen[55] weniger als 50 % –, können selbst stärkere Verschiebungen nur zum Teil erklären, warum die erhöhten Gewinnsteuern nicht zu einer Einschränkung der Investitionen geführt haben.

Auch unter Berücksichtigung dieser Tatsache ist daher eine weitgehende Überwälzung der Gewinnsteuern zu vermuten. Diese Überwälzung würde ceteris paribus ein Sinken der Lohnquote bedeuten, während der Anteil der (Brutto-)Einkommen der Selbständigen (und aus Vermögen) entsprechend der Steuererhöhung gestiegen sein müßte[56]. Betrachtet man aber die Verteilungsrechnung des Volkseinkommens in den USA, so läßt sich eine derartige Tendenz nicht feststellen; die Entwicklung ist sogar in entgegengesetzter Richtung verlaufen.

Wie Tabelle 3 zeigt, ist der Anteil der Bruttoeinkommen aus unselbständiger Arbeit am Volkseinkommen von weniger als 60 % auf etwa 70 % in den letzten drei Jahrzehnten gestiegen. Im gleichen Umfang sind folglich die Einkommen der Unternehmer zurückgegangen. Diese Entwicklung ist insofern überraschend, als, wie gezeigt, einerseits die private Investition und damit die private Vermögensbildung in den Vollbeschäftigungsjahren nicht

[54] Eine Erklärung für diese Erscheinung, die der von Keynes angenommenen Konsumfunktion widerspricht, ist von verschiedenen Autoren versucht worden. Das Duesenberry-Modagliani-Theorem dürfte wenigstens den hauptsächlichen Ursachenkomplex umfassen. Duesenberry, James S.: Income, Saving, and the Theory of Consumer Behaviour, Cambridge 1959, S. 45 ff.; ders.: The Determinants of Savings Behaviour. In: Savings in the Modern Economy, a. a. O., S. 195 ff.; Tobin, James: Relative Income, Absolute Income, and Saving. In: Money, Trade, and Economic Growth, New York 1951, S. 153 ff.; Vegh, Imrie de: The Changing Saving Pattern of High-Income Groups. In: Savings in Modern Economy, a. a. O., S. 206 ff.

[55] Vgl. Goldsmith, Raymond W.: A study of Savings in the United States, Bd. 1, Princeton 1955, S. 238.

[56] Auf diese Zusammenhänge wird bei den theoretischen Ausführungen im folgenden Kapitel noch näher eingegangen.

Tabelle 3. Die Verteilung des Volkseinkommens in den USA 1929–1961 (i. v. H. der Gesamtgröße)

Jahr	Einkommen aus unselbständiger Arbeit	Einkommen aus selbständiger Arbeit[57]	Farmeinkommen	Renteneinkommen	Zinseinkommen	Bruttogewinne der Körperschaften[58]	KST-zahlungen	Dividenden	Unverteilte Gewinne
1929	58,2	10,0	6,8	6,2	7,3	11,0	1,6	6,6	2,8
1930	61,9	9,8	5,5	6,3	7,9	4,4	1,1	7,2	— 4,0
1931	66,6	9,3	5,3	6,3	9,8	— 1,3	0,8	6,8	— 9,0
1932	73,0	8,0	4,5	6,4	12,8	— 7,1	0,9	6,0	—14,0
1933	73,6	7,9	6,1	4,9	12,6	0,4	1,3	5,1	— 6,0
1934	70,0	9,3	5,0	3,5	9,9	3,5	1,5	5,3	— 3,3
1935	65,4	9,4	8,8	2,9	8,3	5,5	1,7	5,0	— 1,2
1936	66,1	10,1	6,1	2,7	7,3	8,8	2,2	7,0	— 0,3
1937	65,1	9,6	7,6	2,8	6,4	8,5	2,0	6,4	0,1
1938	66,6	10,1	6,4	3,8	6,9	4,9	1,5	4,7	— 1,4
1939	66,1	10,0	5,9	3,8	6,3	8,8	2,0	5,2	1,6
1940	63,9	10,3	5,6	3,5	5,5	11,4	3,5	5,0	3,0
1946	65,1	11,8	8,4	3,4	1,7	12,5	5,0	3,2	4,2
1947	65,0	10,1	7,8	3,3	1,9	14,9	5,7	3,3	5,9
1948	63,1	10,0	8,0	3,3	1,9	14,8	5,6	3,2	5,9
1949	64,7	10,4	5,9	3,8	2,2	12,1	4,8	3,4	3,9
1950	63,7	9,7	5,8	3,7	2,3	16,8	7,4	3,8	5,6
1951	64,6	9,3	5,9	3,4	2,3	15,1	8,1	3,2	3,8
1952	66,8	9,2	5,3	3,5	2,4	12,6	6,7	3,1	2,8
1953	68,3	9,0	4,4	3,5	2,7	12,5	6,6	3,0	2,9
1954	68,0	9,1	4,2	3,6	3,0	11,3	5,6	3,3	2,3
1955	67,8	9,2	3,6	3,2	3,1	13,6	6,6	3,4	3,6
1956	69,1	9,2	3,3	3,1	3,3	12,7	6,1	3,5	3,2
1957	69,6	8,9	3,2	3,2	3,7	11,8	5,7	3,4	2,6
1958	70,0	8,9	3,7	3,3	4,0	10,2	5,1	3,4	1,7
1959	69,5	8,8	2,8	3,0	4,1	11,9	5,8	3,4	2,7
1960	70,9	8,2	2,9	2,9	4,3	10,9	5,3	3,5	2,1
1961	70,6	8,1	3,1	2,9	4,7	10,7	5,2	3,5	1,9

Quellen: National Income 1954, a. a. O., S. 22f. US Income and Output, a. a. O., S. 126f. Survey of Current Business, Juli 62 (entsprechende Tabellen).

abgenommen haben, die Ausweitung des Anteils des Staates an der Verwendung des Sozialprodukts also ausschließlich auf Kosten des privaten Verbrauchs ging, andererseits beim Sparen der privaten (Arbeitnehmer-) Haushalte keine wesentliche Steigerung festzustellen ist.

[57] Ohne Farmeinkommen.

[58] Bei den Bruttogewinnen der Körperschaften ist das »Inventory Valuation Adjustment« nicht berücksichtigt, das beim Volkseinkommen abgezogen ist. (Vgl. die angeführten Quellen.)

Betrachtet man die Aufteilung des Einkommens der Unternehmer (und aus Vermögen) im Verhältnis zum Volkseinkommen, so zeigen sich einige Tendenzen, die zur Erklärung beitragen können: Das Bruttoeinkommen der »corporations« lag, wenn man die Jahre konjunktureller Abschwächung ausschaltet, in der Nachkriegsperiode über dem Stand von 1929. In der gleichen Zeit hat das (Brutto-)Einkommen der privaten Unternehmen und der freien Berufe prozentual relativ wenig abgenommen[59].

Der gesamte Anstieg der Lohnquote ging also auf Kosten der Farm-, Zins- und Renteneinkommen. Ihr Anteil am Volkseinkommen ist von 20 % im Jahre 1929 auf fast 10 % in den letzten Jahren abgesunken. Jede der drei Einkommensarten hat etwa die Hälfte ihres Anteils eingebüßt. Die Entwicklung ist allerdings im einzelnen unterschiedlich verlaufen.

Das Zurückbleiben der landwirtschaftlichen Einkommen ist vornehmlich auf strukturelle Verschiebungen zurückzuführen. In den westlichen Industrieländern verliert die landwirtschaftliche Produktion im Verhältnis zum Sozialprodukt ständig an Bedeutung. Der Produktivitätsanstieg, der auch in diesem Bereich, obwohl in geringerem Maße als in der Industrie, zu verzeichnen ist, läßt zwar die Zunahme des Durchschnittseinkommens pro Kopf der landwirtschaftlichen Bevölkerung nicht allzu sehr hinter dem allgemeinen Anstieg zurückbleiben; doch ist eine erhebliche Verringerung der Zahl der Beschäftigten festzustellen[60].

Das Absinken der Zins- und Renteneinkommen ist zunächst einmal durch den Anstieg des Preisniveaus bedingt[61]; diese beiden Einkommensarten können darauf, wenn überhaupt, nur langfristig reagieren. Das Zurückbleiben der Renteneinkommen erklärt sich außerdem aus Verschiebungen in der Struktur des Kapitalbestandes und im verhaltenen Anstieg der Mieten, der durch die staatliche Einflußnahme auf die Mietpreisbildung und den Wohnungsbau und den relativ niedrig bezifferten Mietwert der Eigenheime hervorgerufen wird[62]. Bei den Zinseinkommen spielen die in dem betrachteten Zeitraum eingetretene Halbierung des Zinsniveaus, der starke Übergang zur Selbstfinanzierung und nicht zuletzt das Anwachsen der Staatsverschuldung eine Rolle[63]; denn die Zinszahlungen des Staates werden nach internationaler Übereinkunft nicht zu den originären, sondern zu den Transfer-

[59] Z. T. ist diese Abnahme wohl auf eine Übernahme der Rechtsform der »Corporation« durch Personalunternehmen zurückzuführen, die durch die starken Unterschiede zwischen Einkommen- und Körperschaftsteuersätzen forciert wurde.

[60] Vgl. National Income, a. a. O., S. 10.

[61] Vgl. Bach, G. L.: The Impact of Moderate Inflation on Incomes and Assets of Economic Groups. In: Federal Tax Policy for Economic Growth and Stability, Hearings und Papers, Washington 1956, S. 48 f. bzw. S. 72.

[62] Vgl. Kuznets, Simon: Long-term Changes, a. a. O., S. 140 u. S. 78; National Income, a. a. O., S. 86 f.

[63] Vgl. National Income, a. a. O., S. 10.

einkommen gerechnet und sind daher in den Zinseinkommen der volkswirtschaftlichen Verteilungsrechnung nicht enthalten.

Obwohl die Selbständigen insgesamt somit einen erheblichen Teil ihrer Quote am Volkseinkommen verloren haben, ging ihre Vermögensbildung im Verhältnis zum Sozialprodukt nicht oder nur in geringem Umfang zurück. Zwei Gründe können dafür genannt werden: Einmal ist der Anteil der nicht-ausgeschütteten Gewinne der Körperschaften an den Gesamtgewinnen sowie am Volkseinkommen nicht gesunken. Die Zunahme der Körperschaftsteuern ging ausschließlich zu Lasten der Dividenden. Das Verhältnis der Dividendenzahlungen zu den nicht-ausgeschütteten Gewinnen hat sich daher erheblich verschoben [64].

Nicht weniger wichtig ist der zweite Grund: Der Verbrauch der Selbständigen ist im Verhältnis zum Sozialprodukt erheblich zurückgeblieben. Diese Tatsache erscheint zunächst überraschend; denn es wäre erstaunlich, wenn die Selbständigen eine erhöhte Steuerbelastung mit einer (relativen) Einschränkung des Verbrauchs beantwortet hätten. Das ist auch nicht der Fall. Der relative Rückgang ihres Verbrauchs ist zum größten Teil auf eine Verminderung der Anzahl der Selbständigen zurückzuführen. Während die Gesamtzahl der Arbeitnehmer in der betrachteten Periode erheblich stieg, ist die Zahl der Selbständigen nicht nur relativ, sondern sogar absolut gesunken. Ihr Verbrauch hat pro Kopf in den vergangenen Jahren nur in etwas schwächerem Maße als der der unselbständig Beschäftigten zugenommen [65].

[64] Vgl. US Income and Output, a. a. O., Tabelle I 8, S. 126/27. Siehe auch Tabelle 3.

[65] Es stößt auf größere statistische Schwierigkeiten, den Durchschnittsverbrauch pro Kopf der Selbständigen exakt zu ermitteln. Um wenigstens ungefähre quantitative Vorstellungen zu erhalten, wurde der folgende Weg eingeschlagen: Vom privaten Einkommen aus Unternehmertätigkeit und Vermögen wurden die direkten Steuern (ohne Lohnsteuer) und die Hälfte des Sparens der privaten Haushalte abgezogen, um zum Verbrauch der Selbständigen zu gelangen. Der Rest des volkswirtschaftlichen Gesamtverbrauchs wurde ganz den Arbeitnehmern zugerechnet, obwohl auch Rentner und andere Sozialleistungsempfänger daran teilhaben. Errechnet man mit Hilfe der nicht sehr homogenen Angaben über die Anzahl der Selbständigen und Unselbständigen den Pro-Kopf-Verbrauch, so zeigt sich, daß er bei den Selbständigen seit 1929 zwar langsamer als der der Arbeitnehmerschaft gestiegen ist, doch dürfte diese Änderung vornehmlich auf die Weltwirtschaftskrise zurückzuführen sein; denn gegenüber 1940 ist ihr Verbrauch sogar schneller gewachsen als der der Arbeitnehmer.

Anstieg des Pro-Kopf-Verbrauchs der Selbständigen und Unselbständigen gegenüber 1929 bzw. 1940

	1929	1940	1957
Pro-Kopf-Verbrauch der Selbständigen	100		224
		100	335
Pro-Kopf-Verbrauch der Unselbständigen	100		292
		100	283

Vgl. auch Kuznets (Simon: Long-term Changes, a. a. O., S. 139 f.), der die Entwicklung des Anteils des Einkommens der Selbständigen gemessen an ihrem Anteil an den Gesamtbeschäftigten untersucht und zu ähnlichen Ergebnissen gelangt.

Es kann daher kaum von einer Nivellierung des Verbrauchsniveaus dieser beiden Bevölkerungsgruppen gesprochen werden. Das durchschnittliche Nettoeinkommen der Selbständigen ist – bei etwas verminderter Verbrauchs- und etwas erhöhter Quote des Vermögenszuwachses – trotz der verstärkten Steuerbelastung nicht langsamer gestiegen als das der Arbeitnehmer [66]. Das heißt selbstverständlich nicht, daß alle Bezieher von Einkommen aus Unternehmertätigkeit und Vermögen eine entsprechende Steigerung ihres Einkommens und Verbrauchs aufweisen können. Bereits die unterschiedliche Entwicklung der verschiedenen Einkommensarten läßt erkennen, daß nicht alle Gruppen der Vermögensbesitzer in gleicher Weise einen Anstieg ihres Einkommens erreicht haben. Haushalte, die durch die verminderten Ausschüttungen der Körperschaften und den (relativen) Rückgang der Farm-, Renten- und Zinseinkommen ein verhältnismäßig geringeres Gesamteinkommen zur Verfügung hatten, sind sehr wahrscheinlich zu einer Zurückhaltung im Konsum veranlaßt worden. Dabei ist allerdings zu berücksichtigen, daß es sich in der Regel um keine absolute Minderung, sondern nur um ein verzögertes Wachstum handelte.

Aus den genannten Gründen wird ersichtlich, warum der Verbrauch der Selbständigen insgesamt nur noch einen sinkenden Anteil am Sozialprodukt beansprucht, während diese soziale Gruppe an der Vermögensbildung weiterhin annähernd in gleichem Maße beteiligt ist.

Für die Erklärung des scheinbaren Gegensatzes, der im Rückgang der privaten Konsumquote und im Anstieg der Lohnquote zum Ausdruck kommt, sind jedoch die relative Verminderung des Verbrauchs der Selbständigen und die möglicherweise vorliegende geringe Steigerung des Sparens der Arbeitnehmer nicht allein entscheidend. Bedeutsam ist auch, daß das Lohnsteueraufkommen in noch stärkerem Maße gesteigert wurde als das der Gewinnsteuern [67]; ferner, daß die »supplements to wages and salaries«, d. h. vornehmlich die Beiträge zur Sozialversicherung, einen wesentlichen

[66] Allerdings unter Berücksichtigung der nicht-ausgeschütteten Gewinne der Körperschaften.

[67] Das Lohnsteueraufkommen läßt sich, wie erwähnt, für die USA nicht genau festlegen, da es keine Lohnsteuer in unserem Sinne gibt. Erst seit 1942 wird der Proportionalsatz der Einkommensteuer von den Lohnbezügen durch die Arbeitgeber einbehalten (Vgl. Harriss, Lowell C.: Das Finanz- und Steuersystem der Vereinigten Staaten von Amerika. In: HdF, Bd. 3, Tübingen 1958, S. 427.) Die Einkünfte aus unselbständiger Arbeit, die über einen bestimmten Betrag hinausgehen, müssen nachversteuert werden. Während vor dem letzten Krieg nur sehr wenige Empfänger von Einkommen aus unselbständiger Arbeit überhaupt besteuert wurden, entfallen heute etwa 70 % des gesamten Einkommensteueraufkommens auf einbehaltene Steuern (income taxes withheld by employers). Der Anteil der Steuern auf Einkommen aus unselbständiger Arbeit liegt aus dem oben erwähnten Grund noch höher. (Annual Report of the Secretary of the Treasury on the State of Finance, 1959, S. 430.)

Teil des relativen Lohnanstiegs ausmachten[68]. Da jährlich erhebliche Teile davon durch die Sozialversicherungen zur Vermögensanlage verwandt werden – sie werden allerdings als Sparen der Öffentlichen Hand und nicht des privaten Bereichs in der Statistik ausgewiesen[69] – fließen sie nicht in den Konsum. Des weiteren ist zu beachten, daß die Zunahme des Volkseinkommens hinter dem Anstieg des Sozialprodukts zurückblieb, da die Quote der indirekten Steuern etwas erhöht wurde. Letztlich macht sich noch bemerkbar, daß mit der Ausweitung der Staatstätigkeit auch die vom Staat gezahlten Löhne und Gehälter erheblich an Gewicht gewonnen haben[70].

Faßt man die bisherigen Ausführungen zusammen, so läßt sich folgendes feststellen: Die stark erhöhten (Gewinn-)Steuern haben in den USA zu keiner Verminderung der privaten Investitionsquote und der privaten Vermögensbildung geführt. Da die Vermögensbildung nur in wenig höherem Maße als früher aus dem Sparen der Arbeitnehmer finanziert wird, entfällt weiterhin der überwiegende Teil des privaten Vermögenszuwachses auf die Selbständigen. Dagegen ist deren Verbrauch im Verhältnis zum Sozialprodukt erheblich zurückgegangen. Da aber gleichzeitig der Anteil der Selbständigen an der Gesamtzahl der Beschäftigten stark sank, stieg ihr Verbrauch pro Kopf doch annähernd im gleichen Umfang wie der der Arbeitnehmer. Allerdings ist das verfügbare Einkommen der Selbständigen durch die relativ verminderten Ausschüttungen der Körperschaften zurückgeblieben, was neben dem Rückgang der Quote der Farm-, Renten- und Zinseinkommen hemmend auf den Verbrauch gewirkt hat. Insofern und mit den darin liegenden Einschränkungen läßt sich vermuten, daß eine weitgehende Überwälzung der Gewinnsteuern stattgefunden hat. Dieser Satz sei zunächst einmal als vorläufige Hypothese gewertet. Weiter unten wird versucht, die verteilungstheoretischen Zusammenhänge näher zu klären.

In zweifacher Hinsicht ist dieses Ergebnis abzusichern: Eine Überwälzung der Gewinnsteuern kann nur in der Form erfolgen, daß die Preise nach Erhöhung der Steuern steigen oder Preissenkungen unterbleiben. Vergleicht man die Entwicklung des Preisindex[71] mit den Körperschaftsgewin-

[68] Sie nahmen von 0,8 % im Jahre 1929 auf 4,5 % des Volkseinkommens im Jahre 1957 zu. (Vgl. US Income and Output, a. a. O., S. 126 f., Tabelle I 8.)

[69] Vgl. National Income, a. a. O., S. 166 Anm. 1 u. S. 164.

[70] 1929 entfielen ca. 9,5 % der gezahlten Löhne und Gehälter auf die Öffentliche Hand (einschließlich des Soldes der Soldaten); 1957 waren es 16 %. US Income and Output, a. a. O., S. 126 f.; siehe auch National Income, a. a. O., S. 9.

[71] Vgl. Tabelle 1. Es wurde der Preisindex zur Bereinigung des Bruttosozialprodukts gewählt, da dieser im Hinblick auf die hier angewandte Untersuchungsmethode wohl als bester Maßstab angesehen werden kann.

nen, den Einkommen der Selbständigen und dem Gewinnsteueraufkommen, so zeigt sich, daß alle Jahre mit ins Gewicht fallenden Erhöhungen des Anteils des Gewinnsteueraufkommens auch Preissteigerungen aufzuweisen haben. Dieser Umstand sollte allerdings nicht überbewertet werden, da die gesamte betrachtete Periode – von den Jahren der Weltwirtschaftskrise und den beiden Rezessionsjahren 1938 und 1949 abgesehen – durch Preiserhöhungen gekennzeichnet war. Daß in den Jahren mit stark erhöhtem Steueraufkommen auch die Gewinne der Körperschaften stiegen [72], kann zwar nicht ohne weiteres als Stützung der Überwälzungsthese angesehen werden; denn das Steueraufkommen kann auf Grund der größeren Gewinne gewachsen sein. Doch stehen die statistischen Unterlagen nicht im Widerspruch zur aufgestellten Hypothese. Eine unmittelbare Reaktion der Körperschaften auf erhöhte Gewinnsteuern muß aber darin gesehen werden, daß sie ihre Ausschüttungen – auch im Verhältnis zu den Nettogewinnen – verminderten.

Zweitens könnte gegen die obige Argumentation eingewandt werden, ein einzelnes Jahr (1929) genüge als Vergleichsbasis nicht, da es durch Sonderfaktoren geprägt sein könne. Die offiziellen US-amerikanischen Statistiken reichen jedoch nicht weiter als bis 1929 zurück. Um diesem Einwand zu begegnen, ist es daher erforderlich, andere Quellen für frühere Perioden heranzuziehen. Deren Angaben sind aber nur in beschränktem Umfang mit den angeführten Statistiken vergleichbar und wesentlich weniger differenziert.

Entscheidend ist die Frage, ob die private Investitionsquote in früheren Perioden wesentlich die von 1929 und die der 50er Jahre übertraf. Einschränkend muß jedoch hinzugefügt werden, daß, selbst wenn dieses der Fall wäre, die obige Argumentation noch nicht entscheidend entkräftet würde; denn die Gewinnsteuern hatten zu Beginn des bisher betrachteten Zeitraumes noch einen relativ geringen Anteil am Sozialprodukt (3,7 %), so daß sie die Investition kaum wesentlich gehemmt haben können.

Zieht man die Untersuchungen von Kuznets über die Entwicklung des Sozialprodukts seit 1869 heran (Tab. 4) [73], so scheint in den Jahren vor 1929 die Investitionsquote höher gewesen zu sein als in der bisher analysierten Periode: sie lag zwischen 19 und 21 %, während sie im Durchschnitt der Jahre 1950–1957 beispielsweise nur eine Höhe von 15,4 % hatte [74].

[72] Die Zins- und Renteneinkommen bleiben hier unberücksichtigt, da sie auf Steuererhöhungen nicht kurzfristig – in vielen Fällen nicht einmal auf längere Sicht – reagieren können.

[73] Vgl. Kuznets, Simon: National Product since 1869, New York, 1946, S. 119; vgl. auch ders.: Long-term Changes, a. a. O.

[74] Die späteren Jahre sind zu sehr durch Rezessionen beeinflußt.

Tabelle 4. Verwendung des Bruttosozialproduktes in den USA 1869–1938
(i. v. H. der Gesamtgröße)

Jahr	Verbrauchs-ausgaben[a]	Brutto-investitionen[a]	Abschreibungen
1869–1878	81,1	18,9	7,8
1874–1883	81,0	19,0	6,9
1879–1888	80,8	19,2	7,0
1884–1893	79,2	20,8	7,8
1889–1898	78,7	21,3	8,3
1894–1903	78,9	21,1	8,7
1899–1908	79,9	20,1	8,6
1904–1913	80,4	19,6	8,6
1909–1918	79,3	20,7	9,4
1914–1923	78,3	21,7	10,6
1919–1928	79,2	20,8	11,1
1924–1933	82,7	17,3	11,3
1929–1938	85,8	14,2	12,4

Quelle: Berechnungen aus: Kuznets, Simon: National Product since 1869, New York, 1946, S. 119

[a] Jeweils einschließlich des staatlichen Anteils

Hieraus können indes zunächst noch keine Schlußfolgerungen gezogen werden; denn die Kuznetsschen Werte schließen auch die öffentlichen Investitionen[75] ein, die sich in den Jahren 1919–1928 – für frühere Jahre liegen keine spezifizierten Angaben vor – im Durchschnitt auf 2,4 %, in den Jahren 1928–38 auf 2,9 % des Sozialprodukts beliefen[76]. Somit erklärt sich bereits ein großer Teil der Differenz.

Darüber hinaus ist ein zweiter Tatbestand bedeutsam: Vergleicht man die Berechnungen von Kuznets mit denen des Department of Commerce, soweit sie sich überlappen – nämlich für die Jahre 1929–38 – so hat Kuznets die Werte für das Bruttosozialprodukt niedriger und die der Investitionen etwas größer veranschlagt[77]. Infolgedessen erhält er eine um 1,9 % (des Bruttosozialprodukts) höhere Investitionsquote. Damit ist die gesamte Differenz zwischen den beiden Quellen geklärt. Nimmt man für die von Kuznets berechneten Werte der früheren Jahrzehnte Abweichungen etwa im gleichen Umfang an, so ergibt sich, daß die Investitionsquote – auch auf längere Sicht betrachtet – nicht oder wenigstens nicht wesentlich zurückgegangen ist.

[75] Nur Bauinvestitionen.

[76] Vgl. Kuznets, Simon: National Product since 1896, a. a. O., S. 40.

[77] Nach dem Department of Commerce betrug das Bruttosozialprodukt in diesem Jahrzehnt durchschnittlich 78,25 Mrd. $, nach Kuznets nur 69,95 Mrd. $. Die Bruttoinvestitionen beliefen sich auf 9,6 Mrd. (davon 2,6 Mrd. öffentliche Investitionen), während sie Kuznets auf 9,9 Mrd. berechnete. Auf die Gründe für diese Unterschiede in den Ermittlungen kann hier nicht eingegangen werden. Sie ergeben sich z. T. aus anderen begrifflichen Abgrenzungen.

Eine wichtige Änderung ist allerdings eingetreten: Der Anteil des Sparens der privaten Haushalte an der gesamten volkswirtschaftlichen Vermögensbildung ist heute wesentlich geringer als in früherer Zeit. Nach Kuznets[78] entfielen in der konjunkturell günstigen Aufschwungsperiode von 1919 bis 1928 nur etwas mehr als 10 % auf nicht-ausgeschüttete Gewinne der Körperschaften, während die privaten Haushalte noch nahezu 70 % aufbrachten; der Staat war mit annähernd 20 % beteiligt. Es wird dadurch die bereits erwähnte steigende Bedeutung der Selbstfinanzierung der Körperschaften für die private Vermögensbildung bestätigt[79].

Die meisten der übrigen Entwicklungsreihen können nicht mit Hilfe anderer Statistiken weiter zurückverfolgt werden; nur für die Aufteilung des Volkseinkommens sind noch Schätzungen vorhanden, die Tabelle 5 enthält. Die Tabelle läßt erkennen, daß im großen und ganzen die Entwick-

Tabelle 5. Die Verteilung des Volkseinkommens in den USA 1870–1938 (i. v. H. der Gesamtgröße)

Jahr	Einkommen aus unselbständiger Arbeit	Einkommen aus Unternehmertätigkeit	Dividenden	Zinseinkommen	Renteneinkommen
Nach den Berechnungen von King					
1870–1880	50,0	26,4	15,8		7,8
1880–1890	52,5	23,0	16,5		8,2
1890–1900	50,4	27,3	14,7		7,7
1900–1910	47,1	28,8	15,9		8,3
Nach den Berechnungen von Martin[80]					
1899–1908	59,5	23,8	5,3	5,1	6,4
1904–1913	59,6	23,3	5,7	5,1	6,3
1909–1918	59,7	23,3	6,5	4,9	5,7
1914–1923	63,0	20,8	5,6	5,3	5,3
1919–1928	65,1	18,3	5,4	6,0	5,2
Nach den Berechnungen des National Bureau of Economic Research[81]					
1919–1928	61,0	19,5	5,6	6,1	7,1
1924–1933	63,1	16,6	6,5	7,8	5,9
1929–1938	64,9	15,9	6,6	8,4	4,3

Quelle: Entnommen aus Kuznets, Simon: National Income. A Summary of Findings. New York 1946, S. 50

[78] Vgl. Kuznets, Simon: National Product since 1869, a. a. O., S. 40.

[79] Vgl. hierzu auch: Goldsmith Raymond W.: A Study of Savings in the United States, Princeton 1955, Bd. I, besonders S. 112.

[80] Ohne Ersparnisse der Unternehmen.

[81] Einschließlich Ersparnisse der Unternehmen.

lungstendenzen der Verteilung des Volkseinkommens, die für die letzten Jahrzehnte herausgestellt wurden, auch bereits für die früheren Perioden galten; lediglich in der Entwicklung des Anteils der Zinseinkommen scheint ein Bruch vorzuliegen.

Insgesamt ergibt sich somit, daß die Entwicklung in den Jahrzehnten vor der Weltwirtschaftskrise den gezogenen (vorläufigen) Schlußfolgerungen nicht widerspricht, sondern sie weitgehend bestätigt. Bevor jedoch eine theoretische Deutung der Zusammenhänge versucht wird, soll der Frage nachgegangen werden, ob auch die statistischen Unterlagen für andere Länder ähnliche Tendenzen erkennen lassen.

2. *Kanada*

Langfristige Sozialproduktsberechnungen sind in der hier erforderlichen Untergliederung außer für die USA nur noch für Kanada vorhanden; sie reichen bis zum Jahre 1926 zurück.

Um das Ergebnis gleich vorwegzunehmen: Im wesentlichen können die gleichen Erscheinungen wie in den USA beobachtet werden (vgl. Tab. 6–8). Auch hier ist die Ausdehnung des staatlichen Anteils[82] am Bruttosozialprodukt ausschließlich auf Kosten des privaten Konsums gegangen. Die (private) Investitionsquote ist gegenüber den letzten Jahren vor der Weltwirtschaftskrise in der Zeit nach dem zweiten Weltkrieg sogar leicht gestiegen und hat dadurch ebenfalls eine Verminderung des Konsumanteils bewirkt[83].

Die Nettoinvestitionen haben sich – über die gesamte Periode hin betrachtet – noch etwas schneller als die privaten Bruttoinvestitionen erhöht, da die Abschreibungsquote relativ konstant geblieben ist. Ähnliche Vorbehalte wie bei den USA müssen aber auch hier im Hinblick auf die Ermittlung der Abschreibung gemacht werden[84].

Die private Vermögensbildung ist in manchen Jahren in stärkerem Umfang von den Überschüssen bzw. Defiziten des Staates beeinflußt worden. Insgesamt bleibt sie in den Nachkriegsjahren hinter den privaten Investitionen zurück[85], während sie in den 30er Jahren darüber hinausging. Das

[82] Die darin enthaltenen Ausgaben für staatliche Investitionen sind etwa im gleichen Verhältnis wie die Gesamtausgaben gewachsen (s. Tab. 6).

[83] Die erheblich höhere Investitionsquote Kanadas im Vergleich zu den USA kann nicht aus steuerlichen Einflüssen erklärt werden; sie läßt sich wohl vor allem auf die besonders günstigen Entwicklungsmöglichkeiten der kanadischen Wirtschaft zurückführen.

[84] Vgl. National Accounts, Income and Expenditure 1926–1950, hrsg. v. Dominion Bureau of Statistics, Department of Trade and Commerce, Ottawa 1951, S. 101 f.

[85] Diese Tendenz wird dadurch verstärkt, daß der Außenbeitrag – über die gesamte Periode hin gesehen – negativ war. Vor allem ist dies auf US-amerikanische Investitionen in Kanada zurückzuführen. Vgl. National Accounts, 1926–1956 u. 1960, a. a. O., Tab. 18.

Tabelle 6. Verwendung[86] des Bruttosozialproduktes und Gewinnsteueraufkommen in Kanada 1926–1960 (i. v. H. der Gesamtgröße)

Jahr	Privater Verbrauch	Staatliche Käufe von Gütern und Dienstleistungen	darunter Staatliche Investitionen	Private Investitionen	Gewinnsteueraufkommen[87]	Preisindex für BSP 1949 = 100
1926	68,7	9,5	2,1	16,3	1,7	68,0
1927	70,2	9,6	2,5	19,5	1,8	67,1
1928	71,4	9,3	2,7	19,2	1,7	66,9
1929	75,3	10,4	3,1	19,8	1,9	67,7
1930	76,2	12,6	4,1	17,5	1,9	66,0
1931	80,3	14,6	4,0	11,2	2,0	62,1
1932	83,5	15,2	3,4	5,7	2,5	56,3
1933	85,0	13,2	2,5	4,1	3,0	55,2
1934	79,9	12,6	2,8	8,3	2,9	55,9
1935	77,4	12,6	2,9	9,5	3,4	56,2
1936	76,3	11,7	2,6	8,3	3,8	58,0
1937	73,8	11,8	3,4	12,2	4,0	59,6
1938	73,8	12,6	3,2	12,3	4,0	59,5
1939	70,8	12,1	2,8	15,5	4,0	59,1
1946	67,8	15,2	2,6	14,5	12,2	77,7
1947	69,1	11,7	2,8	18,9	11,3	85,2
1948	66,6	11,9	3,2	18,1	10,0	96,1
1949	66,8	13,0	3,1	18,9	9,2	100,0
1950	66,8	13,0	3,3	21,7	9,6	103,1
1951	63,5	15,5	3,7	23,1	11,6	114,1
1952	61,6	17,8	4,3	20,7	11,3	119,8
1953	62,4	17,7	3,9	22,3	10,6	120,3
1954	65,1	17,9	3,8	18,6	10,1	123,2
1955	64,1	17,7	3,8	20,3	10,2	123,8
1956	61,6	17,6	4,1	22,4	10,3	128,4
1957	62,9	17,9	4,3	23,7	10,2	133,9
1958	64,6	18,8	4,2	20,2	9,4	136,4
1959	64,5	18,4	4,4	20,6	10,4	140,2
1960	65,1	18,7	4,4	19,3	10,6	141,7

Quellen: Berechnungen aus: National Accounts, Income and Expenditure, 1926–1956 und 1960, a. a. O., Tab. 2, 6, 17, 37, 38 und 39.

Sparen der privaten Haushalte hat in dem betrachteten Zeitraum im Verhältnis zum Sozialprodukt keine Ausweitung erfahren; eher ist es etwas abgesunken.

Fast der gesamte Anstieg des Anteils der Staatsausgaben ist durch eine verstärkte Anspannung der direkten Steuern finanziert worden. Es kann so-

[86] Ohne Außenbeitrag.

[87] Einschließlich der Einkommensteuer auf Einkommen aus unselbständiger Arbeit. Eine Ausschaltung der »Lohnsteuer« war nicht möglich.

Tabelle 7. Statistische Unterlagen zur Vermögensbildung in Kanada 1926–1960
(i. v. H. des Bruttosozialproduktes)

Jahr	Private Investitionen	Abschreibungen	Staatliche Bruttorealinvestitionen	Staatlicher Überschuß bzw. Defizit	Außenbeitrag	Sparen der privaten Haushalte
1926	16,3	11,0	2,1	0,8	2,5	8,1
1927	19,5	11,0	2,5	0,6	— 0,3	5,1
1928	19,2	11,1	2,6	1,1	— 0,6	3,0
1929	19,8	11,7	3,1	0,1	— 5,1	1,3
1930	17,5	12,4	4,1	— 4,2	— 5,9	1,8
1931	11,2	13,7	4,0	— 7,0	— 3,7	4,7
1932	5,7	15,0	3,4	— 7,8	— 2,5	— 6,4
1933	4,1	15,0	2,5	— 5,5	— 0,1	— 7,5
1934	8,3	13,1	2,8	— 5,1	1,7	2,8
1935	9,5	12,3	2,9	— 4,3	2,8	1,6
1936	8,3	11,9	2,6	— 1,1	5,2	2,1
1937	12,2	11,3	3,4	— 1,0	3,5	0,2
1938	12,3	11,4	3,2	— 3,2	1,9	1,1
1939	15,5	11,3	2,8	— 1,1	2,1	3,4
1946	14,5	8,4	2,6	— 1,3	2,8	7,5
1947	18,9	9,3	2,8	5,7	0,1	3,8
1948	18,1	9,5	3,2	4,7	2,8	6,6
1949	18,9	10,2	3,1	2,3	1,0	5,7
1950	21,7	10,6	3,3	3,3	— 1,9	3,7
1951	23,1	10,4	3,7	4,7	— 2,5	6,3
1952	20,7	10,1	4,3	1,1	0,7	5,4
1953	22,3	10,7	3,9	0,7	— 1,7	5,2
1954	18,6	11,7	3,8	— 0,5	— 1,7	3,3
1955	20,4	12,0	3,8	0,4	— 2,5	3,1
1956	24,7	11,9	4,1	1,1	— 4,4	4,3
1957	23,7	12,6	4,3	0,3	— 4,5	3,8
1958	20,2	12,0	4,2	— 3,1	— 3,3	5,1
1959	20,6	11,9	4,4	— 1,5	— 4,1	5,0
1960	19,3	11,9	4,4	— 2,3	— 3,3	4,7

Quellen: Berechnet aus: National Accounts, Income and Expenditure, 1926–1956 und 1960, a. a. O., Tab. 1, Tab. 2, Tab. 17 und 37.

mit auch für Kanada festgestellt werden, daß die Erhöhung der Gewinnsteuern nicht zu einer Einschränkung der privaten Vermögensbildung geführt hat und daß eine weitgehende Überwälzung auf den Konsum vermutet werden kann.

Auch bei der Verteilung des Volkseinkommens (siehe Tab. 8) liegen Parallelen zu den USA vor. Die Lohnquote ist von etwa 57 % auf etwa 69 % gestiegen. In der gleichen Zeit ist außerdem eine beträchtliche Ausweitung der Körperschaftsgewinne erfolgt. Ferner nahmen die Zins- und Renteneinkom-

Tabelle 8. Die Verteilung des Volkseinkommens in Kanada 1926–1960 (i. v. H. der Gesamtgröße)

Jahr	Einkommen aus unselbständiger Arbeit	Zins- und Renteneinkommen	Einkommen aus selbständiger Arbeit[88]	Farmeinkommen	Bruttogewinne der Körperschaften	Körperschaftsteuerzahlungen
1926	57,5	7,0	11,8	14,7	7,9	0,8
1927	57,7	7,2	12,2	13,8	8,4	0,9
1928	57,4	7,6	12,4	13,4	9,2	0,9
1929	62,7	7,8	13,1	8,3	8,4	1,0
1930	63,5	7,7	13,3	7,8	3,3	0,9
1931	71,4	8,0	12,3	2,8	0,4	1,0
1932	75,1	8,5	12,1	3,9	3,7	1,2
1933	75,8	7,3	11,9	2,8	3,1	1,6
1934	70,0	7,2	11,3	6,0	6,9	1,9
1935	67,4	7,1	11,5	7,0	7,6	2,1
1936	66,9	7,2	11,8	5,9	9,3	2,5
1937	65,5	7,0	11,4	7,2	11,1	2,6
1938	63,1	6,5	11,5	8,8	8,4	2,4
1939	62,2	7,1	11,2	8,5	12,3	2,7
1946	61,0	6,1	11,2	11,1	13,3	6,9
1947	62,6	5,7	11,3	10,8	15,1	6,8
1948	62,4	5,4	10,6	11,5	14,3	5,7
1949	62,9	5,4	10,8	9,7	12,1	5,6
1950	61,8	6,3	10,2	9,3	15,0	6,9
1951	62,1	6,1	9,2	11,7	14,8	8,5
1952	61,5	6,3	8,4	10,5	12,7	7,4
1953	64,4	6,9	8,7	8,2	11,9	6,3
1954	67,3	7,9	8,7	5,3	10,3	5,7
1955	65,7	8,1	8,6	6,1	12,4	6,1
1956	66,1	7,6	8,5	6,3	12,6	6,1
1957	68,7	8,3	8,4	4,3	10,8	5,6
1958	68,2	8,5	8,5	4,8	10,1	5,2
1959	68,5	8,5	8,3	4,2	10,9	5,8
1960	69,5	8,6	7,7	4,4	10,0	5,3

Quellen: Berechnungen aus: National Accounts, Income and Expenditure, 1926–1956 und 1960, a. a. O., Tab. 1 und 39.

men prozentual etwas zu[89]. Einen großen Bedeutungsverlust haben indessen auch in Kanada die landwirtschaftlichen Einkommen und – wenngleich in geringerem Maße – die Einkommen aus selbständiger Arbeit erlitten[90].

[88] Ohne Farmeinkommen.

[89] Wenngleich weniger als in den USA. Auch hier sind die Zinsleistungen des Staates nicht eingeschlossen.

[90] Ebenso wie bei den USA bleibt zu beachten, daß Privatunternehmen in der untersuchten Zeitspanne in starkem Maße die körperschaftliche Rechtsform übernahmen und damit eine andere statistische Zuordnung ihrer Gewinne erfolgt.

Für den Anstieg der Lohnquote bei gleichzeitigem Rückgang des Anteils des privaten Verbrauchs sind wieder dieselben Gründe wie für die USA ausschlaggebend: Die Belastung der Einkommen aus unselbständiger Arbeit mit direkten Steuern ist erheblich gestiegen[91], und ein wesentlicher Teil der erhöhten Lohnquote entfällt auf Sozialversicherungsbeiträge[92]. Der Anteil der staatlichen Lohn- und Gehaltszahlungen an der gesamten Lohnsumme hat außerdem beträchtlich zugenommen[93].

3. Großbritannien

Nur für wenige europäische Länder können einige der volkswirtschaftlichen Größen bis in die Vorkriegszeit zurückverfolgt werden, die bei den Untersuchungen für die USA und Kanada verwandt wurden. Soweit Material verfügbar ist, läßt es jedoch eine weitgehende Parallelität zu den Erscheinungen in den nordamerikanischen Staaten erkennen[94]. Im folgenden soll kurz auf die statistischen Angaben für Großbritannien und die Bundesrepublik eingegangen werden.

Die volkswirtschaftliche Gesamtrechnung des englischen »Statistical Office« umfaßt die Jahre ab 1946; zum Vergleich werden außerdem noch die Werte für das Jahr 1938 ausgewiesen[95]. Die Hauptpositionen der Verwendungs- und Verteilungsseite des Sozialprodukts lassen sich aber auf Grund anderer Berechnungen und Schätzungen[96] bis zum Jahre 1870 zurückverfolgen. Die relevanten Größen sind in den Tabellen 9 und 12 zusammengefaßt.

[91] Es fehlen allerdings Anhaltspunkte für eine Ausgliederung der »Lohnsteuern« aus der Einkommensteuer.

[92] Während 1926 die Beiträge zur Sozialversicherung nur 0,7 % der Einkommen aus unselbständiger Arbeit ausmachten, waren es 1960 3,9 % (National Accounts, a. a. O., Tab. 6)

[93] Der Anteil der staatlichen Lohn- und Gehaltszahlungen hat sich von 1926 bis 1960 von 10,3 auf 18 % erhöht (National Accounts, a. a. O., Tab. 7).

[94] Vgl. z. B. die Untersuchungen über die Verschiebungen in der Verteilungsstruktur in: Economic Survey of Europe in 1956. Genf 1956, Kap. 8, S. 1 ff.

[95] Vgl. National Income and Expenditure 1962 u. 1956, hrsg. v. Central Statistical Office, London 1962 bzw. 1956.

[96] Im folgenden wird hauptsächlich auf die Untersuchungen von James B. Jefferys and Dorothy Walters (National Income and Expenditure of the United Kingdom, 1870–1952. In: Income and Wealth, Series V, London 1955, S. 1 ff.) zurückgegriffen, die die früheren Berechnungen anderer Autoren verwertet und durch eigene Ermittlungen ergänzt haben. Bei den Angaben über die Entwicklung des Volkseinkommens lehnen sie sich eng an Prest, A. R. (National Income of the United Kingdom 1870–1946. In: Ec. J., Bd. 58, 1948, S. 31 ff.) an, dessen Aufteilung des Volkseinkommens aber für die vorliegende Untersuchung nicht geeignet war und daher durch die von Phelps Brown, E. H. and Hart, P. E. (The Share of Wages in National Income. In: Ec. J., 1952, Bd. 62, S. 253 ff.) ersetzt wurde.

Tabelle 9. Verwendung des Bruttosozialproduktes und Gewinnsteueraufkommen in Großbritannien 1870–1961 (i. v. H. der Gesamtgröße)

Jahr	Privater Verbrauch	Staats-verbrauch	Gesamte Investi-tionen[97]	Gewinn-steuer-auf-kommen[98]	Preisindex[99] 1912/13=100
1870–1879	84,0	4,7	8,8		111
1875–1884	84,9	5,1	8,5		104
1880–1889	83,2	5,5	7,9		95
1885–1894	83,5	5,7	6,8		88
1890–1899	82,9	6,3	8,3		86
1895–1904	80,9	7,9	9,8		87
1900–1909	80,3	8,0	8,7		91
1905–1913	84,3	7,1	7,3		95
1910–1913	78,6	7,3	6,8		98
1913	77,3	7,2	7,6		101
1924	81,8	8,6	11,9		173
1925	82,1	8,6	8,3		173
1926	83,5	9,1	7,8		170
1927	79,2	8,6	10,6		165
1928	80,6	8,5	8,4		164
1929	80,7	8,7	8,6		162
1930	83,4	9,3	6,8		155
1931	86,3	9,9	6,2		146
1932	84,7	9,5	6,9		142
1933	81,9	9,1	9,0		139
1934	81,6	9,1	9,5		140
1935	79,4	9,4	10,5		142
1936	78,3	10,1	11,9		146
1937	77,6	11,1	12,3		152
1938	77,1	12,6	10,5		154
1938	76,3	13,4	11,4	8,0	154
1946	72,8	23,0	7,7	18,7	233
1947	74,7	16,3	13,4	15,5	249
1948	72,3	14,8	13,4	15,3	270
1949	71,3	15,8	13,1	16,3	278
1950	70,9	15,6	11,2	15,1	286
1951	69,1	16,6	16,7	14,4	312
1952	67,7	18,3	13,6	14,7	341
1953	67,0	18,0	14,6	13,5	348
1954	67,4	17,5	14,5	13,0	355
1955	67,9	16,7	16,2	13,1	366
1956	65,9	16,7	16,1	12,1	384
1957	66,0	16,4	16,4	12,6	395
1958	66,4	16,2	15,7	12,7	405
1959	66,6	16,4	16,2	12,4	405
1960	65,7	16,5	18,6	11,7	409
1961	64,8	17,1	17,9	12,5	421

Quellen: National Income and Expenditure 1962 und 1956, a. a. O., Tab. 1, 43, 48 und 62. Für die Werte von 1870–1938 Berechnungen aus: Jefferys, James B. and Dorothy Walters: National Income..., a. a. O., S. 8f.; S. 36f.; S. 39f.

Überblickt man die langen Reihen der Verwendung des Sozialprodukts (Tab. 9), so fallen einige eindeutige Entwicklungstendenzen auf: Die Verdreifachung des Anteils des Staatsverbrauchs von etwa 5 % in der 70er und 80er Jahren des vorigen Jahrhunderts auf 16–18 % im letzten Jahrzehnt hat nicht nur keine Einschränkung der Investitionsquote (Anlageinvestitionen) bewirkt, sondern wird sogar von einer annähernden Verdoppelung derselben begleitet[100]. Infolgedessen ist der Anteil des privaten Verbrauchs von knapp 85 % auf fast 65 % gesunken.

Tabelle 10. Statistische Unterlagen zur Vermögensbildung in Großbritannien 1948–1961 (i. v. H. des Bruttosozialprodukts)

Jahr	Private Investitionen[101]	Abschreibungen auf private Investitionen[101]	Staatliche Realinvestitionen[102]	Abschreibungen auf staatliche Investitionen[102]	Staatlicher Überschuß bzw. Defizit	Außenbeitrag	Sparen der privaten Haushalte
1948	13,1		3,6			— 0,3	— 3,0
1949	12,7		3,8			— 0,2	— 2,4
1950	9,0		2,4		3,8	2,3	— 2,0
1951	11,9	6,0	4,8	1,7	0,2	— 2,4	— 2,5
1952	8,4	6,3	5,2	1,7	— 1,8	0,5	— 0,3
1953	9,4	6,2	5,2	1,7	— 2,6	0,4	0,5
1954	10,9	6,1	3,6	1,7	— 0,9	0,7	— 0,2
1955	13,0	6,1	3,2	1,7	0,3	— 0,8	0,7
1956	12,4	6,1	3,7	1,6	— 0,8	1,2	2,0
1957	12,8	6,3	3,6	1,6	0,2	1,3	1,8
1958	12,3	6,5	3,4	1,6	0,5	1,7	1,1
1959	12,8	6,4	3,4	1,5	1,4	0,8	1,7
1960	15,2	6,4	3,4	1,5	— 1,0	— 0,8	3,7
1961	14,5	6,7	3,4	1,3	— 0,9	0,2	5,1

Quellen: National Income and Expenditure 1962 und 1956, a. a. O., Tab. 1, 48 und 62

[97] Hierin sind die gesamten Investitionen des öffentlichen und privaten Bereichs (einschl. der Lagerveränderungen) enthalten; dagegen nicht die Auslandsinvestitionen (Außenbeitrag).

[98] Einschließlich der Einkommensbesteuerung der Einkommen aus unselbständiger Arbeit.

[99] Es wurde der »Consumer Goods and Services Price Index« gewählt, da nur dieser für die gesamte Periode zur Verfügung stand.

[100] Dieses Phänomen wird auch von Puthucheary (J.: Investment Incentive and Income Tax. In: Public Finance, Bd. 14, 1959, S. 218, Anm. 2) als empirische Stützung ähnlicher theoretischer Überlegungen angesehen.

[101] Einschließlich Public Corporations.

[102] Ohne Public Corporations.

In der Größe der Investitionen sind auch die der öffentlichen Hand enthalten[103]; auf sie entfiel in den Nachkriegsjahren ein Anteil von etwas über 20–25 % der Gesamtinvestitionen[104] (vgl. Tab. 10). Die vorhandenen Unterlagen lassen vermuten, daß dieser Anteil gegenüber früheren Jahrzehnten kaum gestiegen ist[105]. Durch die Verstaatlichungen der ersten Nachkriegsjahre entfällt außerdem ein beachtlicher Teil der Investitionen auf »public corporations«[106]; doch müssen diese Investitionen im langfristigen Vergleich dem nicht-öffentlichen Sektor der Wirtschaft zugerechnet werden.

Der auffällige Anstieg der Quote der Abschreibungen sollte nicht überbewertet werden, da es sich bis 1938 lediglich um Schätzungen handelt, deren Fehlergrenzen erheblich sind. Aber selbst wenn diese Werte zutreffen, verbleibt eine beachtliche Erhöhung der Nettoinvestitionsquote insgesamt wie der des privaten Bereichs.

Die private Vermögensbildung geht über die private Nettoanlageinvestition in Großbritannien erheblich hinaus. Abgesehen von den Lagerveränderungen, die in manchen Jahren ins Gewicht fallen, ist noch der im internationalen Vergleich hohe Außenbeitrag zu berücksichtigen. Er überstieg in der Zeit vor dem ersten Weltkrieg in einigen Jahren selbst die inländische Investition. Trotz des starken Rückgangs[107] in der Zwischenkriegszeit, in der der Außenbeitrag während der 30er Jahre sogar negativ war, hat er auch heute noch eine beachtenswerte Bedeutung.

Insgesamt ergibt sich demnach für Großbritannien, daß offensichtlich die private Vermögensbildung durch die erhöhten Gewinnsteuern keine wesentliche Einschränkung erfahren hat, obwohl auf diese Steuern ein erheblicher Teil der Zunahme des Anteils des Staates am Sozialprodukt entfällt[108]. Finanzinvestitionen und Schuldenaufnahme des Staates haben die Ver-

[103] Eine Aufteilung der Investitionen ist nur für die Nachkriegszeit möglich.

[104] Vgl. National Income and Expenditure, 1962, a. a. O., Tab. 48.

[105] Die Untersuchungen von Peacock (Alan T. and Jack Wiseman: The Growth of Public Expenditure in the United Kingdom, Princeton 1961, bes. S. 78) zeigen, daß die Ausgaben »on capital account« in den letzten Jahrzehnten wesentlich geringer anstiegen als die übrigen Staatsausgaben. Berücksichtigt man außerdem noch, daß von den »Kapitalausgaben« in der Nachkriegszeit ein hoher Prozentsatz auf Darlehen entfiel, so können die Aufwendungen für Realinvestitionen im Verhältnis zum Sozialprodukt – wenn überhaupt – nicht wesentlich gewachsen sein.

[106] 1961 waren es 20 % der Gesamtinvestitionen. National Income and Expenditure, a. a. O., S. 53.

[107] Dieser Rückgang kann nicht auf höhere Steuern zurückgeführt werden, zumal die gravierende Anspannung der Gewinnsteuersätze erst in späteren Jahren erfolgte. Vgl. Jefferys, James B.: National Income, a. a. O., S. 19 f.

[108] In den in der Statistik angegebenen Werten des Gewinnsteueraufkommens sind auch die Einkommensteuern auf Einkommen aus unselbständiger Arbeit enthalten. Zur Entwicklung des Steueraufkommens vgl.: Hicks, Ursula K.: British Public Finance, 1880–1952, 2. Aufl., London 1958, S. 75; und: Weise, Herbert: Die Steuern im Vereinigten Königreich, Kiel 1957, Tab. 1.

mögensbildung zwar in der Nachkriegszeit beeinflußt, doch überwog in den letzten Jahren bei weitem die Neuverschuldung[109], so daß die private Vermögensbildung die privaten Inlands- und Auslandsinvestitionen überstieg. Dieses wird auch deutlich aus der Aufteilung der volkswirtschaftlichen Gesamtersparnis für das Jahr 1961, die in der Tabelle 11 enthalten ist.

Tabelle 11. Der Beitrag der einzelnen Sektoren zur volkswirtschaftlichen Gesamtersparnis in Großbritannien im Jahre 1961

	Finanzierung der volkswirtschaftlichen Bruttovermögensbildung[110]	Abschreibungen	Finanzierung der Nettovermögensbildung	i. v. H. der Nettovermögensbildung
Privater Sektor	1.803	447	1.356	52,5
Private Körperschaften	2.004	855	1.149	44,5
Public Corporations	369	489	— 120	— 4,6
Zentralregierung	436	122	314	12,2
Gemeinden	228	228	— 3	— 0,1
Ungeklärter Rest	— 112	-	— 112	— 4,3
Insgesamt	4.728	2.144	2.584	100,0

Quelle: National Income 1962, a. a. O., S. 53 und S. 65

Die Tabelle läßt außerdem den hohen Anteil der privaten Körperschaften an der volkswirtschaftlichen Gesamtersparnis erkennen. 1961 entfielen rund 52 % auf die nicht-ausgeschütteten Gewinne. In Anbetracht der erheblich angespannten Sätze der Einkommensteuer[111] muß hierin – wenigstens zum Teil – eine Auswirkung des Steuersystems gesehen werden.

Auch die Erhöhung der Lohnquote (vgl. Tab. 12) paßt sich in das bei den USA und Kanada gewonnene Bild ein; sie ist langfristig stark gestiegen. Die gegensätzliche Entwicklung von Lohnquote und privatem Verbrauch erklärt sich aus den oben bereits genannten Gründen. Der verbleibende Teil des Volkseinkommens kann als Einkommen der Selbständigen angesehen werden, da die »public corporations« in den Nachkriegsjahren keine Gewinne abwarfen[112].

[109] Vgl. National Income 1962, a. a. O., S. 53 in Verbindung mit S. 64/65. Die Tabellen lassen erkennen, daß die Neuverschuldung der Gemeinden und der public corporations in den letzten Jahren über ihre Nettoinvestitionen hinausging. Die Zentralregierung konnte mit ihren Überschüssen nur einen Teil dieses Schuldenzuwachses abdecken.

[110] Einschließlich Lagerveränderungen und Außenbeitrag.

[111] Siehe: Weise, Herbert, Die Steuern im Vereinigten Königreich, a. a. O., Tab. V.

[112] Vgl. National Income 1962, a. a. O., S. 1 und S. 65. Auch die Nettogewinne der sonstigen öffentlichen Unternehmen sind unbedeutend.

Tabelle 12. Die Verteilung des Volkseinkommens in Großbritannien 1870–1961
(i. v. H. der Gesamtgröße)

Jahr	Einkommen aus unselbständiger Arbeit	Einkommen aus selbständiger Tätigkeit	Körperschafts-gewinne	Renten-einkommen
1870–1879	51,2	36,2		12,6
1875–1884	51,5	35,0		13,6
1880–1889	52,2	34,2		13,6
1885–1894	54,1	33,1		12,8
1890–1899	55,0	33,2		11,8
1895–1904	54,7	33,9		11,4
1900–1909	53,1	35,7		11,2
1905–1913	51,2	38,1		10,7
1910–1913	50,5	39,3		10,3
1913	49,4	40,9		9,7
1924	61,0	32,2		6,8
1925	60,7	32,4		6,9
1926	61,4	31,2		7,4
1927	59,6	33,0		7,3
1928	59,2	33,2		7,6
1929	59,5	32,7		7,7
1930	59,8	32,0		8,3
1931	60,6	30,3		9,1
1932	61,1	29,4		9,5
1933	62,3	28,6		9,1
1934	57,8	33,3		8,9
1935	60,1	31,3		8,7
1936	59,4	32,2		8,3
1937	59,3	32,1		8,6
1938	58,5	33,0		8,6
1938	62,8			
1948	70,6	11,3	15,7	3,2
1949	71,5	12,2	15,2	3,0
1950	70,9	11,7	16,9	3,5
1951	71,8	11,1	18,0	2,8
1952	71,6	10,6	13,9	2,9
1953	70,7	10,3	13,8	3,2
1954	71,0	9,9	14,5	3,5
1955	73,0	9,8	15,4	3,5
1956	73,0	9,3	14,1	3,5
1957	73,2	9,1	13,9	3,6
1958	72,8	8,7	12,5	4,3
1959	73,0	8,8	13,5	4,5
1960	73,8	8,9	13,8	4,5
1961	75,4	8,7	12,0	4,5

Quellen: Berechnungen aus: National Income and Expenditure 1962, a.a.O., Tab. 1. Für die Werte von 1870 bis 1938: Jefferys, James B. and Dorothy Walters: National Income, a.a.O., S. 8f. und Phelps Brown, E. H., and P. E. Hart: The Share of Wages..., a.a.O., S. 276

4. *Westdeutschland*

Statistische Berechnungen über die Entwicklung der volkswirtschaftlichen Gesamtgrößen in Deutschland für die Zeit vor dem letzten Krieg liegen bisher nur für die Höhe und Verteilung des Volkseinkommens vor. Die folgenden Ausführungen müssen sich daher vornehmlich auf die Werte für die Bundesrepublik stützen.

Wie in den anderen bisher betrachteten Ländern beansprucht die öffentliche Hand auch in der Bundesrepublik einen erheblichen Teil des Sozialprodukts[113]. Dennoch lag die private Brutto- wie Nettoinvestitionsquote[114] in den vergangenen Jahren wesentlich über dem internationalen Durchschnitt. Auch wurde die deutsche Investitionsquote der konjunkturell günstigen 20er Jahre übertroffen[115]. Die Gründe dafür liegen offensichtlich wenigstens z. T. in dem kriegsbedingten starken Nachholbedarf bei den Erweiterungs- und Ersatzinvestitionen sowie beim Wohnungsbau.

Die volkswirtschaftliche (Brutto- und Netto-)Vermögensbildung ging in Westdeutschland erheblich über die Investitionen hinaus; denn der Außenbeitrag war seit 1951 stets positiv und betrug in den Jahren bis zur Aufwertung 1961 zwischen 2 und 4 % des Bruttosozialprodukts. Trotz dieses hohen Außenbeitrags, der gesamtwirtschaftlich durch Einschränkung der Investitionen oder des Konsums getragen werden muß, ist die Investitionsquote nicht gesunken. Wie sich aus der Verwendungsrechnung des Sozialprodukts (Tab. 13) ergibt, ist die Erhöhung des Außenbeitrags ausschließlich zu Lasten des privaten Verbrauchs gegangen. Ein beschränkter anteilmäßiger Rückgang des Staatsverbrauchs wird durch eine Zunahme der Investitionsquote wettgemacht.

Alles dieses scheint darauf hinzudeuten, daß die Gewinnsteuern die Investitionen nicht oder wenigstens nicht wesentlich gehemmt haben. Allerdings muß man berücksichtigen, die Öffentliche Hand hat über die eigenen Realinvestitionen hinaus einen beachtlichen Teil der privaten Investitionen durch Finanzinvestitionen aus Steuergeldern finanziert. Die Vermögensbildung des privaten Sektors ist dadurch entsprechend geringer als die Summe der

[113] Allerdings wird ein vergleichsweise etwas höherer Prozentsatz der öffentlichen Ausgaben durch »indirekte« Steuern (Kostensteuern) finanziert.

[114] Die Nettoinvestitionen sind durch den relativen Rückgang der Abschreibungen sogar stärker gestiegen als die Bruttoinvestitionen. Allerdings bleibt zu beachten, daß die Abschreibungen in der Bundesrepublik nicht auf Grund der Steuerbilanzen, sondern durch Schätzungen des gesamtwirtschaftlichen Kapitalverschleißes ermittelt werden und dadurch hinter den Vergleichsgrößen für die USA und Kanada zurückbleiben.

[115] Vgl. Statistisches Jahrbuch 1936, S. 507 in Verbindung mit der Sozialproduktsberechnung, in: Bevölkerung und Wirtschaft. Stat. d. BR Deutschland., Bd. 199, S. 87. Siehe auch: Hankel, Wilhelm: Kapitalbildung und Kapitalanlagen in der Bundesrepublik im letzten Jahrzehnt. In: Der Volkswirt. Beilage zu Nr. 42 vom 15. 10. 1960, S. 12 .

Tabelle 13. Verwendung des Bruttosozialproduktes und Gewinnsteueraufkommen in der Bundesrepublik 1950–1961 (i. v. H. der Gesamtgröße)

Jahr	Privater Verbrauch	Investitionen insgesamt	Staatsverbrauch	Außenbeitrag	Gewinnsteueraufkommen	Preisindex für Bruttosozialprodukt 1954 = 100
1950	64,2	22,6	14,4	— 1,2	6,2	85,9
1951	61,1	22,3	14,7	1,9	5,9	94,9
1952	59,0	23,2	15,3	2,5	6,6	100,1
1953	60,2	21,5	14,5	3,8	7,2	99,9
1954	59,3	23,2	14,1	3,4	6,9	100,0
1955	58,0	26,3	13,3	2,4	5,9	102,2
1956	58,6	25,1	12,9	3,4	6,1	105,4
1957	58,8	24,3	12,8	4,1	6,5	108,7
1958	59,0	23,7	13,4	3,9	6,2	112,6
1959	58,2	24,9	13,6	3,4	6,8	114,5
1960 a)	56,8	26,8	13,6	2,8	7,0	117,9
1961 a)	56,9	26,8	13,9	2,4	7,4	123,1

Tabelle 14. Statistische Unterlagen zur Vermögensbildung in der Bundesrepublik 1950–1961 (i. v. H. des BSP)

Jahr	Private Bruttoinvestitionen	darunter Abschreibungen	Öffentliche Bruttorealinvestitionen	darunter Abschreibungen	Außenbeitrag	Staatlicher Überschuß	Sparen der privaten Haushalte
1950	19,9	9,9	2,2	0,4	— 1,2	3,3	2,1
1951	19,8	9,6	2,2	0,4	1,9	4,2	2,0
1952	21,0	9,4	2,3	0,4	2,5	4,0	3,2
1953	19,1	8,8	2,5	0,4	3,8	4,6	3,7
1954	20,7	8,3	2,5	0,4	3,4	4,5	4,3
1955	23,2	7,9	3,2	0,4	2,4	4,6	3,9
1956	22,2	8,1	2,9	0,4	3,4	5,0	3,6
1957	21,6	8,2	2,7	0,4	4,1	3,6	5,2
1958	20,8	8,3	2,9	0,4	3,9	1,7	5,6
1959	21,6	7,1	3,2	0,4	3,4	2,4	5,7
1960	23,5	7,9	3,3	0,4	2,8	3,7	5,4
1961	23,4	8,2	3,4	0,4	2,4	3,7	5,6

Quellen: Statistisches Jahrbuch 1962, S. 573 und 446, und 1960, S. 426 und 550; Die Vermögensbildung und ihre Finanzierung im Jahre 1961. In: Monatsberichte der Deutschen Bundesbank, Juli 1962, S. 58ff.

a) einschl. Saarland, sonst Bundesgebiet ohne Saarland und West-Berlin privaten Investitionen und des Außenbeitrags, aber immer noch relativ hoch im Vergleich mit den angelsächsischen Ländern.

Ein verhältnismäßig großer Teil des privaten Anteils am volkswirtschaftlichen Sparen stammt aus nicht-ausgeschütteten Gewinnen der Unternehmen – vor allem der Körperschaften. Gegenüber der Vor- und Zwischenkriegszeit sind deren Gewinne sowohl im Verhältnis zu den Nettoinvestitionen und dem Volkseinkommen wie zu den Reingewinnen erheblich gestiegen [116]. Wenigstens zum Teil muß dieses wieder auf die erhöhte Steuerbelastung und die Zusammensetzung des Steuersystems zurückgeführt werden.

Auf das Sparen der privaten Haushalte entfiel in den letzten Jahren in der Bundesrepublik etwa die Hälfte der privaten Vermögensbildung. Die private Sparquote war damit etwa so hoch wie in den USA und Kanada. Arbeitnehmer sind an dem Sparen der privaten Haushalte allerdings nur in beschränktem Umfang beteiligt. Genaue Unterlagen hierüber sind zwar nicht vorhanden; doch lassen fundierte Schätzungen vermuten, daß auf jeden Fall weniger als die Hälfte dieser Ersparnisse auf Arbeitnehmerkreise entfällt [117].

Die Verteilung des Volkseinkommens zeigt ähnliche Tendenzen wie in den anderen untersuchten Ländern. Die Lohnquote ist seit 1950 – aber auch verglichen mit der Vorkriegszeit [118] – gestiegen, während das Einkommen der privaten Haushalte aus Unternehmertätigkeit und Vermögen entsprechend zurückgegangen ist.

Der rückläufige Anteil des Verbrauchs der Haushalte der Selbständigen, der sich aus dem unverminderten Anteil dieser Schichten an der Vermögensbildung und dem Anstieg der Lohnquote ergibt, ist ähnlich wie in den USA hauptsächlich auf eine weitgehende Stagnation der Zahl der Selbständigen (seit 1950) zurückzuführen, während die Anzahl der unselbständig Beschäftigten bis 1960 um 26,5 % stieg. Der Pro-Kopf-Verbrauch der Selbständigen ist so schnell gewachsen wie der der Unselbständigen [119].

[116] Vgl. Hoffmann, Walther G.: Die unverteilten Gewinne der Kapitalgesellschaften in Deutschland, 1871–1957. In: Z. f. d. g. St., Bd. 115, 1959, vor allem S. 27. Die sich aus den statistischen Werten ergebende Tendenz würde noch wesentlich verstärkt, wenn auch die stillen Reserven, deren Bedeutung in den vergangenen Jahrzehnten über erhöhte Abschreibungen, steuerliche Sondervergünstigungen usw. stark gewachsen ist, hätten erfaßt werden können.

[117] Coester (Franz: Sparen aus Masseneinkommen. In: Der Volkswirt, Heft 44, 1959, S. 2378; ders.: Arbeitnehmer und Sparaufkommen. In: Politisch-soziale Korrespondenz, Heft 20, 1958, S. 8 ff.) kommt in seinen Untersuchungen zu dem Ergebnis, selbst bei optimistischen Annahmen könne nicht mehr als ein Viertel der privaten Ersparnis den breiten Schichten der Arbeitnehmer zugerechnet werden. Daneben müssen allerdings noch die Ersparnisse der Arbeitnehmer mit höheren Einkommen berücksichtigt werden.

[118] Vgl. Hoffmann, Walther G., und Müller, J. Heinz: Das deutsche Volkseinkommen 1851–1957, Tübingen 1959, S. 56.

[119] Er erhöhte sich bis zum Jahre 1960 um 116 %, während der der unselbständig Beschäftigten um 118 % wuchs. Es wurden die gleichen Berechnungsmethoden wie bei den USA angewandt.

Tabelle 15. Die Verteilung des Volkseinkommens[120] im Deutschen Reich bzw. in der Bundesrepublik Deutschland 1925–1960 (i. v. H. der Gesamtgröße)

Jahr	Einkommen aus unselbständiger Arbeit	Einkommen privater Haushalte aus Unternehmertätigkeit und Vermögen	Unverteilte Gewinne der Körperschaften	Direkte Steuern der Körperschaften	Einkommen des Staates aus Unternehmertätigkeit und Vermögen	Abzüglich Zinsen auf öffentl. Schulden
1925	59,9					
1926	59,0					
1927	58,8					
1928	60,3					
1929	61,9					
1930	63,3					
1931	64,6					
1932	61,8					
1933	59,8					
1934	58,7					
1935	56,9					
1936	55,6					
1937	55,2					
1938	54,9					
1950	59,1	33,9	1,9	3,8	1,8	0,6
1951	59,2	37,8a)	2,9a)	4,0	1,9	0,6
1952	57,9	33,3a)	2,2a)	4,1	2,3	0,6
1953	59,5	31,0a)	1,9a)	4,3	2,4	0,7
1954	60,0	32,0a)	2,2a)	4,3	2,6	0,9
1955	59,6	31,8	2,8	3,8	2,9	0,8
1956	60,4	31,2	2,6	3,9	2,8	0,8
1957	60,6	30,6	2,5	4,1	2,9	0,8
1958	61,4	30,1	2,3	4,1	2,8	0,7
1959	60,7	30,7	2,8	3,9	2,7	0,8
1960	60,5	30,9	2,7	4,0	2,6	0,7

Quellen: Bevölkerung und Wirtschaft, a.a.O., S. 91; Stat. Jahrbuch 1960, S. 549, und 1962, S. 571

a) Von Scheingewinnen und Scheinverlusten nicht bereinigt

[120] Die Abweichung der Summe der einzelnen Positionen von 100 entspricht den Scheingewinnen bzw. Scheinverlusten.

5. *Zusammenfassung der Ergebnisse*

Die Analyse der Bestimmungsfaktoren der privaten Vermögensbildung in den vier untersuchten Ländern hat zu weitgehend übereinstimmenden Ergebnissen geführt; diese lassen sich in folgenden Punkten zusammenfassen:

1. Trotz der starken Steigerung des staatlichen Anteils am Sozialprodukt in den letzten Jahrzehnten, die zum großen Teil über eine Erhöhung der Gewinnsteuern finanziert wurde, ist die private Investitionsquote nicht abgesunken, sondern sogar – wenn auch in den einzelnen Ländern in unterschiedlichem Maße – ein wenig gestiegen.
2. Die private Vermögensbildung ist etwa in gleichem Umfang wie die privaten Investitionen gewachsen.
3. Die Sparquote der privaten Haushalte, die unter dem Einfluß des Krieges und konjunktureller Faktoren starke Schwankungen aufweist, ist in der betrachteten Periode nicht gestiegen. Gegenüber den 20er Jahren hat das private Sparen sogar erheblich an Bedeutung für die Investitionsfinanzierung verloren; in verstärktem Maße wurden nicht-ausgeschüttete Gewinne dafür verwandt. Die Nicht-Unternehmerhaushalte waren daher an der privaten Vermögensbildung nur in relativ geringem Umfang beteiligt. Eine wesentliche Zunahme ihres Anteils scheint nicht eingetreten zu sein.
4. Im Gegensatz zu ihrer Vermögensbildung ist der Verbrauch der Bezieher von Einkommen aus selbständiger Arbeit und Vermögen im Verhältnis zum Sozialprodukt stark gesunken. Diese Entwicklung erklärt sich jedoch mehr aus einem relativen Rückgang der Gesamtzahl der Selbständigen als aus der stärkeren Steuerbelastung; denn der Anstieg des Pro-Kopf-Verbrauchs der Selbständigen blieb nur wenig hinter dem der Unselbständigen zurück.
5. Die Verteilung des Volkseinkommens hat sich zugunsten der Einkommen aus unselbständiger Arbeit verschoben. Die Gewinne der Körperschaften sind anteilsmäßig gleichfalls gewachsen. Die Quoten der Einkommen aus privater Unternehmertätigkeit sind leicht, die der Zins- und Renteneinkommen dagegen erheblich zurückgegangen. Die größte relative Einbuße haben die landwirtschaftlichen Einkommen erfahren.

Auf Grund dieser Tatbestände und unter Berücksichtigung der strukturellen Veränderungen, die sich vor allem in einem Rückgang der Anzahl der Selbständigen zeigten, ist daher zu vermuten, daß die Gewinnsteuern weitgehend auf die Verbraucher überwälzt worden sind. Zunächst handelt es sich bei dieser Aussage jedoch nur um eine Hypothese; sie soll im folgenden theoretisch überprüft werden.

Drittes Kapitel

Theoretische Analyse der Zusammenhänge zwischen Gewinnbesteuerung und privater Vermögensbildung

Die Untersuchung der empirischen Entwicklungstendenzen im letzten Kapitel wurde den theoretischen Überlegungen vorausgeschickt, um von vornherein Anhaltspunkte dafür zu gewinnen, welche modelltheoretischen Annahmen wirklichkeitsnah sind. Es ist wenig fruchtbar und trägt selten zur Erfüllung der Aufgabe der Wirtschaftswissenschaften bei, Modelle im luftleeren Raum zu bauen. Die logische Stringenz theoretischer Ableitungen genügt nicht, um den Wirtschaftsablauf zu erklären; denn es ist keine Schwierigkeit, mit entsprechend konstruierten Modellen alles zu beweisen.

Wenn im folgenden die Zusammenhänge zwischen Finanzpolitik, Einkommensverteilung und Einkommensverwendung in ihren Beziehungen zur privaten Vermögensbildung unter Voraussetzungen theoretisch analysiert werden, die den empirisch gefundenen Ergebnissen nicht widersprechen, so liegt darin gleichwohl eine Beschränkung. Eine derartige Theorie kann nämlich nicht ohne weiteres generelle Gültigkeit beanspruchen; denn ihr liegen spezielle Voraussetzungen zugrunde, die sich ändern können. Dieser Vorbehalt trifft zwar auf alle Ableitungen zu – sie gelten jeweils nur unter den gesetzten Annahmen – doch soll in der vorliegenden Untersuchung auch auf die möglichen Modifizierungen und Alternativen verzichtet werden, da sie für das primäre Anliegen der Untersuchung nicht erforderlich zu sein scheinen.

Aus den früher bereits erwähnten Gründen wird methodisch mit dem makroökonomischen Instrumentarium gearbeitet, das auf die Überwälzungsvorgänge angewandt wird. Dabei ist zunächst auf eine Problematik hinzuweisen, die sich aus der engen Verbindung der Überwälzungs- mit der Verteilungstheorie ergibt. Die Überwälzungstheorie ist im Grunde nichts anderes als ein spezieller Fall der Theorie der Einkommensverteilung; die Besteuerung ist ein neues Datum, das vom Staate, daher exogen, gesetzt wird. Der Staat verschafft sich durch die Besteuerung einen Anteil am Sozialprodukt, und die Überwälzungstheorie hat zu klären, wie sich auf Grund dieses neuen Datums das verbleibende Sozialprodukt verteilt.

Die Verteilungstheorie gehört jedoch noch nicht zu den gesicherten und allgemein anerkannten Bestandteilen unserer Wissenschaft. Sie ist gerade in den letzten Jahren wieder stark in Fluß geraten, und es stehen heute verschiedene Theorien einander gegenüber, die nicht ohne weiteres miteinander in Einklang gebracht werden können[121]. Die Ergebnisse der Überwälzungstheorie hängen somit wenigstens teilweise davon ab, welche verteilungstheoretische Konzeption zugrunde gelegt wird.

Die preistheoretische Argumentation der bislang vorherrschenden mikroökonomischen Überwälzungstheorie[122] läuft auf die Grenzproduktivitätstheorie der Verteilung hinaus. Einwände, die gegen die Grenzproduktivitätstheorie erhoben werden, treffen somit auch auf diese Art der Überwälzungstheorie zu.

In noch stärkerem Maße ist die makroökonomische Überwälzungstheorie Verteilungstheorie, da hier die Überwälzungsvorgänge unmittelbar als Änderungen in der Verteilung des Volkseinkommens auf die verschiedenen sozialen Gruppen erfaßt werden. Auch die sogenannte Föhl-Diskussion um die Überwälzbarkeit der Gewinnsteuern basiert auf einer verteilungstheoretischen Konzeption, und zwar auf der Keynesschen Gleichung der Bestimmungsgrößen des Unternehmereinkommens und auf der Annahme einer weitgehend exogen bestimmten Investition. Diese verhältnismäßig einfache Verteilungstheorie stimmt in den Grundzügen mit der Kaldors[123] überein. Aber auch die verteilungstheoretischen Ansatzpunkte anderer Autoren lassen sich – soweit sie sich des makroökonomischen Instrumentariums bedienen – damit weitgehend vereinbaren[124].

Gegen verteilungstheoretische Vorstellungen, die primär auf der Keynesschen Gleichung des Unternehmergewinns, einer reinen Identitätsgleichung, fußen, lassen sich einige berechtigte Einwände erheben; denn eine derartige Theorie umfaßt ausschließlich innerwirtschaftliche Determinanten und berücksichtigt keine strukturellen Faktoren[125, 126]; außerdem kann sie nur

[121] Vgl. Preiser, Erich: Distribution, Theorie, a. a. O., S. 620 ff. Bombach, Gottfried: Die verschiedenen Ansätze der Verteilungstheorie, a. a. O., S. 95 ff. Einen Versuch, die verschiedenen Teilaspekte zu verbinden, macht Krelle, Wilhelm: Verteilungstheorie, a. a. O.

[122] Siehe Recktenwald, Horst C.: Bedeutung, Grenzen . . . a. a. O., S. 281 f.

[123] Vgl. Kaldor, Nicholas: Alternative Theories of Distribution. In: Rev. of Ec. and St., Band 23, 1955/56, S. 83 ff; ders.: Economic Growth and the Problem of Inflation. In: Economica NF, Band 26, 1959, S. 212 ff. Von der eigentlichen Verteilungstheorie Kaldors kann dabei sein Versuch getrennt werden, die langfristige Konstanz der Profitquote durch die »technical progress function« zu klären. Die Problematik dieses Versuchs liegt weitgehend außerhalb der hier interessierenden Fragestellung und kann daher ausgeklammert werden.

[124] Vgl. außer der in Anm. 15 genannten Literatur Champernowne, D. G.: Capital Accumulation and the Maintainance of Full Employment. In: Ec. J., Band 68, 1958, S. 211 ff. Boulding, Kenneth E.: A Reconstruction of Economics, New York 1950. Robinson, Joan: The Accumulation of Capital, London 1956. Davidson, Paul: Theories of Aggregate Income Distribution, New Brunswick 1960.

[125] Vgl. die verteilungstheoretischen Beiträge von Preiser, Erich: Distribution, Theorie, a. a. O., S. 620 ff.; ders.: Besitz und Macht in der Distributionstheorie, a. a. O., S. 173 ff.; Kalecki, Michael: A Theory of Profits. In: Ec. J., Bd. 52, 1942, besonders S. 260.

[126] Auch bleiben die soziologischen Ansätze außer Betracht, durch die die Verteilungstheorie möglicherweise eine stärkere Wirklichkeitsnähe erlangen wird. Vgl. Preiser, Erich:

innerhalb gewisser Grenzen zutreffen[127]. Diese Einwände müßten bei einer allgemeinen Verteilungstheorie berücksichtigt werden.

Im Rahmen einer makroökonomischen Überwälzungstheorie mag es jedoch zunächst – d. h. bevor die Verteilungstheorie weiter ausgebaut ist – genügen, von dem einfachen verteilungstheoretischen Modell Keynesscher Prägung auszugehen. Wie sich zeigen wird, lassen sich damit zumindest die Überwälzungsvorgänge, die für die Vermögenswirkungen der Steuern relevant sind, in ausreichendem Maße klären. Es kann daher an den Ergebnissen der sog. Föhl-Diskussion[128] angeknüpft und auf ihnen aufgebaut werden. Jedoch sind deren einzelne Voraussetzungen näher zu diskutieren. Den Ausgangspunkt der gesamten Diskussion bildete die These Föhls, Gewinnsteuern könnten von den Unternehmern voll überwälzt werden[129].

Die Beschränkung der Föhl-Diskussion und auch der folgenden Ausführungen auf die Gewinnsteuern stellt keine Einengung der Schlußfolgerungen dar; denn die Ergebnisse, die in diesem Abschnitt für die Gewinnsteuern abgeleitet werden, können mit geringen Modifikationen auf die sonstigen Steuern übertragen werden. Unter gesamtwirtschaftlichen Verteilungsaspek-

Wachstum und Einkommensverteilung. Heidelberg 1961, passim. Marchal, Jean: The Construction of a New Theory of Profit. In: AER, Bd. 41, 1951, S. 549 ff.; Hosmalin, Guy: Der soziologische Ansatz und die ökonomische Theorie der Einkommensverteilung in Frankreich. In: J. f. Nat. Ök. u. Stat., Bd. 174, 1960, S. 273 ff.

[127] Zu diesen Grenzen vgl.: Kaldor, Nicholas: Alternative Theories, a. a. O., S. 97 ff.; Krelle, Wilhelm: Bestimmungsgründe der Einkommensverteilung in der modernen Wirtschaft. In: Einkommensbildung und Einkommensverteilung, Schriften d. Vereins für Socialpolitik, NF, Bd. 13, S. 62 ff.; Bombach, Gottfried: Die verschiedenen Ansätze der Verteilungstheorie, a. a. O., S. 131 ff.

[128] Die Diskussion, die in der Zeitschrift Finanzarchiv geführt wurde, umfaßt die folgenden Beiträge: Föhl, Carl: Kritik der progressiven Einkommensbesteuerung, Bd. 14, 1953/54, S. 88 ff.; Peter, Hans: Sekundärwirkungen, Bemerkungen zu den Zahlenbeispielen des Aufsatzes von Carl Föhl, ebda., S. 110 ff.; Rüstow, Hans-Joachim: Gewinnbesteuerung und Einkommensverteilung, ebda., S. 360 ff.; Stucken, Rudolf, und Ehrlicher, Werner: Zur Frage der Überwälzung der Unternehmungssteuern, ebda., S. 367 ff.; Colm, Gerhard: »Don't throw the baby out with the bath!« ebda., S. 525 ff.; Neisser, Hans: Kreislauftheoretisches zur Gewinnsteuer, ebda., S. 687 ff.; Krelle, Wilhelm: Zur Wirkung der progressiven Einkommensbesteuerung, Bd. 16, 1955, S. 22 ff.; Haller, Heinz: Nettoumsatzsteuer versus Gewinnsteuer, ebda., S. 201 ff., Häuser, Karl und Rudolf Richter: Zum Problem der Einkommensteuerüberwälzung, ebda., S. 258 ff.; Recktenwald, Horst C.: Bedeutung, Grenzen und neuere Entwicklung der Steuerüberwälzungslehre, ebda., S. 274 ff.; Föhl, Carl: Das Steuerparadoxon, Bd. 17, 1956, S. 1 ff.; Häuser, Karl und Rudolf Richter: Zum Problem der Einkommensteuerüberwälzung, ebda., S. 38 ff.; Ehrlicher, Werner: Die Wirkungen der Unternehmersteuern auf Investitionen, Gewinne und Löhne, Bd. 18, 1957/58, S. 373 ff. Vgl. auch Haller, Heinz: Finanzpolitik. 2. Aufl. Tübingen 1961, S. 104 ff.

[129] Schon zuvor hatten andere Autoren die Behauptung der Überwälzung der Einkommen- und Körperschaftsteuern aufgestellt (z. B. Schmölders, Günter: Die Notwendigkeit der organischen Steuerreform. In: FA, Bd. 14, 1953/54, S. 57 ff. und Weisser, Gerhard: Die Stellung des Eigentums in der Steuerreform. In: FA, Bd. 13, 1951/52, S. 531 f.), doch fehlte für diese Behauptung eine ausreichende theoretische Fundierung. Daß die Unternehmer die Gewinnsteuern in ihre Kosten einkalkulieren, kann nicht als hinlänglicher Beweis für die effektive Überwälzung angesehen werden.

ten sind die Unterschiede zwischen Gewinnsteuern und sonstigen Steuern nur gradueller Art.

1. Makroökonomisches Ausgangsmodell

Das Föhlsche Modell schließt nicht alle Komponenten der Vermögensbildung, die oben genannt wurden, mit ein. Vor allem geht es von einer geschlossenen Volkswirtschaft aus und läßt eine Kreditnahme des Staates und Finanzinvestitionen weitgehend außer Betracht. Da diese Faktoren jedoch nur modifizierend auf die Vermögensbildung einwirken, sind sie für die Darstellung der allgemeinen Zusammenhänge zwischen Gewinnbesteuerung und Einkommensverteilung entbehrlich. Die private Vermögensbildung ist unter diesen Voraussetzungen gleich den privaten Investitionen.

Zunächst seien die Grundgedanken der Föhlschen Beweisführung der vollen Überwälzbarkeit der Gewinnsteuern wiederholt[130]. Dabei soll nicht nach verschiedenen Steuerarten differenziert, sondern nur auf die Wirkungen einer (zusätzlichen) Gewinnbesteuerung abgestellt werden. Es wird lediglich zwischen dem Einkommen der Nicht-Unternehmer und dem Einkommen der Unternehmer bzw. der Selbständigen – beide Termini werden im folgenden synonym verwandt – unterschieden. In den Unternehmereinkommen sind im Gegensatz zur Föhlschen Abgrenzung auch die Zins- und Renteneinkommen enthalten[131, 132]. Die Ableitungen werden dadurch aber nicht wesentlich berührt.

Auf Grund der Kreislaufzusammenhänge ergeben sich folgende Identitätsgleichungen[133] für eine geschlossene Wirtschaft ohne staatliche Aktivität:

$$(1) \quad Y = Y_U + Y_{NU}$$
$$(2) \quad Y = I + C$$
$$(3) \quad I = S = S_U + S_{NU}$$
$$(4) \quad Y_{NU} = C_{NU} + S_{NU}$$
$$(5) \quad Y_U = C_U + S_U$$

[130] Vgl. Föhl, Carl: Kritik der progressiven Einkommensteuer a. a. O., vor allem S. 96 ff. In seinem späteren Aufsatz: »Das Steuerparadoxon« hat Föhl seine Schlußfolgerungen modifiziert. Hier wird zunächst von diesen Einschränkungen abgesehen; sie werden später behandelt.

[131] Wie Föhl selbst herausstellt (Kritik ... a. a. O., S. 105 f.), sind die Zinsen von der Höhe der Gewinne nicht unabhängig.

[132] Es ist nicht völlig exakt, alle Einkommen aus Unternehmertätigkeit und Vermögen den Selbständigen zuzurechnen, da auch Unselbständige an diesem Einkommen teilhaben. Quantitativ trifft das jedoch nur in relativ geringem Umfang zu, so daß die vorgenommene Unterstellung gerechtfertigt erscheint.

[133] Die Symbole bedeuten: Y = Sozialprodukt bzw. gesamtes Einkommen; Y_U, C_U, S_U = Einkommen, Verbrauch, Sparen der Unternehmer; Y_{NU} usw. = Einkommen der Nicht-Unternehmer.

Daraus folgt die Keynessche Gleichung der Höhe des Unternehmergewinns. Er ist durch das Ausmaß der Investitionen, den Verbrauch der Unternehmerhaushalte und das Sparen der Nicht-Unternehmer bestimmt.

$$(6) \qquad Y_U = I + C_U - S_{NU}$$

Alle diese Größen seien als Bruttogrößen aufgefaßt[134]. Das gesamte Einkommen ist damit gleich dem Bruttosozialprodukt; die Einkommen der Unternehmer schließen auch die Abschreibungen ein. Diese Begriffsbegrenzung hat große Vorteile für die Darstellung, ist aber für die abgeleiteten Ergebnisse ohne Bedeutung, solange die Nettoinvestition positiv ist. Es könnten in gleicher Weise die Nettogrößen verwandt werden.

Greift der Staat in den wirtschaftlichen Kreislauf ein, indem er Steuern in Höhe von T erhebt und Ausgaben A in gleicher Höhe tätigt:

$$(7) \qquad T = A$$

so sichert er sich damit einen Anteil am realen Sozialprodukt. Sofern von Vollbeschäftigung ausgegangen wird, müssen in Höhe von A die Investitionen und/oder der Verbrauch des privaten Bereichs eingeschränkt werden.

Die Föhlsche These läuft darauf hinaus, alle Steuern würden aus einer Einschränkung des Verbrauchs der Nicht-Unternehmer getragen. Seine Argumentation basiert auf Gleichung (6). Er geht von der Voraussetzung aus, daß die Investitionen und der Verbrauch der Unternehmer konstant bleiben. Wird die Konstanz dieser beiden Größen nur der absoluten Höhe nach gewahrt, gehen sie bei Preissteigerungen real zurück. Halten sie indes die Unternehmer real konstant, so müssen sie nominal steigen. Nur im zweiten Fall bleiben die Investitionsquote und der Anteil des Unternehmerverbrauchs am Sozialprodukt unverändert, während sie im ersten Fall sinken.

Wenn sich der Staat – unter der Voraussetzung der realen Konstanz dieser Größen – Einnahmen durch eine Gewinnbesteuerung beschafft, werden die Bruttoeinkommen der Unternehmer nominal so lange steigen, bis die Nettoeinkommen real die alte Höhe erreicht haben. Geht das Sparen der Nicht-Unternehmer wegen ihres sinkenden Realeinkommens zurück, so müssen die (realen) Unternehmereinkommen sogar steigen, damit die privaten Investitionen aufrechterhalten werden können. Dieses folgt zwingend aus der Gleichung des Unternehmergewinns.

Die Problematik dieser Schlußfolgerungen liegt in den Voraussetzungen. Gleichung (6) ist eine Identitätsgleichung, die jederzeit erfüllt ist. Ihre Aus-

[134] In gleicher Weise verfahren beispielsweise auch Kalecki, Michael: A Theory of Profits, a. a. O., S. 259. Und: Stobbe, Alfred: Kurzfristige und langfristige Bestimmungsgründe der Einkommensverteilung. In: Schw. Z. f. V. u. St., Bd. 96, 1960, S. 134. Vgl. auch Weintraub, Sidney: Real versus Price Theories of Distribution. In AER, P. and P., Bd. 51, 1961, S. 69.

sagefähigkeit ist dadurch begrenzt. »Für diese Identität gilt, wie für alle Identitäten, daß allein auf ihrer Basis nichts für die Wirklichkeit ausgesagt werden kann[135].«

Die Föhlsche These rief infolgedessen auch eine ungewöhnlich lebhafte literarische Diskussion hervor. Hierbei ging es vor allem um die Frage, ob die von Föhl gesetzten Annahmen wirklichkeitsnah sind. Für die Jahre nach der Währungsreform in der Bundesrepublik wurde die Frage weitgehend bejaht, während gegen eine Verallgemeinerung der Schlußfolgerungen erhebliche Bedenken vorgebracht wurden[136]. Die folgenden sechs Bedingungen müssen erfüllt sein, damit die Föhlsche These zu Recht besteht:

1. Die privaten Investitionen dürfen in ihrer realen Höhe durch die Steuern und Ausgaben des Staates nicht verändert und müssen voll aus Mitteln des privaten Bereichs finanziert werden.
2. Die wirksame Geldmenge (G $\times$ U) muß so elastisch sein, daß die Steuern, die den Unternehmern auferlegt werden, über die Preise abgewälzt werden können.
3. Der Verbrauch der Unternehmer darf nicht eingeschränkt werden.
4. Das Sparen der Arbeitnehmer darf nicht zunehmen.
5. Vollbeschäftigung muß aufrechterhalten bleiben.
6. Den Steuern müssen entsprechende Staatsausgaben gegenüberstehen. Es dürfen weder Haushaltsüberschüsse oder -defizite gebildet, noch staatlicherseits finanzielle Hilfen an private Investoren gewährt werden.

Unter diesen Voraussetzungen – darin stimmen die Autoren, die sich an der Dikussion beteiligten, überein[137] – treffen die Schlußfolgerungen Föhls zu. Ändern sich die Bedingungen, so muß mit entsprechend anderen Ergebnissen gerechnet werden. Die entscheidende Frage ist also[138], ob die dem Föhlschen Modell unterliegenden Voraussetzungen sinnvoll sind, d. h. ob sie (annähernd) mit der Wirklichkeit übereinstimmen oder ob nur ein Modellfall konstruiert wurde, der mit der Realität nichts zu tun hat. Es soll daher im folgenden – anknüpfend an die im letzten Abschnitt dargelegten empirischen Gegebenheiten – versucht werden, die einzelnen Voraussetzungen auf ihre Wirklichkeitsnähe zu überprüfen.

[135] Neisser, Hans: Sekundärwirkungen, a. a. O., S. 692.

[136] Während Peter (S. 110), Rüstow (S. 361 f.) und Krelle (S. 26) im großen und ganzen zustimmten, ließen Stucken und Ehrlicher (S. 376) und Colm (S. 526) die Schlußfolgerungen nur für die Nachkriegszeit gelten, machten im übrigen aber starke Einschränkungen. Haller wies nur auf diese Einschränkungen hin. Häuser und Richter (S. 259) hielten dagegen die Resultate grundsätzlich für unhaltbar. (Alle Seitenzahlen beziehen sich auf die oben zur Föhl-Diskussion erwähnten Literaturangaben.)

[137] Vgl. Föhl, Carl: Das Steuerparadoxon, a. a. O., S. 7.

[138] Vgl. Föhl, Carl: Das Steuerparadoxon, a. a. O., S. 4.

Letztlich ausschlaggebend ist dabei das Vorliegen der beiden ersten Bedingungen[139]. Wenn sie gegeben sind, findet eine weitgehende Überwälzung statt. Treffen die übrigen Voraussetzungen nicht oder lediglich zum Teil zu, so wird dieses Ergebnis nur in mehr oder weniger starkem Maße modifiziert.

Bevor auf diese Voraussetzungen im einzelnen eingegangen wird, muß noch auf zwei Einwände hingewiesen werden, die gegen Föhl erhoben wurden. Ihm wurde zunächst vorgeworfen, er wende ein statisches Modell auf eine stationäre vollbeschäftigte Wirtschaft an[140], er unterstelle also ein konstantes Sozialprodukt. Dieses Argument sollte nicht überschätzt werden; denn die nationalökonomische Theorie arbeitet weitgehend mit derartigen Unterstellungen. Sie haben allerdings im Rahmen des Föhlschen Modells zur Folge, daß die Überwälzung der Gewinnsteuern über Preissteigerungen zu einer absoluten Verminderung des Realeinkommens der Arbeitnehmer führt, was mit der Realität nicht übereinzustimmen scheint. In einer wachsenden Wirtschaft muß jedoch dieser absolute Einkommensrückgang, wie noch zu zeigen sein wird, nicht eintreten. Man kann daher dem angeführten Argument wenigstens teilweise begegnen, wenn die einzelnen Werte nicht als absolute Größen, sondern als Relativzahlen, als Anteilssätze am Sozialprodukt, angesehen werden. So wird im folgenden verfahren. Die Gleichungen gelten dann unabhängig von der Höhe und den Veränderungen des Sozialprodukts.

Ein zweiter Einwand stammt von Neisser. Er besagt, die Identitätsgleichungen ließen keine unmittelbaren Schlußfolgerungen zu, es bedürfe vielmehr der Einführung von Verhaltensannahmen[141]. »In der Profitidentität ist es sicher unrichtig anzunehmen, daß, wenn eine der Variablen auf der rechten Seite sich ändert, die anderen gleichbleiben werden[142].« Föhl bedient sich daher in seinem zweiten, die Diskussion zusammenfassenden Beitrag eines Modells, das Verhaltensgleichungen einschließt.

Wenn Föhl dabei zu Schlußfolgerungen gelangt, die denen des ersten Aufsatzes teilweise entgegengesetzt sind, so nicht deswegen, weil seine erste These – in den gesetzten Grenzen – falsch wäre, sondern weil er andere Voraussetzungen macht, die er für wirklichkeitsnäher hält. Das gleiche gilt auch für die davon abweichenden Ergebnisse der übrigen Autoren. In der Diskussion stand immer wieder Ansicht gegen Ansicht; die verschiedenen Auffassungen kamen in den unterschiedlichen Modellannahmen zum Ausdruck.

[139] Vgl. Krelle, Wilhelm: Zur Wirkung ..., a. a. O., S. 23; Haller, Heinz: Die Nettoumsatzsteuer, a. a. O., S. 215.

[140] Vgl. Colm, Gerhard: »Dont't throw the baby out with the bath«, a. a. O., S. 526. Siehe auch: Recktenwald, Horst: Die Bedeutung ... a. a. O., S. 288.

[141] Vgl. Neisser, Hans: Kreislauftheoretisches ..., a. a. O., S. 692; ferner: Krelle, Wilhelm: Zur Wirkung ..., a. a. O., S. 23.

[142] Neisser, Hans: Kreislauftheoretisches ..., a. a. O., S. 693.

Das Hauptproblem der notwendigerweise vereinfachenden Modellbetrachtungen liegt daher in der Wirklichkeitsnähe ihrer Annahmen. Die Brauchbarkeit eines Modells läßt sich nur daran erkennen, inwieweit es in der Lage ist, zur Erklärung der wirtschaftlichen Vorgänge in der Realität beizutragen – sei es auch auf indirektem Wege.

Aus diesem Grunde wird zunächst darauf verzichtet, die im Rahmen der Föhl-Diskussion entwickelten Modelle zu diskutieren oder ihnen neue entgegenzusetzen. Vielmehr soll die Wirtschaftlichkeitsnähe der Bedingungen, die dem sehr einfachen Föhl-Modell zugrunde liegen, an den dargelegten empirischen Entwicklungstendenzen überprüft werden. Erst im Anschluß daran wird versucht, ein Modell zu entwickeln, das auch Verhaltensgleichungen einschließt.

2. *Der Einfluß der Gewinnsteuern auf die private Investitionsneigung*

Die erste und letztlich auch entscheidende der Voraussetzungen, unter denen sich die Überwälzung der Gewinnsteuern ergibt, liegt in der Konstanz der privaten Investitionsquote. Die empirischen Daten scheinen eine solche Konstanz – für die Vergangenheit – zu bestätigen, da in keinem der untersuchten Länder ein Rückgang der Quote im Zusammenhang mit dem Anstieg der Gewinnbesteuerung festzustellen ist. Diese Vermutung ist jedoch theoretisch zu erhärten, bevor sie als beweiskräftig erachtet werden kann [143].

Nach der traditionellen Investitionstheorie kann eine Erhöhung der Gewinnsteuern in dreifacher Weise hemmend auf die Investitionen des privaten Bereichs einwirken:

1. wird durch die Verminderung der Nettoeinkommen, d. h. der Nettorendite, die Investitionsneigung der privaten Investoren eingeschränkt, denn sie hängt von den erwarteten Gewinnen ab.
2. wird durch die Reduzierung der Nettogewinne auch die Investitionsmöglichkeit beeinträchtigt. Den Unternehmen stehen weniger Mittel zur Finanzierung ihrer Investitionen zur Verfügung. Darüber hinaus besteht
3. die Möglichkeit, daß der Staat die Gelder für eigene Investitionen und nicht für konsumtive Zwecke verausgabt und dadurch die private Investitionsneigung zusätzlich schmälert.

Diese drei Wirkungen sind im folgenden zu überprüfen. Dabei wird mit der letzten begonnen.

[143] Es wäre denkbar, die Investitionsquote wäre ohne die Gewinnsteuern gestiegen und die Konstanz der Quote eine Folge der Besteuerung. Auf diesen möglichen Einwand wird später eingegangen.

Föhl hat in seiner Untersuchung sämtliche Ausgaben der öffentlichen Hand als Verbrauch angesehen, unabhängig davon, ob es sich um staatlichen Verbrauch im engeren Sinn oder um öffentliche (Real-)Investitionen handelt[144, 145]. Eine derartige Sicht der staatlichen Investitionen kann nicht ohne weiteres verworfen werden. Entscheidend für die Wirkung auf die private Investitionsneigung ist nicht die Zuordnung dieser Staatsausgaben zu den Investitionen. Ausschlaggebend kann nur sein, wie die öffentlichen Investitionen das Unternehmerverhalten beeinflussen.

Für die Föhlsche Ansicht, die staatlichen Investitionen unter den hier relevanten Gesichtspunkten als Verbrauch zu behandeln, spricht, daß sie – von den Investitionen der öffentlichen Unternehmen abgesehen[146] – keinen unmittelbaren Kapazitätseffekt haben. Zwar werden für sie in gleicher Weise wie für private Investitionen Güter (und Dienstleistungen) verwandt, die somit für den privaten Verbrauch nicht mehr zur Verfügung stehen; doch wird weder unmittelbar die Produktivität erhöht, noch werden neue Arbeitsplätze für eine wachsende Bevölkerung geschaffen – immer vorausgesetzt, daß der Staat nicht in den Bereich der privaten Investitionen übergreift.

Auch die sogenannte Umwegrentabilität, die zumindest einigen öffentlichen Investitionen, wie dem Straßen- und Schulbau, anhaftet, wirkt sich meist nur in the long run aus. Zwar vermindern z. B. der Straßenbau und die sonstigen Verkehrsinvestitionen in einem gewissen, wenn auch meist nicht quantifizierbaren Maße die Kosten der Privatwirtschaft; und es mag sein, daß in bestimmten Fällen deren notwendige Investierungen zurückgehen, weil sie nicht mehr selbst für entsprechende Verkehrswege zu sorgen braucht. Auf der anderen Seite werden aber viele Privatinvestitionen nur dann durchgeführt, wenn entsprechende Erschließungsinvestitionen der öffentlichen Hand vorausgehen[147]. Öffentliche Straßeninvestitionen scheinen daher eher einen Anreiz zur privaten Investition als eine Beeinträchtigung derselben auszuüben.

Ähnliches trifft auch auf die staatlichen Investitionen im Bereich des Bildungswesens zu. Nur auf längere Sicht werden infolge des höheren Ausbildungsstandes die produktiven Leistungen der Arbeitskräfte steigen. Aber auch dann werden wieder eher zusätzliche private Investitionen hervorgerufen, als eine Verminderung derselben bewirkt; denn » ... in the long run a more skilled and highly trained population will require more capital

[144] Vgl. Föhl, Carl: Kritik ..., a. a. O., S. 96.
[145] Die öffentlichen Finanzinvestitionen werden hier zunächst ausgeklammert.
[146] Diese werden in der Statistik sowieso dem Bereich der Unternehmen zugerechnet.
[147] Vgl. Lewis, W. A.: Die Theorie des wirtschaftlichen Wachstums, Tübingen 1956, S. 235 f.

to work with if its full productive powers are to be realized«[148]. Ferner wird der Grad des technischen Fortschritts – einer der Hauptbestimmungsfaktoren der (privaten) Investitionen durch eine Steigerung des Bildungsniveaus erhöht.

Ein großer Teil der übrigen staatlichen Investitionen (vor allem auf kulturellem Gebiet) ist zudem weniger auf eine direkte oder indirekte Förderung der Wirtschaft als vielmehr auf eine Befriedigung außerwirtschaftlicher Bedürfnisse der Bevölkerung gerichtet.

Auf Grund dieser Überlegungen spricht einiges dafür, die spezifisch öffentlichen Investitionen unter dem hier interessierenden Aspekt als staatliche Verbrauchsausgaben aufzufassen. Wenigstens dürften die Rückwirkungen beider Verwendungsarten öffentlicher Einnahmen auf die private Investitionsneigung – soweit diese von der Nachfrage nach den erzeugten Gütern abhängig ist – weitgehend gleichgerichtet sein und auf eine Anregung derselben hinauslaufen[149]. Eine Verminderung der privaten Investitionsneigung ist durch die spezifisch öffentlichen Investitionen demnach nicht zu erwarten; es kann eher mit dem Gegenteil gerechnet werden. Die erhöhte staatliche Nachfrage bedeutet tendenziell für die privaten Investoren eine Steigerung der Nachfrage nach den von ihnen erzeugten Gütern[150]. Hierdurch kann ihre Investitionsneigung höchstens angeregt, aber nicht gehemmt werden.

Es stellt sich daher die zweite Frage, inwieweit die private Investitionsneigung durch die Verminderung der Nettogewinne geschmälert wird. In der Lähmung der Investitionsneigung und der Unternehmerinitiative wird neben der Beschneidung der Investitionsmöglichkeit von vielen Autoren der empfindlichste Nachteil der Gewinnbesteuerung gesehen[151].

[148] Keirstead, B. S.: An Essay in the Theory of Profits and Income Distribution. Oxford 1953, S. 107.

[149] Es sei betont, daß insofern eine spezielle Betrachtungsweise der öffentlichen Investitionen vorliegt, als nur ein Aspekt herausgelöst wird, nämlich ihr Einfluß auf die private Investitionsneigung. Unter anderen Aspekten stimmen sie stärker mit den privaten Investitionen überein, vor allem in ihrer Nutzungsdauer, die sich gleichfalls über einen längeren Zeitraum erstreckt.

[150] Kommt es nicht zu einer Überwälzung, so steigt der Anteil der Güter am Sozialprodukt, von denen die privaten Investitionen abhängig sind.

[151] Vgl. Hayek, Friedrich A.: Die Ungerechtigkeit der Steuerprogression. In: Schweizer Monatshefte 1952, besonders Pkt. 5; Wright, David McCord: Income Redistribution Reconsidered. In: Income, Employment, and Public Policy. Essays in Honour of Alvin H. Hansen, New York 1948, S. 170; Chamkers, S. P.: Taxation and Incentives. In: Lloyd's Bank Review, 1949, Nr. 8, S. 6 ff. Außerdem die auf S. 24 Anm. 31) zitierte Literatur. Zu einer modifizierten Beurteilung kommen: Kimmel, Lewis H.: Taxes and Economic Incentives, Washington 1950; Brown, Cary: Business Income Taxation and Investment Incentives. In: Readings in the Economics of Taxation. London 1959, S. 525 ff.; Butters, Keith J.: Taxation, Incentives, and Financial Capacity. In: AER, Papers and Proceedings, Bd. 44, 1954, S. 504 f. und 514; Lintner, John: Effect of Corporate Taxation on Real Income, ebda. S. 520. Aber

Dagegen sprechen jedoch die empirischen Erfahrungen. Wenn man sie heranzieht, »so wird man kaum sagen können, daß, im Gegensatz zu den geäußerten Befürchtungen, Unternehmerinitiative und Investitionsneigung durch die im Vergleich zu früher außerordentlich hohen Steuertarife entscheidend gehemmt worden wären«[152]. Die Investitionsneigung war in den vergangenen Jahren sogar überdurchschnittlich hoch.

Es ist daher zu fragen, warum sie nicht durch die stark gestiegenen Steuersätze beeinträchtigt wurde. Daß die Investitionsneigung von der Höhe der erwarteten Gewinne berührt wird, steht außer Frage. Jedoch sind sie offensichtlich nicht der einzige, vielleicht nicht einmal der hauptsächliche Bestimmungsfaktor.

Sieht man von den übrigen Determinanten zunächst einmal ab, so ist für den Einfluß erhöhter Gewinnsteuern auf die Investitionsneigung bedeutsam, ob diese lediglich von den Nettogewinnen oder auch von der Höhe der Bruttogewinne abhängt. Wenn Unternehmer sich vornehmlich an dem Bruttogewinn orientieren, spielt die Höhe der Besteuerung für ihre Investitionsneigung – anders für die Investitionsmöglichkeit – unmittelbar keine Rolle. Ein derartiges Verhalten ist nicht völlig wirklichkeitsfremd; es spricht beispielsweise einiges dafür, daß die Manager der Kapitalgesellschaften, die am Kapital der Unternehmen selbst nicht beteiligt sind, ihr Investitionsverhalten außer an den Nettogewinnen auch an den erzielten Bruttogewinnen ausrichten, auf jeden Fall mehr als an der Nettorendite der Anteilseigner[153].

Aber selbst wenn nur die Nettogewinne entscheidend sind, d. h. wenn die Zielsetzung der Maximierung des Nettogewinns vorliegt, wird die Investitionsneigung nicht stark tangiert, sofern die notwendigen Finanzierungsmittel zur Verfügung stehen. Geht man davon aus, daß die Investition mit Fremdmitteln getätigt wird und daß sich aus dem Schnittpunkt der Kurve der Investitionsneigung (Grenzleistungsfähigkeit des Kapitals) π und dem Zinssatz r das gesamte Investitionsvolumen ergibt, so reduziert eine Gewinnsteuer zwar die Gewinne, mindert jedoch nicht die Höhe der Investitionen. "Under the assumptions of the profit maximization model neither the size of investments nor joice between them is affected by taxation ... In short,

auch gegenteilige Ansichten werden mit keineswegs schlechten Argumenten in der Literatur vertreten. Vgl. z. B. Littmann, Konrad: Zunehmende Staatstätigkeit und wirtschafliche Entwicklung, Köln 1957, S. 73. Die negativen Beurteilungen des Einflusses auf die Investitionsneigung beruhen vor allem darauf, daß bei jeder einzelwirtschaftlichen Betrachtung das Einkommen als gegeben angenommen wird. Daß das Einkommen nicht unabhängig von der Besteuerung ist, wird dabei übersehen.

[152] Jecht, Horst: Wirtschaftspolitische Probleme der gegenwärtigen Finanzpolitik, a. a. O., S. 89; siehe auch Butters, Keith, J.: Taxation, Incentives, and Financial Capacity. a. a. O., S. 508 ff.

[153] Eine ähnliche Ansicht äußert Föhl, Carl: Kritik ..., a. a. O., S. 108.

a theoretical basis for the disincentive effect of taxation does not exist[154]."

Wie Abbildung 1 zeigt, wird durch die Gewinnsteuern unter diesen Voraussetzungen lediglich der Ertrag vermindert, der nach Abzug der Zinskosten verbleibt. Da mit der Grenzinvestition im Schnittpunkt S kein Gewinn er-

Abbildung 1:

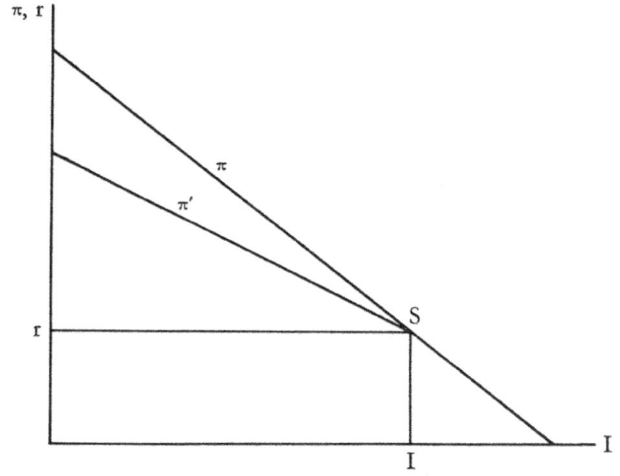

zielt wird, ist für sie auch die Gewinnsteuer ohne Belang. Die neue Kurve der Investitionsneigung π' liegt um den Prozentsatz der zusätzlich erhobenen Gewinnsteuer, bezogen auf die Differenz von (π–r) unter der alten Kurve π.

Wird die Investition nicht durch den Zinssatz, sondern durch eine Mindestrendite bestimmt, die neben dem Zins noch einen als notwendig erachteten Unternehmergewinn oder eine Risikoprämie einschließt[155], so wird diese Prämie σ durch die Gewinnsteuern beeinflußt. Ist sie lediglich ein Kalkulationsfaktor, der berücksichtigt wird, um mögliche Risiken der Investion abzudecken, wird das unabhängig von der Höhe der Gewinnsteuern erreicht. Eventuell auftretende Mindereinnahmen sind durch die Risikoprämie gedeckt. Ist sie dagegen ein Mindest-(Netto-)Gewinn, den das Unternehmen auf jeden Fall über den zu zahlenden Zins hinaus durch die Investition erwirtschaften will, so muß σ durch eine Gewinnsteuererhöhung auf σ' steigen, wenn der gleiche Nettoertrag erhalten bleiben soll (siehe Abbildung 2). Unter dieser Voraussetzung geht die Investition von I auf I' zurück.

[154] Puthucheary, J.: »Investment Incentive and Income Tax«, a. a. O., S. 21.

[155] Vgl. Preiser, Erich: Investition und Zins. In: Bildung und Verteilung des Volkseinkommens, 2. Aufl., Göttingen 1961, S. 180 f.

Bisher wurde Fremdfinanzierung unterstellt. Wird nicht aber bei Selbstfinanzierung die Besteuerung von r die Investitionsneigung[156] hemmen? Solange Kredite zu diesem Zinssatz zu erhalten sind und die Zielsetzung der Gewinnmaximierung gegeben ist, wird die Investitionsneigung nicht berührt; denn die Selbstfinanzierung kann jederzeit durch Kreditaufnahme ersetzt werden. Außerdem unterliegen ja auch die Erträgnisse jeder anderen

Abbildung 2:

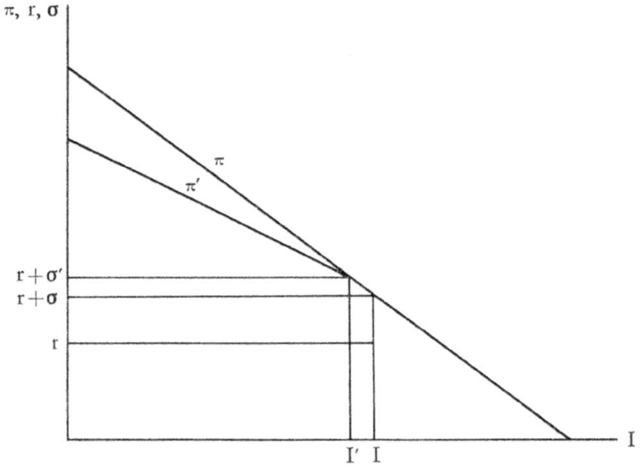

Anlage der Gelder, die zur Selbstfinanzierung zur Verfügung stehen, gleichfalls der Steuer.

Insgesamt ergibt sich also, daß eine Erhöhung der Gewinnsteuern höchstens über die Belastung des als notwendig erachteten Mindestgewinns die *Investitionsneigung* vermindert. Diese Wirkung dürfte quantitativ nur von beschränkter Bedeutung sein.

Bei den letzten Ausführungen wurde davon ausgegangen, es erfolge eine effektive Abnahme der gesamten Nettogewinne durch die Gewinnsteuern. Das trifft aber nur zu, wenn die Gewinnsteuern nicht überwälzt werden. Eine Überwälzung erfolgt jedoch bereits dann, wenn die Unternehmen ceteris paribus ihre Investitionen trotz der Steuererhöhung während der ersten folgenden Einkommensperiode aufrechterhalten. Unter dieser Bedingung steigen ihre Nettogewinne durch eine Erhöhung der Bruttogewinne wieder auf den alten Stand; infolgedessen liegt für sie in den späteren Perioden kein Grund mehr vor, die Investitionen einzuschränken.

[156] Die Auswirkung auf die Investitionsmöglichkeit wird erst später untersucht.

Es sprechen mehrere Gründe dafür, daß die Unternehmer ihre Investitionen nach der Erhöhung der Gewinnsteuern zunächst nicht reduzieren. (Von den Fragen der Finanzierungsmöglichkeiten wird dabei vorerst abgesehen; sie werden im folgenden Abschnitt behandelt.) Die Durchführung von Investitionen erstreckt sich nämlich meist über einen längeren Zeitraum[157].

Selbst wenn die Erhöhung der Gewinnsteuern hemmend auf die Investitionsneigung und die Investitionsmöglichkeiten wirkt, werden die Unternehmer doch versuchen, die begonnenen Investitionsprojekte zu vollenden; dabei werden sie, wenn notwendig, zusätzlich Kredite aufnehmen. Können sie diese erhalten, ergibt sich bereits hierdurch eine Überwälzung der Steuern. Der Anlaß zu einer Einschränkung der Investitionen in den folgenden Perioden entfällt sodann. Zwischen der Ankündigung einer Steuererhöhung und ihrem Wirksamwerden wird allerdings zumeist, was einschränkend zu beachten ist, eine mehr oder weniger große Zeitspanne liegen; die Unternehmer können sich daher bereits in dieser Zeit veranlaßt fühlen, ihre Investitionsgüterbestellungen zu reduzieren.

Wichtiger scheint indes zu sein, daß die Investitionen der Unternehmen nicht ausschließlich, vielleicht nicht einmal primär von dem erwarteten (Netto-) Ertrag abhängen. Mit ihnen muß nur überhaupt ein »befriedigender« Gewinn erzielt werden. Wenn dies der Fall ist, gewinnen andere Motive verstärkt an Bedeutung[158]. Ist »ein großes Polster an unverteilten Gewinnen in der Ausgangsposition vorhanden, und in vielen Ländern ist das in der Nachkriegszeit bis heute durchweg der Fall gewesen, so braucht auch eine fühlbare Beschneidung der Gewinnquote nicht zu einer Beeinträchtigung der Investitionstätigkeit zu führen, wenn das Bankensystem bereit und in der Lage ist, entsprechende Kredite zur Investitionsfinanzierung zur Verfügung zu stellen«[159].

Die empirischen Untersuchungen des Investitionsverhaltens der Unternehmer[160] lassen erkennen, daß der technische Fortschritt einerseits und die

[157] Vgl. Kalecki, Michael: A Theory of Profits, a. a. O., S. 259 f.

[158] Vgl. Katona, George: Das Verhalten der Verbraucher und Unternehmer. Tübingen 1960, S. 241 ff. und Föhl, Carl: Über die Möglichkeit einer Beeinflussung der Vermögensbildung, a. a. O., S. 145.

[159] Bombach, Gottfried: Preisstabilität, wirtschaftliches Wachstum und Einkommensverteilung, a. a. O., S. 11. Bombach bezieht diesen Satz zwar auf eine Erhöhung des Sparens der privaten Haushalte, das zu einer Minderung der Gewinnquote führt; seine Äußerungen können aber ohne weiteres auf die hier diskutierten Tatbestände übertragen werden.

[160] Vgl. Gutenberg, Erich: Untersuchungen über die Investitionsentscheidungen industrieller Unternehmen, Köln 1959, besonders S. 218; Dow, Christopher: Die Mittel der Geldpolitik in englischer Sicht. In: Konjunkturpolitik, Jg. 6, 1961, S. 141 ff.; Katona, George: Das Verhalten der Verbraucher und der Unternehmer, a. a. O., S. 294 ff.; Kindermann, Harry: Das Investitionsverhalten der Unternehmer in der Textilindustrie, Diss., Münster 1960.

vorhandene oder erwartete Nachfrage andererseits von erheblicher Bedeutung sind. Ist der technische Fortschritt[161] groß genug, müssen die Unternehmer investieren, um nicht hinter ihren Konkurrenten zurückzustehen. »Jede Unternehmung steht im evolutionären Marktablauf folglich unter einem andauernden Zwang zur Investition[162].« Die Untersuchungen über die Investitionsursachen in den Unternehmen zeigen, daß mit den Investitionen, die primär Rationalisierungsinvestitionen sind, zumeist eine Kapazitätserweiterung verbunden ist, die zur Befriedigung der wachsenden Nachfrage ausreicht. Rechnen die Unternehmer mit diesem Wachsen der Nachfrage, werden sie in ihrer Investitionsneigung auf eine Verminderung der Nettogewinne nicht reagieren[163].

Die erhöhten Gewinnsteuern hemmen das Wachstum der Nachfrage nicht, sofern der Staat, was hier unterstellt wird, die ihm zufließenden Gelder verausgabt. Im Gegenteil wirken, wie gezeigt, die vermehrten Staatsausgaben tendenziell wie eine Steigerung des Verbrauchs[164]. Die Investitionsneigung wird also von dieser Seite her angeregt, da sie wesentlich von der Höhe der Verbrauchsnachfrage abhängt[165]. Eine tendenzielle Verlagerung der Nachfragestruktur von Investitions- zu Verbrauchsgütern hin läßt die Investitionsneigung nicht unberührt[166].

Je stärker demnach die Investitionsfunktion von anderen Faktoren als der Höhe der Nettogewinne abhängt, um so weniger werden Gewinnsteuern die Investitionsneigung tangieren[167]. Aber selbst bei der Zielsetzung der Gewinnmaximierung wird sie, wie gezeigt, nicht wesentlich – und unter bestimmten Voraussetzungen überhaupt nicht – beeinträchtigt.

Eine tiefergehende Untersuchung dieser Zusammenhänge muß dem fortschreitenden Ausbau der Investitionstheorie überlassen bleiben. Vor allem wäre auch der Frage nachzugehen, wo der steuerpsychologische »breaking

[161] Der technische Fortschritt muß – abgesehen vom Wachstum der Bevölkerung – als stärkste Investitionsursache betrachtet werden, da anderenfalls »the process of accumulation would be rapidly brought to an end.« Kaldor, Nicholas: Economic Growth, a. a. O., S. 221. Vgl. auch: Slichter, Sumner: Inflation and Savings: The Long View. In: Savings in the Modern Economy. Minneapolis 1953, S. 67.

[162] Littmann, Konrad: Über einige Zwangsläufigkeiten der Vermögensverteilung in der Marktwirtschaft. In: Z. f. d. ges. St., Bd. 13, 1957, S. 213. Für die Investitionsneigung ist unter diesen Umständen nicht die Höhe der Gewinne, sondern das Ausmaß andernfalls eintretender Verluste entscheidend, die die Existenz des Unternehmens in Frage stellen können.

[163] Ehrlicher (Werner: Die Wirkungen der Unternehmungssteuern . . ., a. a. O., S. 385 f.) kommt – für die Perioden einer Mengenkonjunktur – zum gleichen Ergebnis. Vgl. auch: Albers, Willi: Preisliche Wirkungen der Besteuerung, a. a. O., S. 250 f.

[164] Es liegt hier eine Verbindung zum Haavelmo-Theorem vor, wenn die Voraussetzungen auch nicht so eng wie bei diesem sind.

[165] Ohne diese Voraussetzung wäre das Akzelerator-Prinzip hinfällig.

[166] Vgl. Föhl, Carl: Das Steuerparadoxon, a. a. O., S. 6.

[167] Vgl. Recktenwald, Horst: Steuerwirkungen. In: HdSW, Bd. 10, S. 189.

point« in der Realität liegt. Senf dürfte mit seiner Vermutung recht haben, daß die Vorstellungen über die tragbare steuerliche Belastung zeitlich und räumlich variieren[168]. Da z.B. die in Kriegs- und Notzeiten akzeptierten konfiskatorischen Steuersätze in der Folge meist gesenkt werden, kann diese Senkung die Investitionsneigung durchaus positiv beeinflussen, selbst wenn die Steuersätze gegenüber früheren Perioden wesentlich erhöht bleiben.

Letztlich ist zu beachten, daß bestimmte steuerliche Regelungen gerade bei hohen Steuersätzen die Investitionsneigung verstärken. Das gilt vor allem für die degressiven Abschreibungen und andere Sondervergünstigungen. Ihre Bedeutung liegt weniger in der effektiven Entlastung der Steuerpflichtigen gegenüber den nominalen Steuersätzen[169]; sie bewirken vielmehr darüber hinaus eine Steigerung der Investitionsneigung, indem sie es für die Unternehmen vorteilhaft erscheinen lassen zu investieren, um gerade dadurch Steuern zu sparen, ja die Unternehmen geradezu zu Investitionen zwingen[170]. Im zweiten Teil wird näher darauf eingegangen. Derartige Bestimmungen fanden in den vergangenen Jahren mit den steigenden Steuersätzen in starkem Maße Eingang in die Steuergesetze aller westlichen Industriestaaten. Sie können einen Teil der möglichen negativen Einflüsse auf die Investitionsneigung kompensiert haben. Selbst wenn sie auf längere Sicht nur eine geringe effektive Minderung der Steuerbelastung bedeuten, vermögen Bestimmungen dieser Art doch auf eine hohe Investition hinzuwirken.

Insgesamt scheinen somit von der Seite der Investitionsneigung die Voraussetzungen für eine weitgehende Überwälzung der Gewinnsteuern durch eine Aufrechterhaltung der privaten Investitionen gegeben zu sein. Ob allerdings auch die notwendigen Finanzierungsmittel hierfür vorhanden sind, wird im folgenden Abschnitt untersucht. Wir wenden uns damit der dritten Wirkrichtung erhöhter Gewinnsteuern auf die Investitionen zu. Sie berührt sich eng mit der zweiten Voraussetzung des Föhlschen Modells.

[168] Vgl. Senf, Paul: Finanzpolitik und wirtschaftliches Wachstum. In: Wachstum und Konjunktur, Darmstadt 1960, S. 169 f.

[169] Die statistischen Werte, von denen im 2. Kapitel ausgegangen wurde, geben die effektiven Zahlungen wieder. Auf sie haben also bereits die erwähnten Begünstigungen ebenso eingewirkt wie der Umstand, daß ein hoher Prozentsatz der Einnahmen auf legalem oder illegalem Weg nicht versteuert wird. Vgl. Holland, Daniel M. und C. Harry Kahn: Comparison of Personal and Taxable Income. In: Federal Tax Policy for Economic Growth and Stability. Papers submitted to the Joint Economic Committee, a. a. O., S. 320.

[170] Vgl. Jecht, Horst: Wirtschaftspolitische Probleme der gegenwärtigen Finanzpolitik, a. a. O., S. 89 f. Jecht weist darauf hin, daß die Gefahr der hohen Steuersätze mehr in der Ausrichtung des Verhaltens der Einkommensbezieher auf die steuerlichen Bestimmungen als in der unmittelbaren Minderung der Investitions- oder Sparneigung sichtbar werde. Siehe auch: Littmann, Konrad: Zunehmende Staatstätigkeit und wirtschaftliche Entwicklung, Köln 1957, bes. S. 79.

3. *Die Elastizität des Geldangebotes*

Selbst wenn eine Erhöhung der Gewinnsteuern die Investitionsneigung der Unternehmen nicht hemmt, werden auf jeden Fall zunächst die zur Investition verfügbaren Gelder beschnitten – sei es direkt durch eine Verminderung der Selbstfinanzierungsmöglichkeiten, sei es indirekt durch ein geringeres Sparangebot der Bezieher von Gewinneinkommen. Infolgedessen kann die Investition nur aufrechterhalten werden, wenn zusätzliche Finanzierungsmittel durch neugeschaffenes Geld oder durch eine Erhöhung der Umlaufgeschwindigkeit vorhanden sind, d. h., wenn das Geldangebot[171] genügend elastisch ist[172]. Kann mit dieser Elastizität gerechnet werden?

Von besonderer Bedeutung ist in diesem Zusammenhang, daß eine Expansion der Wirtschaft laufend eine Ausweitung der verfügbaren Geldmenge erfordert, damit das wachsende Güterangebot bei konstanten Preisen um- und abgesetzt werden kann[173]. Infolgedessen muß die Zentralbank eine gewisse Elastizität des Geldangebotes zulassen und schaffen, will sie deflatorische Wirkungen vermeiden[174].

Diese Elastizität dürfte fast immer zur Aufrechterhaltung der Investitionen groß genug sein; denn obwohl ceteris paribus die Vermehrung der wirksamen Geldmenge zu Preissteigerungen führt, ist es fraglich, ob die Zentralbank sie mit geldpolitischen Mitteln zu verhindern vermag[175]. Die Preissteigerungen, die eine Erhöhung der Gewinnsteuern bei Konstanz der privaten Investitionsquote erforderlich macht, halten sich nämlich in engen Grenzen. Wenn Föhl in seinem Modell, um das Prinzip zu erläutern, aus didaktischen Gründen die Gewinnsteuern um einen erheblichen Prozentsatz der Gewinne und des Sozialproduktes heraufsetzte und dadurch beträchtliche Preiserhöhungen erhalten mußte, so sind die Relationen in der Empirie sehr viel bescheidener[176].

[171] Der Begriff des Geldangebots wird im folgenden stets im Sinne der wirksamen Geldmenge G x U gebraucht.

[172] Die Elastizität des Geldangebotes schließt eine entsprechende Elastizität des Kreditangebotes ein.

[173] Die Möglichkeit, den Produktivitätsfortschritt über Preissenkungen an die Verbraucher weiterzugeben, bleibt hier als für die heutige Zeit unrealistisch außer Betracht, zumal sich derartige Preissenkungen nachteilig auf die Investitionsbereitschaft und damit auf die Beschäftigung auswirken.

[174] Es ist in der Föhl-Diskussion nicht immer beachtet worden, daß in einer wachsenden Wirtschaft das Geldangebot niemals völlig starr sein kann.

[175] Ehrlicher weist darauf hin, daß es die Banken als selbstverständliche Erscheinungen hinnehmen, wenn an Steuerterminen »die Kredite sprunghaft in die Höhe gehen«. Außerdem könne durch eine zwischenbetriebliche Verschuldung über eine »Mobilisierung von Bankeinlagen« die erforderliche Zunahme der wirksamen Geldmenge, d. h. in diesem Fall durch eine Steigerung von U, erreicht werden. Ehrlicher, Werner: Die Wirkungen der Unternehmungssteuern a. a. O., S. 387 f.

[176] Auch Föhl weist im »Steuerparadoxon« (S. 7) darauf hin.

Wie aus den Tabellen des letzten Kapitels hervorgeht, ist das Gewinnsteueraufkommen – von Kriegszeiten abgesehen – nur einmal um mehr als 1 % des Sozialproduktes in einem Jahr erhöht worden, und zwar im Jahre der Korea-Krise[177]. Das heißt aber, daß unter sonst gleichbleibenden Umständen Preiserhöhungen in diesem Ausmaß genügen, um die Investition(squote) aufrechtzuerhalten und die Bruttogewinne der Unternehmen entsprechend zu steigern[178].

Außerdem weisen, wie oben gezeigt, die Jahre, in denen die Gewinnsteuern merklich angehoben wurden, Preissteigerungen auf. Zwar ist es nicht möglich zu beweisen, daß die Preissteigerungen – auch – auf die Steuererhöhungen zurückzuführen sind; dieser Zusammenhang ist jedoch nicht unwahrscheinlich. Allerdings blieb auch in den übrigen Jahren das Preisniveau nicht konstant; es ist aber nicht ausgeschlossen, daß die Anhebung der Gewinnsteuern ein Faktor der inflationären Entwicklung neben anderen war.

Der Einwand, die Zentralbank werde mit geldpolitischen Mitteln eingreifen[179], verliert daher in Anbetracht der Relationen, um die es sich handelt, stark an Gewicht. Für eine Mikroeinstellung des Preisniveaus ist die Geldpolitik kaum geeignet. Vor allem wird die Zentralbank im Zeitalter der Vollbeschäftigungspolitik kaum rigorose Maßnahmen ergreifen, um Preiserhöhungen, die sich im Rahmen von weniger als einem Prozent halten, zu verhindern[180]. Ist die Elastizität des Geldangebotes groß genug, so bedeutet das gleichzeitig, daß c. p. keine Erhöhung des Zinsniveaus eintritt[181].

Da die relativ hohe Belastung der Unternehmergewinne durch Steuern sukzessive in den vergangenen 50 Jahren eingeführt wurde, liegt es infolgedessen keineswegs außerhalb des Bereichs des Möglichen, daß es den Unternehmern gelungen ist, die ihnen auferlegten Steuern weitgehend zu überwälzen. Hierfür spricht vor allem, daß die private Investitionsquote heute nicht niedriger als in vergangenen Jahrzehnten ist und daß das Sparen der

[177] Siehe die Tabellen 1, 6, 9, 13.

[178] Voraussetzung ist allerdings, daß die Preissteigerung in der gleichen Periode keinen Lohnanstieg nach sich zieht. Kommt es infolge der Preiserhöhungen in der gleichen Periode zu Lohnsteigerungen, so müssen die Preise entsprechend stärker angehoben werden, wenn die Investitionsquote nicht absinken soll. Es kann mithin aus dem Überwälzungsprozeß die Tendenz zu einer Lohn-Preis-Spirale entstehen.

[179] Vgl. Stucken und Ehrlicher: Zur Frage der Überwälzung ... a. a. O., S. 371 ff., denen Föhl in: Das Steuerparadoxon, a. a. O., S. 25, weitgehend zustimmt.

[180] Das heißt nicht, daß sie keine Gegenmaßnahmen ergreift; doch wird sie sich bemühen, sie so zu dosieren, daß keine Gefährdung der Vollbeschäftigung und des wirtschaftlichen Wachstums eintritt.

[181] Allerdings sind Zinserhöhungen nicht ausgeschlossen. Es scheint aber so zu sein, daß bei Preissteigerungen in dem hier erörterten Ausmaß die Zinsreaktionen noch relativ unbedeutend sind. Inwieweit die Zinsen im allgemeinen die Investitionsquote beeinflussen, bedarf noch empirischer Untersuchungen. Meist sind hohe Investitionsquoten mit relativ hohen oder steigenden Zinssätzen, fallende Quoten mit fallenden Sätzen verbunden. Eine Konstanz der Investitionsquote wird durch den Zins offensichtlich nicht erreicht.

Nicht-Unternehmerhaushalte im Verhältnis zu den gesamten Investitionen langfristig nicht wesentlich zugenommen hat. Abgesehen von den Finanzinvestitionen des Staates, auf die noch zurückzukommen sein wird, werden die Investitionen nach wie vor aus den Unternehmereinkommen finanziert – trotz der höheren steuerlichen Belastung [182].

Es kann gegen die Konfrontierung von Preisanstieg und Zunahme des Gewinnsteueraufkommens nicht eingewandt werden, von den erhöhten Gewinnen seien auch wieder Steuern zu zahlen [183]. Denn in den statistischen Werten des Gewinnsteueraufkommens eines bestimmten Jahres sind die Steuern auf die Gewinnzunahme bereits (weitgehend) enthalten. Nur wenn zwischen der Entstehung der Gewinne und der Steuerzahlung ein zeitlicher „lag" besteht, der über die Periodengrenze hinausreicht, ist ein Teil der für ein Jahr zu leistenden Steuern erst im nächsten zu erbringen. Zur Finanzierung der Investitionen in der betrachteten Periode stehen dann diese Gelder zunächst einmal zur Verfügung. Die in der folgenden Periode eintretende Erhöhung des Steueraufkommens kann durch einen erneuten Preisanstieg kompensiert werden. Es genügt daher, wenn in einer Periode die Preise im gleichen Ausmaß wie die Quote der Gewinnsteuern am Sozialprodukt steigen, um c. p. – d. h. vor allem ohne eine preisinduzierte Änderung der Lohnsätze – die Investitionsfinanzierung zu sichern [184]. Ein Gleichgewicht stellt sich allerdings erst ein, wenn keine Steuernachzahlungen mehr zu leisten sind und keine Lohnforderungen auf Grund der Preissteigerungen mehr durchgesetzt werden.

Auch der weitere Einwand trifft nicht zu [185], durch die progressive Besteuerung nehme die Sparneigung ab und dadurch ergebe sich ein Gleichgewicht erst bei verringerter Investitionsquote. Eine derartige Argumentation geht davon aus, das private Sparen [186] sei nur von der Höhe des Nettoeinkommens abhängig und bestimme zugleich die Investitionen. Sie übersieht jedoch, daß auch eine Änderung der Einkommensverteilung, speziell eine Steigerung der Profitquote, zu einer Erhöhung der Sparquote führen kann. Das sogenannte »freiwillige« Sparen ist nicht nur eine Funktion der Spar-

[182] Die eingetretene Umstrukturierung von der Finanzierung über den Kapitalmarkt zur Selbstfinanzierung hängt zwar z. T. mit den Steuern zusammen, widerspricht aber nicht dieser These. Nur die bewußt überspitzten Beispiele Föhls haben seine Kritiker veranlaßt, so stark auf die obige Voraussetzung hinzuweisen.

[183] Vgl. die entsprechenden Einwände gegen die Argumentation Föhls von Rüstow (Gewinnbesteuerung ..., a. a. O., S. 364), Haller (Nettoumsatzsteuer ..., a. a. O., S. 219), Recktenwald (Bedeutung, Grenzen ..., a. a. O., S. 285).

[184] Es ist daher nicht notwendig, wie Rüstow (Gewinnbesteuerung ..., a. a. O., S. 363 f.) annimmt, wenn auch gleichwohl möglich, daß im Anpassungsprozeß die Investitionen und Nettogewinne vorübergehend reduziert werden.

[185] Vgl. Neisser: Kreislauftheoretisches ..., a. a. O., S. 689.

[186] Einschließlich der unverteilten Gewinne der Körperschaften.

bzw. der Konsumneigung, sondern auch der Einkommensverteilung. Da aber die Höhe der Investitionen die Einkommensverteilung bestimmt, gleicht sich das Sparen über sie an die Investition und nicht umgekehrt die Investition an das Sparen an. Dieses Ergebnis der modernen Verteilungstheorie bringt Kaldor zum Ausdruck, wenn er sagt: »Hence a relatively high level of investment, by causing effective demand to be high, also causes profits to be high; and these profits themselves provide the savings for the finance of this investment [187].« Ist aber die Einkommensverteilung abhängig von der Höhe der Investitionen, so ist die gesamtwirtschaftliche Sparfunktion nicht mehr nur durch die Höhe des Gesamteinkommens bestimmt, und es gibt mehr als nur ein Gleichgewicht, bei dem das freiwillige Sparen gleich der freiwilligen Investition ist.

Diese Zusammenhänge sind der Konjunktur- und der Geldtheorie längst vertraut [188]. Sie wurden bisher jedoch kaum für die Verteilungstheorie nutzbar gemacht: Im Konjunkturaufschwung steigen die Investitionen, die Preise und Gewinne, die Löhne bleiben relativ zurück, die Lohnquote sinkt [189]. Was ist das anderes als die Tatsache, daß vermehrte Investitionen über eine Umverteilung der Einkommen (erhöhte Gewinne) ein Sparen notwendigerweise nach sich ziehen?

Bisher wurde, in Anlehnung an die statische Betrachtungsweise der Überwälzungstheorie, davon ausgegangen, eine Überwälzung der Gewinnsteuern müsse zu Preissteigerungen führen. Im Rahmen einer wachsenden Wirtschaft können aber im Gegensatz zu einem stationären Zustand die Gewinnsteuern unter bestimmten Voraussetzungen auch bei konstantem Preisniveau überwälzt werden. Lohnerhöhungen, die hinter dem Produktivitätsfortschritt zurückbleiben, oder unterlassene Preissenkungen genügen nämlich, um die erhöhten Steuern den breiten Schichten der Verbraucher aufzubürden. Der Staat erhält in diesem Falle einen Anteil am (gestiegenen) Gütervolumen, der anderenfalls den Arbeitnehmern über höhere Löhne oder sinkende Preise hätte zufließen müssen, damit überhaupt die vermehrte

[187] Kaldor, Nicholas: Economic Growth and the Problem of Inflation, a. a. O., S. 25. Zu einer ähnlichen Ansicht neigt Champernowne, D. G.: Capital accumulation ..., a. a. O., S. 218. Vgl. auch: Lohmann, Martin: Die westdeutschen Investitionen 1948–1957 und ihre soziale Problematik. In: Hamburger Jahrbuch f. Wirtschafts- und Gesellschaftspolitik, 3. Jahrgang 1958, S. 33.

[188] In Verbindung mit geldtheoretischen Überlegungen haben Keynes und Föhl bereits in den 30er Jahren die zugrunde liegenden Beziehungen analysiert. Keynes, John Maynard: Vom Gelde, Berlin, 1955, S. 142. Und: Föhl, Carl: Geldschöpfung und Wirtschaftskreislauf, 2. Aufl., Berlin 1955, S. 54 ff. Keynes verwendet allerdings für seine Ableitungen eigenwillige Begriffsabgrenzungen.

[189] Vgl. z. B. die empirische Untersuchung von Koch, Woldemar: Die Einkommensschichtung im Wechsel der Wirtschaftsjahre. In: Festgabe für Friedrich Bülow, Berlin 1960, S. 169 ff., besonders S. 182 f.

Gütermenge abgesetzt worden wäre. Es liegt hier eine besondere Art der Rückwälzung der Steuerlast auf den Produktionsfaktor Arbeit vor, bei der zwar nicht die absolute Höhe der Löhne reduziert, wohl aber ihr Anstieg verlangsamt wird[190].

Konkreter sieht die Situation etwa so aus. Die jährliche Steigerung des Sozialproduktes von 6 % werde normalerweise im Verhältnis der Lohnsumme zu den Profiten, z. B. 2 : 1, auf Arbeitnehmer und Unternehmer aufgeteilt. Durch eine Erhöhung der Gewinnsteuern beanspruche der Staat weitere 1 % des Sozialproduktes. Sofern es den Unternehmern gelingt, in dem betreffenden Jahr die Lohnsteigerung auf 3 statt auf 4 % des Sozialproduktes zu begrenzen, können sie die gesamten ihnen auferlegten Steuern auf die Arbeitnehmer abwälzen, ohne daß die Preise steigen. Die private Investitionsquote kann dabei aufrechterhalten werden. Das gleiche Ergebnis stellt sich ein, wenn infolge der erhöhten Nachfrage des Staates Preissenkungen unterbleiben, die – hervorgerufen durch Produktivitätssteigerungen – andernfalls zur Aufrechterhaltung des Absatzes erforderlich wären[191].

Die Chancen der Unternehmer für derartige Überwälzungen müssen als relativ günstig angesehen werden. Bei einer Erhöhung der Gewinnsteuersätze werden die Gewinne optisch zunächst beschnitten. Da die Gewerkschaften aber ihre Lohnforderungen in gewissem Umfang an den Nettogewinnen der Unternehmen ausrichten, werden sie in dieser Situation möglicherweise bereit sein, sich in ihren Forderungen zu bescheiden[192]. Außerdem leisten die Arbeitgeber bei tendenziell sinkenden Gewinnen den Lohnforderungen der Gewerkschaften stärkeren Widerstand als bei günstiger Gewinnlage.

Es soll keineswegs behauptet werden, jede Überwälzung von Gewinnsteuern gehe in dieser Form vor sich. Wenn jedoch auch nur ein Teil einer Steuererhöhung auf diese Weise auf die Arbeitnehmer rückgewälzt wird, können sich die zur vollen Überwälzung erforderlichen Preissteigerungen in so engen Grenzen halten, daß sie in den Preisindices kaum in Erscheinung treten.

Noch ein Drittes ist für den Überwälzungsprozeß von Bedeutung. Bisher wurde stets von einer vollbeschäftigten Wirtschaft ausgegangen. In konjunkturell schlechten Situationen wird aber eine Gewinnsteuererhöhung sehr

[190] Diese Zusammenhänge hatten offensichtlich Stucken und Ehrlicher im Auge, als sie – bezogen auf die Jahre des Wiederaufbaus in Westdeutschland – äußerten, daß »... die Unternehmungen die steigenden Steuern aus den der Produktivitätssteigerung zu verdankenden Gewinnen tragen konnten«. (Zur Frage der Überwälzung ..., a. a. O., S. 376.).

[191] Vgl. Ehrlicher: Die Wirkungen der Unternehmungssteuern, a. a. O., S. 40.

[192] Die geringeren Lohnforderungen in den konjunkturell weniger günstigen Jahren laufen auf das gleiche hinaus. Vgl. auch die Ausführungen von Kaldor (Nicholas: Economic Growth ..., a. a. O., S. 294), der auf den sehr engen Zusammenhang zwischen Profitsteigerung und Lohnsteigerung hinweist und von einer Profit-Lohn-Spirale spricht.

wahrscheinlich die Investitionsbereitschaft der Unternehmen hemmen. Sie werden dann ihre Investitionen einschränken und so keine Überwälzung erreichen können[193].

Wird aber in einem späteren Aufschwung die Investition wieder ausgedehnt, so kann die Überwälzung nachgeholt werden. Die steigenden Gewinne im konjunkturellen Aufschwung sind nämlich nichts anderes als die Beschaffung der notwendigen Finanzierungsmittel für die wachsenden Investitionen. Die Gewinne müssen dabei um die sie belastenden Steuern über die Höhe der Investitionen hinausgehen – von dem zeitlichen »lag« zwischen Einkommensentstehung und Zahlung der Gewinnsteuern abgesehen. Die Zentralbank wird diesen Prozeß nur in geringem Maße bremsen, wenn sie nicht den Aufschwung gefährden will.

Die theoretischen Überlegungen führen somit zu dem Ergebnis, daß die Bedingungen, unter denen in einer wachsenden Wirtschaft erhöhte Gewinnsteuern die Investitionsquote[194] nicht herabdrücken, in der Realität durchaus als existent angesehen werden können – wenigstens in konjunkturell nicht zu ungünstigen Situationen. Eine wesentliche Einschränkung der Investitionsneigung ist unter der Voraussetzung, daß immer noch »befriedigende« Gewinne gemacht werden, nicht zu erwarten. Die Investitionsmöglichkeit aus eigenen Mitteln wird zwar zunächst beschnitten, kann aber bei genügender Elastizität des Geldangebotes, die in einer evolutorischen Wirtschaft in der Regel gegeben ist, durch Kreditfinanzierung ausgeglichen werden. In Verbindung mit den statistischen Unterlagen, die trotz des starken Anstiegs der Gewinnsteuern in den letzten Jahrzehnten keinen Rückgang der privaten Investitionsquote erkennen lassen, kann folglich – soweit es die Investitionen betrifft – auf eine weitgehende Überwälzung der Gewinnsteuern geschlossen werden. Allerdings sollte man nicht übersehen: Die besonderen Gegebenheiten dieser Periode, zu denen vornehmlich in allen untersuchten Ländern leicht inflatorische Tendenzen gehörten, dürften dabei mitgewirkt haben.

Nur dann wäre diese »historische« Beweisführung angreifbar, wenn angenommen werden könnte, ohne die Gewinnsteuern läge die Investitionsquote heute noch höher. Für dieses Argument spräche, daß die Unternehmer in konjunkturell günstigen Situationen über Kapitalmangel klagen und offensichtlich bereit sind, noch stärker zu investieren. Ob indes wirklich auf

[193] Vgl. hierzu Abschnitt 4 dieses Kapitels.

[194] Die Überwälzung findet nicht, wie Haller (Nettoumsatzsteuer ..., a. a. O., S. 218) annimmt, in der Konstanz der nominellen Investitionsausgaben ihre Grenze, was einen Rückgang der Investitionsquote bedingen würde. Eine Aufrechterhaltung der Quote bedeutet, daß auch Preissteigerungen für Investitionsgüter nicht zu einer effektiven Minderung des Investitionsvolumens und damit zu einer Beschränkung auf eine Teilüberwälzung führen müssen. Ähnliches läßt sich zu den Ausführungen von Häuser und Richter (Zum Problem der Einkommensteuerüberwälzung, a. a. O., S. 263) sagen.

längere Sicht in einer marktwirtschaftlich orientierten Wirtschaft die Investitionsquote wesentlich steigen könnte, erscheint fraglich. Wenn die Investitionsneigung zeitweilig über die vorhandenen Finanzierungsmöglichkeiten hinausgeht, so ist das zumeist auf einen Überhang der Nachfrage zurückzuführen. Ein vermehrtes Sparen würde aber nicht nur das Angebot an Finanzierungsmitteln erhöhen, es würde zugleich die Nachfrage dämpfen und dadurch wahrscheinlich sehr rasch die Investitionsneigung herabdrücken.

Die Realisierung der Investitionswünsche scheitert im allgemeinen auch bei guter Konjunktur – abgesehen von Zeiten einer stark restriktiven Geldpolitik – nicht am Mangel an Finanzierungsmitteln. Selbst in der Bundesrepublik mit ihrem großen Nachholbedarf an Investitionen gab es in den vergangenen Jahren längere Perioden, die nicht durch Kapitalmangel, sondern durch sinkende Zinssätze gekennzeichnet waren. In weit stärkerem Maße gilt dies für die USA, wo fast stets Finanzierungsmittel zu erhalten sind. Ihr Vorhandensein läßt darauf schließen, daß durch die Gewinnsteuern kein chronischer Kapitalmangel herbeigeführt worden ist[195]. Die zur Durchführung der Investitionen erforderlichen Finanzierungsmittel werden durch den Wirtschaftsprozeß, d. h. durch Änderungen in der Einkommensverteilung, bereitgestellt. Die Erhebung von Gewinnsteuern wirkt weniger einschneidend als modifizierend darauf ein.

Allerdings wäre es falsch, hieraus auf eine völlige Determinierung der Investitionsquote und damit des Wachstumsprozesses zu schließen. Zumindest innerhalb gewisser Grenzen ist sie beeinflußbar. Vor allem ist es, wie noch zu zeigen sein wird, unzulänglich, von *den* Investitionen zu sprechen und nicht zwischen den verschiedenen Arten und dem staatlichen Einfluß darauf zu differenzieren. Hier genügt zunächst der Nachweis, daß die privaten Investitionen und damit die private Vermögensbildung durch die Gewinnsteuern insgesamt nicht wesentlich reduziert wurden und daß auch theoretisch keine Notwendigkeit dafür besteht. Ob damit auch eine Überwälzung der Gewinnsteuern angenommen werden kann, läßt sich endgültig erst nach der Überprüfung der übrigen Voraussetzungen sagen.

4. Der Einfluß der Gewinnbesteuerung auf den Verbrauch der Unternehmerhaushalte

In der Literatur wird häufig bei den Untersuchungen über die Einkommensverteilung und die Inzidenz der Gewinnsteuern der Verbrauch der

[195] Vgl. Jecht, Horst: Staatliche Wirtschaftspolitik und Einkommensverteilung, a. a. O., S. 146.

Unternehmer unberücksichtigt gelassen oder konstant gesetzt. Zur Begründung wird angegeben, er sei quantitativ von geringer Bedeutung oder eine Änderung der Unternehmereinkommen wirke wenig darauf ein.

Dieses Vorgehen kann in Modellen mit hohem Abstraktionsgrad oder bei sehr kurzfristiger Betrachtung gerechtfertigt sein[196]. Wie die statistischen Untersuchungen im zweiten Teil bereits erkennen ließen, kann aber auf eine Untersuchung des Verbrauchs der Unternehmerhaushalte bei einer umfassenden Betrachtung nicht verzichtet werden. Vor allem gilt dies, wenn nur zwei Sektoren der Verteilung unterschieden werden. Die Anzahl der Selbständigen und die Höhe ihres Verbrauchs sind im Verhältnis zum Sozialprodukt auch in einer hochentwickelten Volkswirtschaft so bedeutsam, daß Veränderungen dieser Größen nicht vernachlässigt werden können[197]. In den USA entfallen beispielsweise etwa ein Fünftel des Gesamtverbrauchs und knapp ein Siebtel des Bruttosozialprodukts auf den Konsum dieser Kreise. Daß die Gewinnbesteuerung nicht ohne Einfluß darauf ist, muß mithin von vornherein erwartet werden.

Die empirischen Untersuchungen des letzten Kapitels ließen bereits die Zusammenhänge deutlich werden. Sie sind zunächst indirekt über die Ausschüttungen der Körperschaften gegeben. Diese sind in den vergangenen Jahren im Verhältnis zu den Brutto- wie zu den Nettogewinnen erheblich zurückgegangen. Infolgedessen ist der Anteil der nicht-ausgeschütteten Gewinne der Körperschaften an der volkswirtschaftlichen Gesamtersparnis entsprechend gestiegen, selbst wenn man berücksichtigt, daß der Beitrag der Körperschaften zur gesamten Wertschöpfung zugenommen hat – ein Faktum, das zum Teil auch wieder auf die erhöhte Steuerbelastung zurückzuführen ist[198].

»Das starke Hervortreten der Eigenkapitalbildung der Unternehmen hat seine Wurzel zwar in einer ganzen Reihe von Ursachen, ist aber, wie mit Sicherheit gesagt werden kann, durch die Steuergesetzgebung der Nachkriegszeit nachhaltig gefördert worden[199].« So hat die sogenannte Doppelbelastung der ausgeschütteten Gewinnteile durch die Einkommen- und Körperschaftsteuer zu einer Verminderung der Dividendenzahlungen beigetragen. Es liegt besonders im Interesse der Großaktionäre, die Rendite ihres Aktienkapitals weniger in Form von Dividenden als in Gestalt von Kurssteigerungen zu

[196] Vgl. Colm: "Don't throw the baby out with the bath", a. a. O., S. 527.

[197] Hierauf verweist auch Föhl in: Das Steuerparadoxon, a. a. O., S. 5.

[198] Durch die unterschiedliche Belastung der Gewinne der Personalunternehmen gegenüber denen der Kapitalgesellschaften wurde eine Tendenz zur stärkeren Verwendung der körperschaftlichen Rechtsform vor allem in den angelsächsischen Ländern ausgelöst.

[199] Jecht, Horst: Finanzpolitik und Kapitalbildung, Tübingen 1958, S. 14.

empfangen. Die Sonderregelungen für die Besteuerung der capital gains haben diese Tendenz begünstigt[200].

Außerdem haben Sondervergünstigungen und die steuerliche Regelung der Abschreibungen in starkem Maße die Selbstfinanzierung gesteigert. Die durch die Verwendung von Gewinnteilen im eigenen Unternehmen erzielbare Rendite geht zumeist weit über die bei der Anlage der Mittel auf dem Kapitalmarkt hinaus. Es ist daher nicht überraschend, daß die Selbstfinanzierung in allen Ländern in der Nachkriegszeit sehr hoch war. Sie lag beispielsweise in der Bundesrepublik im gewerblichen Bereich nach den Berechnungen des Berliner Instituts für Wirtschaftsforschung in den verschiedenen Jahren zwischen 50 und 80 % der Nettoinvestitionen[201]. Desgleichen ist sie in den angelsächsischen Ländern höher, als in den Angaben über die nicht-ausgeschütteten Gewinne zum Ausdruck kommt; denn ein Teil der (aus den Steuerbilanzen entnommenen) Abschreibungsbeträge ist aus den erwähnten Gründen als Selbstfinanzierung anzusehen[202].

Infolge des verminderten Anteils der Ausschüttungen ist das verfügbare Einkommen der Haushalte der Selbständigen relativ zurückgegangen[203]. Es wäre also von dieser Seite her eine Verminderung ihres Verbrauchs zu erwarten[204]. In dieselbe Richtung wirkt auch, daß eine Überwälzung selbst dann, wenn sie gesamtwirtschaftlich eintritt, nicht alle Einkommensarten der Selbständigen in gleicher Weise erhöht und der einzelne oder auch einzelne Gruppen nicht daran teilhaben müssen. Die Zins- und Renteneinkommen sind beispielsweise relativ starr und können nur auf lange Sicht und in beschränktem Umfange auf Gewinnsteueränderungen reagieren. Ferner werden die Einkommen der Landwirtschaft heute in starkem Maße durch poli-

[200] In den USA werden die capital gains maximal mit 25 %, also einem Bruchteil der Einkommensteuersätze in den oberen Stufen, belegt, während in der Bundesrepublik diese Gewinnteile sogar völlig einkommensteuerfrei – nicht jedoch vermögensteuerfrei – sind, sofern es sich nicht um Spekulationsgewinne handelt. Vergleiche auch: Butters, Keith J.: Taxation, Incentives, and Financial Capacity. In: AER, Pap. and Proc., Bd. 44, 1954, S. 507.

[201] Vgl. Volkswirtschaftliche Gesamtrechnung einschließlich Geldvermögensrechnung für die Bundesrepublik. In: VJh. zur Wf, verschiedene Hefte. Eine genaue Ermittlung der Selbstfinanzierungsquote ist allerdings auf Grund der vorhandenen Unterlagen nicht möglich.

[202] Aus allem ergibt sich, daß eine wirklichkeitsnahe Theorie der Einkommensverteilung die Bestimmungsfaktoren der Gewinnverwendung der Körperschaften eigens berücksichtigen müßte. Ein Zwei-Sektorenmodell ist dafür nicht geeignet.

[203] Vgl. Lydall, H. F.: The Long-term Trend in the Size Distribution of Income. In: J. of Royal Stat. Soc., Ser. A, Bd. 122, Tl. 1, 1959, S. 33. L. weist darauf hin, daß ein Teil der statistisch nachweisbaren Einkommensnivellierung auf die Verminderung der Gewinnausschüttungen der Körperschaften zurückzuführen ist. Ähnlich: Kuznets, Simon: Economic Growth ..., a. a. O., S. 9.

[204] Auch Kaldor verweist darauf, daß die Senkung der Dividenden durch eine diskriminatorische steuerliche Belastung einer vollen Überwälzung entgegensteht. (Alternative Theories ..., a. a. O., S. 96 Anm. 1.)

tische Entscheidungen gelenkt; sie hängen zumindest nicht mehr ausschließlich vom Marktgeschehen ab[205].

Die verschiedenen genannten Faktoren können also selbst dann zu einer (relativen) Einschränkung des Verbrauchs der Unternehmerhaushalte führen, wenn die erhöhten Gewinnsteuern soweit überwälzt werden, daß die Investitionen nicht sinken. Da die Überwälzung nur den Selbständigen insgesamt gelingt und nicht jedem einzelnen Einkommensbezieher unter ihnen zugute kommt, kann durchaus ein (relativer) Rückgang ihres Gesamtverbrauchs eintreten. Ob dies der Fall ist, hängt von der Konsum- bzw. der Sparneigung der Gewinner und Verlierer unter den Selbständigen ab. Partizipieren beispielsweise die Bezieher von Zins- und Renteneinkommen nicht an der Überwälzung, werden sie ihren Verbrauch einschränken müssen. Soweit sich der zur Beibehaltung der Investitionen erforderliche Gewinnanstieg bei Unternehmen niederschlägt, die diese Gewinne nicht ausschütten, entspricht das einer Sparneigung von 1 und einer Konsumneigung von 0. Der gesamte Konsum der Selbständigen bleibt dann trotz einer Überwälzung, die eine Einschränkung der Investitionen vermeidbar macht, reduziert.

Butters weist auf einen weiteren Tatbestand hin, dem für das Verbrauchs- und Sparverhalten der Selbständigen eine Bedeutung zukommen dürfte[206]. Da die Steuererhöhung in der Regel mit einem allgemeinen Anstieg der Einkommen parallel geht und so keine absolute Einschränkung des Nettoeinkommens erzwingt, werden sich die Einkommensempfänger in ihrem Verbrauch stärker an dem Netto- als an dem Bruttoeinkommen ausrichten. Das Sparen wird infolgedessen weniger eingeschränkt als bei einer absoluten Senkung des Realeinkommens[207].

Insgesamt würde daher sehr wahrscheinlich eine beträchtliche Einschränkung des Verbrauchs der Selbständigen verbleiben, wenn nicht zwei andere Tatbestände verbrauchsanregend wirken würden. Zunächst können hohe Steuern die Unternehmer zur »Unkostenproduktion« veranlassen. Je höher die Steuern sind, ein um so größerer Teil der zusätzlichen »Kosten« geht zu Lasten des Staates. Vor allem werden die Unternehmer dann solche Ausgaben tätigen, wenn diese eine indirekte Erhöhung ihres privaten Verbrauchs darstellen[208].

[205] Bombach schlägt daher vor, die landwirtschaftlichen Einkommen explicit in einer Verteilungstheorie zu berücksichtigen. Bombach, Gottfried: Die verschiedenen Ansätze der Verteilungstheorie, a. a. O., S. 146; vgl. ferner: Marchal, Jean: The Construction of a New Theory of Profit. In: AER, Bd. 41, 1951, S. 5.

[206] Vgl. Butters, J. Keith: Taxation, Incentives, and Financial Capacity. In: AER, Pap. and Proc., Bd. 44, 1954, S. 511.

[207] Das gleiche gilt auch für die Haushalte der Nicht-Unternehmer.

[208] Es sei darauf verwiesen, daß sich diese Ausgaben statistisch nicht als privater Verbrauch der Unternehmerhaushalte, sondern als input der Unternehmen niederschlagen. Vgl. Rüstow, H. J.: Gewinnbesteuerung . . ., a. a. O., S. 362.

Zweitens macht sich aber auch verbrauchssteigernd bemerkbar, daß die Gewinnbesteuerung selbst dann zu einer Einkommensnivellierung führt, wenn sie insgesamt voll überwälzt wird. Die Nivellierung findet allerdings nur innerhalb der Unternehmereinkommen statt[209].

Auch bei einer proportionalen Gewinnsteuer tritt dieser Effekt ein. Führt nämlich die Überwälzung zu einem Preisanstieg für die Erzeugnisse einer Branche bei gleichbleibenden Kosten, so werden dadurch die Gewinne der Unternehmer pro Erzeugungseinheit zwar absolut, jedoch nicht prozentual in gleichem Ausmaß erhöht. Je geringer die Stückgewinne eines Unternehmens, um so stärker wird sich der Preisanstieg prozentual zu den Gewinnen bemerkbar machen[210]. Die Lage und Konkurrenzsituation der ungünstig produzierenden Unternehmen wird dadurch verbessert.

Was für die einzelne Branche gilt, kann – zwar mit Einschränkungen – auch auf die Gesamtheit aller Unternehmen übertragen werden. Zwar erfolgt die Überwälzung nur für die Wirtschaft insgesamt und macht sich in den einzelnen Unternehmen und Branchen verschieden bemerkbar. Da jedoch bei Gelingen der Überwälzung fast alle Branchen in der Lage sind, wenigstens einen Teil der ihnen auferlegten Steuern zu überwälzen, werden sich auch im allgemeinen Nivellierungstendenzen ergeben. Nur die Zweige, die durch die Umschichtung der (realen) Kaufkraft von den Nicht-Unternehmerhaushalten auf den Staat keine Steigerung ihrer nominellen Nachfrage erfahren, können an der Überwälzung nicht oder nur beschränkt partizipieren.

Die Nivellierungstendenz in der Gewinnverteilung wird wesentlich verstärkt, wenn die Gewinnsteuern progressiv gestaltet sind. Das ursprüng-

[209] Vgl. Föhl, Carl: Kritik ..., a. a. O., S. 104. F. weist darauf hin, daß dadurch eine Verlagerung der Steuerlast von den »Produktionsfaktoren zu den Unternehmungen« nicht erreicht wird. Dagegen erscheint es etwas überspitzt, wenn er von einer »überhaupt nicht beabsichtigten Verschiebung der Lasten zwischen den einzelnen Unternehmungen« spricht. Vgl. ferner: Rüstow; H.-J. Theorie der Vollbeschäftigung. Tübingen 1951, S. 322–24. R. kommt zu dem Ergebnis: »Die progressive Einkommensteuer hat also nur eine Verschiebung innerhalb der Unternehmerschaft zur Folge.« Auch Ehrlicher erwähnt die Nivellierungstendenzen. (Die Wirkungen der Unternehmungssteuern ..., a. a. O., S. 398.) Desgl. Albers, Willi: Preisliche Wirkungen der Besteuerung, a. a. O., S. 251 f.

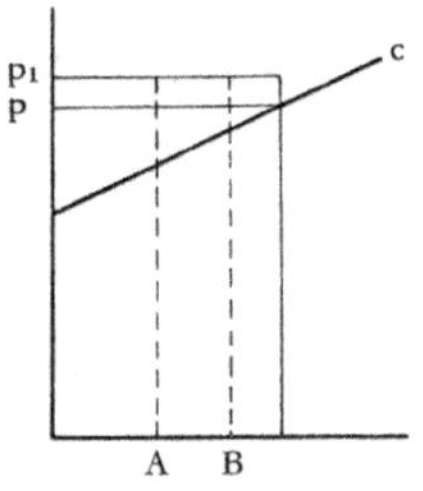

[210] Graphisch läßt sich dieser Zusammenhang wie folgt darstellen: c sei die Kurve der durchschnittlichen Stückkosten der einzelnen Unternehmen, geordnet nach der Höhe ihrer Kosten (Baronekurve). p sei der letzte und p_1 der neue Preis, der sich nach Überwälzung der Steuern einstellt. (Unternehmen mit höheren durchschnittlichen Stückkosten als p produzieren nicht.) Ein Vergleich der beiden Firmen A und B zeigt, daß die prozentuale Gewinnsteigerung bei B wesentlich größer ist als bei A. Es tritt also bei proportionaler Steuerbelastung sowohl eine Nivellierung der Brutto- wie der Nettogewinne ein – vorausgesetzt, daß die Überwälzung zustande kommt.

liche Ziel der Progression, eine Erfassung der Gewinne nach der Leistungsfähigkeit, wird demnach – allerdings nur bezogen auf die Unternehmergewinne und damit auch nur in begrenztem Umfang – selbst dann erreicht, wenn die Steuern überwälzt werden.

Es ist zu erwarten, daß diese Nivellierung innerhalb der Nettoeinkommen der Selbständigen zu einer tendenziellen Steigerung ihres Verbrauchs führt. Da zu dieser Gruppe auch die breiten Schichten der Handel- und Gewerbetreibenden zählen, können die erwähnten Zusammenhänge nicht vernachlässigt werden. Der Gesamtverbrauch der Selbständigen dürfte allerdings weniger von der Höhe ihres gesamten verfügbaren Einkommens als von der Verteilung dieses Einkommens abhängen[211]. Treffen diese Schlußfolgerungen zu, bewirkt die Nivellierung, daß die oben erwähnten hemmenden Effekte auf den Verbrauch der Selbständigen (zum Teil) kompensiert werden. Inwieweit dieses der Fall ist, läßt sich näherungsweise aus den statistischen Werten schließen.

Wie die angeführten Statistiken zeigen, ist die Quote des Verbrauchs der Selbständigen am Sozialprodukt zwar abgesunken, pro Kopf ist die Steigerung aber nicht allzusehr hinter der relativen Verbrauchszunahme der Arbeitnehmer zurückgeblieben. Die Verbrauchsunterschiede zwischen diesen beiden sozialen Gruppen haben sich daher im Durchschnitt nur wenig vermindert.

Die erhöhte Gewinnbesteuerung konnte demnach den Pro-Kopf-Verbrauch der Selbständigen nicht wesentlich hemmen – wenigstens nicht im Verhältnis zu dem der Arbeitnehmer. Allerdings mußte der durchschnittliche Verbrauch insgesamt relativ sinken, da sich der Staat einen höheren Anteil am Sozialprodukt auf Kosten des privaten Verbrauchs verschaffte. Insofern bleiben also auch die Selbständigen betroffen, wenn sich die Verbrauchsrelationen zwischen ihnen und den Arbeitnehmern nicht verschieben.

Auch unter Berücksichtigung dieser Einschränkung scheint insgesamt die Entwicklung des Verbrauchs der Selbständigen für die Annahme einer weitgehenden Überwälzung der (Gewinn-)Steuern zu sprechen. Daß der Anteil des Gesamtverbrauchs der Selbständigen am Sozialprodukt gesunken ist, muß überwiegend als Folge des relativen Rückgangs der Anzahl der Selb-

[211] Einen interessanten Aspekt hat Johnson (Harry G.: The Makro-Economics of Income Redistribution. In: Income Redistribution and Social Policy. Hrsg. v. Alan T. Peacock, London 1954, S. 23 ff.) in die Diskussion gebracht. Wenn der Verbrauch des einzelnen nicht nur von dem Verhalten seiner eigenen Einkommensschicht, sondern auch der vor- und nachgelagerten Schichten abhängig ist, so geht von einer Einkommensnivellierung ein zweifacher Effekt aus: Durch die höhere Verbrauchsneigung in den unteren Einkommensschichten wird der Verbrauch steigen (Einkommenseffekt), durch die Abhängigkeit des Verbrauchs von dem Verhalten höherer Einkommensgruppen aber tendenziell sinken (Abhängigkeitseffekt).

ständigen angesehen und kann nur in beschränktem Umfang der erhöhten Gewinnsteuerbelastung zugeschrieben werden.

Dem Rückgang der Zahl der Selbständigen kommt auch noch unter einem anderen Aspekt Bedeutung zu: Nur auf diese Weise konnten trotz der erhöhten Besteuerung die private Investitionsquote aufrechterhalten werden und der Verbrauch der Selbständigen pro Kopf im Rahmen der allgemeinen Verbrauchszunahme steigen, ohne daß die Lohnquote zurückging. Sie hat sich sogar in dem betrachteten Zeitraum nicht unbeträchtlich erhöht. Wäre der Anteil der Selbständigen an der Gesamtzahl der Beschäftigten nicht gesunken, hätte die Lohnquote um mehrere Prozent fallen müssen, damit das gleiche Ergebnis eingetreten wäre. Da die Gewerkschaften ihr Verhalten aber mit an dieser Größe orientieren, hätte ein Rückgang der Lohnquote sehr wahrscheinlich zu stärkeren Lohnforderungen Anlaß gegeben. Ob diese zu einer Einschränkung der Investitionen geführt hätten, ist offen. Somit scheint der rückläufige Anteil der Selbständigen an der Beschäftigung nicht unwichtig für die Aufrechterhaltung der Investitionsquote gewesen zu sein. Nur unter Berücksichtigung dieser Tatsache kann daher auch von einer Überwälzung gesprochen werden.

Ein Sinken der Quote des Verbrauchs der Selbständigen am Sozialprodukt kann ferner unter bestimmten Voraussetzungen dazu führen, daß der Überwälzungsprozeß ohne Preissteigerung vor sich geht. Wird der sich auf diese Weise ergebende Raum für eine Erhöhung der Lohnquote nicht durch Lohnsteigerungen ausgefüllt, so können erhöhte Gewinnsteueransprüche des Staates im Umfang der Verbrauchsabnahme bei den Selbständigen ohne Preiserhöhungen befriedigt werden. Obschon derartigen Vorgängen in der Realität keine große Bedeutung beizumessen sein dürfte, können sie bei dem Anpassungsprozeß an den Gewinnsteueranstieg, der sukzessive im Laufe von Jahrzehnten erfolgte, durchaus spürbar gewesen sein.

5. *Gewinnbesteuerung und Sparen der Arbeitnehmer*

Es ist nicht zu erwarten, daß vom Sparen der Arbeitnehmer der Überwälzung entgegengerichtete Tendenzen ausgehen. Wenn im Zeitablauf das Sparen dieser Schichten zugenommen hat – was statistisch nicht eindeutig nachweisbar ist –, so kann hierin kaum eine Auswirkung der erhöhten Gewinnbesteuerung gesehen werden. Eine derartige Veränderung müßte vielmehr dem auch quantitativ weit bedeutungsvolleren Einkommensanstieg zugeschrieben werden. Höchstens insofern könnte im Sinne des Duesenberry-Theorems eine Beziehung vorliegen, als ein möglicher Rückgang des Verbrauchs der Unternehmerhaushalte den Anreiz für die Arbeitnehmer schwächt, sich in ihrem Verbrauch an den höheren Einkommensschichten auszurichten[212]. Die Verbrauchsunterschiede sind aber auch unter Berücksichtigung der mit der Gewinnbesteuerung immer verbundenen Nivellierung der Einkommen weiterhin zu groß, als daß sich aus diesem Tatbestand ein spürbarer Einfluß ergeben könnte.

Vielmehr muß auf eine entgegengesetzte Wirkung der Gewinnbesteuerung geschlossen werden: Soweit nämlich die Überwälzung der Gewinnsteuern gelingt, wird das Realeinkommen der Arbeitnehmer reduziert; ihre Sparneigung wird zurückgehen. Auf den ersten Blick scheint dadurch tendenziell der gleiche Effekt einzutreten wie bei einer direkten steuerlichen Belastung der Arbeitnehmereinkommen. Dieses ist jedoch nicht der Fall, da die progressive Gestaltungsmöglichkeit der Lohnsteuer fehlt.

Vollzieht sich die Realeinkommensminderung, die in einer expandierenden Wirtschaft auch in der Form eines langsameren Anstiegs der Löhne erfolgen kann, über die Preise, werden die einzelnen Verbraucher entsprechend ihrer Konsumneigung unterschiedlich betroffen. Die Wirkungen überwälzter Gewinnsteuern sind daher denen einer allgemeinen Besteuerung des Verbrauchs vergleichbar.

Auch unter der Annahme, daß die Gewinnsteuern nur erhöht werden, um die Lohnsteuerbelastung zu senken, wird dieses Bild nicht wesentlich verändert. Wenn eine Überwälzung der Gewinnsteuern eintritt – eine Voraussetzung, die auf Grund der bisherigen Ausführungen weitgehend der Realität entsprechen dürfte – ist die Wirkung auf die Verteilung der Netto-Realeinkommen der Lohnempfänger ungleichmäßiger als bei einer Lohnsteuer. Die Gestaltungsmöglichkeit der Lohnsteuer nach der Leistungsfähigkeit geht verloren und die überwälzten Gewinnsteuern führen zu einer regressiven Belastung der Lohneinkommen.

Durch die Steuern und sonstige staatliche Eingriffe werden aber andere Arten des volkswirtschaftlichen Sparens gefördert, deren Vermögenseffekt indirekt den Arbeitnehmern zugerechnet werden muß. Das starke Anwachsen der Pensionsfonds in den letzten Jahren ist z. B. zum großen Teil auf steuerliche Maßnahmen zurückzuführen[213]; denn die Unternehmen hätten nicht in diesem Ausmaß Pensionsrückstellungen vorgenommen, wenn ihnen nicht dadurch die Gelder unversteuert zur Investition verblieben wären. Auch die Vermögensbildung der Sozialversicherungen ist nicht ohne Rückwirkungen auf die private Vermögensbildung. Die beiden Tatbestände werden weiter unten näher untersucht.

[212] Vgl. hierzu Anm. 54.
[213] Vgl. Colm, Gerhard: »Don't throw the baby out with the bath«, a. a. O., S. 527.

6. *Gewinnbesteuerung und Beschäftigungsvolumen*

In den bisherigen Überlegungen wurde von der Voraussetzung der (annähernden) Vollbeschäftigung ausgegangen und unterstellt, dieser Zustand bleibe erhalten. Diese Annahme ist in zweifacher Hinsicht kurz zu überprüfen. Einmal könnte eine Gewinnsteuererhöhung Unterbeschäftigung hervorrufen; zum anderen ist zu fragen, wie sie bei bereits vorhandener Unterbeschäftigung wirkt. Was zunächst die erste Fragestellung betrifft, so kann eine Verminderung der volkswirtschaftlichen Gesamtnachfrage durch die Besteuerung nur eintreten[214], wenn die Unternehmer infolge der Steuern die Investition stärker einschränken, als ihnen Kaufkraft entzogen wird. In diesem Fall käme es nicht nur zu keiner Überwälzung, sondern die Investitionsneigung würde noch darüber hinaus so stark reduziert, daß selbst die um die Steuer verminderten investierbaren Mittel nicht mehr von der Nachfrage aufgenommen würden.

Eine derartige Reaktion ist aber – wie oben bereits dargelegt – bei vorhandener (weitgehender) Vollbeschäftigung recht unwahrscheinlich. Da die Nachfrage nach Gütern, von denen die privaten Investitionen (u. a.) abhängen, durch die Besteuerung steigt, wird eher ein positiver Effekt auf die Investitionsneigung und damit auf die Beschäftigung ausgeübt[215].

Dagegen ist es zumindest fraglich, ob die Unternehmer auch bei erheblicher Unterbeschäftigung derart reagieren[216]. Die Verstärkung der Gewinnbesteuerung in einer Situation, in der die Kapazitäten nicht voll ausgenützt sind und eine Preiserhöhung nicht in Betracht kommt, ändert zwar die Nachfrage zunächst in gleicher Weise, doch muß wahrscheinlich mit erheblichen Rückwirkungen auf die Investitionsneigung gerechnet werden[217]. Da freie Kapazitäten vorhanden sind, kann die Investitionsneigung durch die Besteuerung stärker zurückgehen, als es der Verminderung der Nettogewinne entspricht. In diesem Falle ergibt sich ein negativer Beschäftigungseffekt. Die

[214] Der Fall der Haushaltsüberschüsse wird später untersucht.

[215] Dieser Effekt wird vor allem von den Stagnationstheoretikern herausgestellt: »Die redistributive Besteuerung ist weit davon entfernt, den Kapitalakkumulationssatz zu vermindern; tatsächlich steigert sie ihn – einzig vorausgesetzt, daß sie in einer Weise erhoben wird, die den Antrieb zur Investition nicht ungebührlich beschränkt.« Schumacher, E. F.: Staatsfinanzen und ihr Verhältnis zur Vollbeschäftigung, S. 162. Vgl. auch: Kalecki, Michael: Drei Wege zur Vollbeschäftigung, S. 48 ff. Beide Aufsätze in: Vollbeschäftigung, sechs Studien des Stat. Inst. d. Universität Oxford, Bern 1946.

[216] Beispielsweise wird dies von Föhl angenommen (Kritik ..., a. a. O., S. 108).

[217] Vgl. Recktenwald, Horst C.: Bedeutung, Grenzen ..., a. a. O., S. 287 und Ehrlicher, Werner: Die Wirkungen der Unternehmungssteuern ..., a. a. O., S. 381 ff. In diesem Punkt liegt auch die Problematik des Föhlschen Modells in seinem Aufsatz »Das Steuerparadoxon« (S. 9 ff.), in dem er eine Steigerung des Sozialprodukts durch eine Steuererhöhung in einer unterbeschäftigten Wirtschaft beschreibt.

Verhaltensreaktionen der Unternehmer können nicht für Prosperität und Depression als gleich angesehen werden.

Infolgedessen ist es sehr unsicher, ob einem Versuch Erfolg beschieden wäre, bei Unterbeschäftigung durch eine Erhöhung der Gewinnbesteuerung die Nachfrage anzuregen. Nicht umsonst wird im Rahmen der fiscal policy gerade das Gegenteil, nämlich eine Steuersenkung, bei konstanten oder erhöhten Staatsausgaben empfohlen. Die positiven Erfahrungen, die in den USA und anderen Staaten mit derartigen Steuersenkungen gemacht wurden, scheinen für eine solche Politik zu sprechen, während die Versuche in der Weltwirtschaftskrise, durch Steuererhöhungen die Deckung der Ausgaben des Staates zu erreichen, nicht nur keine anregenden Effekte auf die Beschäftigung ausübten, sondern sogar die Krise verschärften.

Diesen Fragen soll im Rahmen der vorliegenden Untersuchung, die primär den langfristigen Anpassungsprozessen einer (weitgehend) vollbeschäftigten Wirtschaft gewidmet ist, keine stärkere Aufmerksamkeit geschenkt werden; sie gehen über das Thema hinaus. Auf Grund der bisherigen Behandlung in der Literatur können sie allerdings noch nicht als geklärt angesehen werden. Noch ist zuwenig über die Verhaltensreaktionen der Unternehmer in den einzelnen konjunkturellen Phasen bekannt.

Für die weiteren Ausführungen genügt die Feststellung, daß – abgesehen von dem Fall der Krise – eine erhöhte Gewinnbesteuerung die Beschäftigung nicht beeinträchtigt und die konjunkturelle Entwicklung nicht dämpft. Ob auch die Wachstumsrate erhalten bleibt, hängt von der Höhe der Investition ab; die damit zusammenhängenden Fragen wurden bereits diskutiert.

7. Der Einfluß der Verwendung der Staatseinnahmen auf die Vermögensbildung und Vermögensverteilung

Bisher wurde von der Voraussetzung ausgegangen, der Staat verwende alle Einnahmen für Käufe von Gütern und Dienstleistungen. Dabei ergab sich, daß es für die Investitionsneigung der privaten Unternehmen ohne größere Bedeutung ist, ob die Ausgaben dem Staatsverbrauch oder den öffentlichen (Real-)Investitionen zuzurechnen sind.

Auch die Verwendung der Gelder für Transferzahlungen an Sozialleistungsempfänger hat die gleichen Folgen. Da die Beträge zum überwiegenden Teil in den Konsum fließen, steigt die Konsumgüternachfrage. Nur soweit aus diesen Einnahmen gespart wird, was in einem relativ geringen Maß zutrifft, wird die Sparneigung der Haushalte der Nicht-Unternehmer erhöht.

Sehr viel wichtiger ist indes die unmittelbare Einflußnahme des Staates auf die privaten Investitionen über Kredite (fortan mit Finanzinvestitionen bezeichnet). Ihre quantitative Bedeutung ist gegenüber früheren Jahrzehnten stark gewachsen. Besonders in den ersten Jahren nach dem Krieg hat die öffentliche Hand in fast allen westeuropäischen Ländern einen erheblichen Teil der privaten Investitionen auf diese Weise finanziert[218]. Gibt der Staat derartige Gelder an die private Wirtschaft, so steigen von dieser Seite her die investierbaren Mittel. Ob dadurch auch das Gesamtvolumen der privaten Investitionen wächst, hängt im wesentlichen von der Art der geförderten Investitionsobjekte ab. Fließen sie den Bereichen der Wirtschaft zu, die durch die erhöhte Gewinnbesteuerung weniger Mittel zur Investition zur Verfügung haben, tritt sehr wahrscheinlich nur eine Kompensation zwischen den Finanzierungsquellen ein. Es ist nicht zu erwarten, daß die vom Staat erhaltenen Gelder zusätzlich investiert werden. In diesem Fall wird es zu keiner Überwälzung der Gewinnsteuern kommen. Die Unternehmen werden anstatt der eigenen Mittel die ihnen vom Staat angebotenen Gelder investieren[219].

Anders liegen die Dinge, wenn die Kreditgabe des Staates an solche Sektoren fließt, die ohne die staatliche Hilfe, die meist zu günstigen Bedingungen wie Zinserleichterungen gewährt wird, nicht oder entsprechend weniger investieren würden. Durch die staatlichen Mittel wird die Investitionsmöglichkeit der geförderten Sektoren erhöht. Es wird gleichsam bei gegebener Kurve der Investitionsneigung das Zinsniveau nach unten verschoben, allerdings nur für die von der Begünstigung erfaßten Investitionsobjekte[220]. Die gesamte private Investition wird somit steigen.

Hierin liegt kein Widerspruch zu den Ausführungen in den Abschnitten 2 und 3, wo von einem gegebenen Zinssatz ausgegangen wurde. Die staatlichen Finanzinvestitionen bedeuten für die begünstigten Sektoren in der Regel eine Senkung des Zinsniveaus, so daß sie c. p. mehr investieren. Allerdings darf nicht angenommen werden, alle diese Investitionen erfolgten zusätzlich.

[218] Vgl. Laufenburger, Henry: Der private und der öffentliche Wirtschaftsbereich. In: Beiträge zur Finanzwissenschaft und Geldtheorie. Festschrift für Rudolf Stucken, Göttingen 1953, S. 94 f.

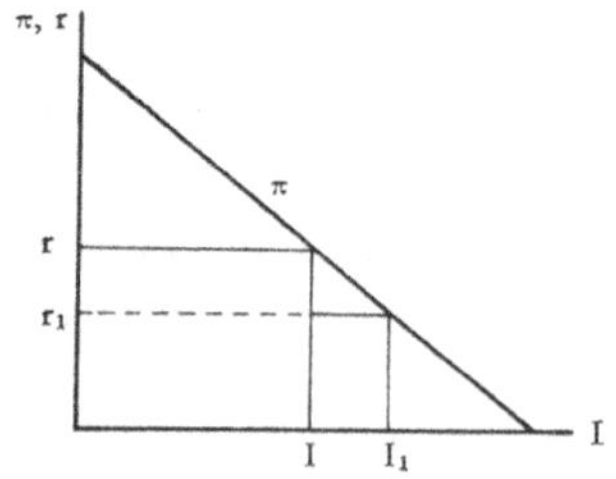

[219] Vgl. Föhl, Carl: Kritik..., a. a. O., S. 103. Ferner: Ders.: Möglichkeiten einer künftigen Fiskalpolitik. WWA, Bd. 79, 1957, S. 37 ff. Föhl weist hier auf die Möglichkeit hin, die Finanzinvestitionen als Mittel zur Beeinflussung der privaten Vermögensbildung zu verwenden.

[220] Wenn π die Kurve der Investitionsneigung und r der allgemeine Marktzinsfuß, so wird für die begünstigten Sektoren (nicht allgemein) das Zinsniveau auf r_1 gesenkt. Die Investition I steigt dann auf I_1.

Beispielsweise kann die staatlich geförderte Errichtung von Flüchtlingsbetrieben auf die Investition konkurrierender Unternehmen hemmend wirken. Auch die starke Forcierung des Wohnungsbaus in den letzten Jahren wird in der Zeit nach der Deckung des Wohnungsfehlbetrags zu einer Verminderung des Bauvolumens führen.

Insgesamt trägt daher die staatliche Förderung der Investitionen nur insoweit zu einer Erhöhung der Investitionsquote bei, wie die Investitionen zusätzlich getätigt werden. Dabei bezieht sich das »zusätzlich« nicht nur auf die begünstigten Unternehmen, sondern auf die jeweiligen Branchen. Außerdem können, was zu berücksichtigen ist, verstärkte Investitionen im gegenwärtigen Zeitpunkt möglicherweise eine Reduzierung der Investitionen in späteren Jahren nach sich ziehen.

Verwendet letztlich der Staat die durch eine erhöhte Gewinnbesteuerung anfallenden Gelder zur Ansammlung von Überschüssen im Zentralbanksystem, so wird hierdurch nicht nur die Nachfrage nach Gütern eingeschränkt, sondern – was weit bedeutungsvoller ist – die Geldmenge entsprechend reduziert. Die Gewinne der Unternehmen gehen zurück [221].

Allerdings ist eine (Teil-)Überwälzung auch in diesem Fall nicht ausgeschlossen, wenn die Unternehmen trotz der gesunkenen Nachfrage ihre Investitionen nicht oder nicht entsprechend reduzieren. Mit einer Konstanz der Investitionen kann aber nicht ohne weiteres gerechnet werden, da die Fondsbildung über die sinkende Nachfrage die Investitionsneigung wie die Investitionsmöglichkeit mindert. Ob die Fondsbildung, die durch erhöhte Gewinnsteuern finanziert wird, die private Investitionsquote reduziert, hängt also von den gegebenen Umständen ab.

8. Zusammenfassung der bisherigen Ergebnisse

Gestützt auf das empirische Ausgangsmaterial haben die theoretischen Überlegungen zu folgenden Ergebnissen geführt: Die Tatsache, daß die starke Erhöhung der Gewinnsteuern in den letzten Jahrzehnten die private Investitionsquote nicht gesenkt hat, steht im Gegensatz zu den zumeist erwarteten Wirkungen. Sie bedeutet, daß sowohl die Investitionsneigung wie die Investitionsmöglichkeit der Unternehmen insgesamt nicht wesentlich beschränkt worden sind, obschon sie im einzelnen durch die Besteuerung vielfältige Einflüsse erfahren haben [222].

221 Vgl. Föhl, Carl: Kritik . . ., a. a. O., S. 103.
222 Diese werden noch näher zu untersuchen sein.

Die Investitionsbereitschaft der Unternehmen wird offensichtlich nicht nur durch die erwarteten Nettogewinne bestimmt, die eine Erhöhung der Gewinnsteuern zunächst reduzieren müßte. Andere Faktoren, wie der technische Fortschritt und die gesamte Nachfrage nach Gütern, die nicht zu privaten Investitionen verwandt werden, wirken – vielleicht sogar in stärkerem Maße – darauf ein. Von besonderer Bedeutung ist, daß die erhöhten staatlichen Ausgaben aus der Sicht der privaten Investoren tendenziell eine Steigerung dieser Gesamtnachfrage darstellen, unabhängig davon, ob sie auf staatlichen Verbrauch, Transferzahlungen oder spezifisch öffentliche Investitionen gerichtet sind. Eine eingehende Klärung dieser Zusammenhänge muß einem Ausbau der Investitionstheorie überlassen bleiben[223].

Werden trotz einer verstärkten Steuerbelastung die Investitionen aufrechterhalten, so folgt daraus c. p. eine Erhöhung der Bruttogewinne, so daß ex post auch die erzielten Nettogewinne die Investitionen rechtfertigen.

Die notwendige Voraussetzung für die weitgehende Konstanz der Investitionsquote, ein genügend elastisches Geldangebot, kann im allgemeinen in einer wachsenden Wirtschaft als gegeben angesehen werden. Im Gegensatz zu den theoretischen Beispielen in der Literatur sind nämlich in der Empirie die Steigerungen des Gewinnsteueraufkommens im Verhältnis zum Sozialprodukt und damit die zur Finanzierung der Investitionen erforderlichen Preiserhöhungen sehr gering. Sie betragen nur in Ausnahmefällen mehr als 1 %. Außerdem kann über ein verlangsamtes Wachstum der Lohneinkommen gegenüber dem Produktivitätsanstieg und durch ein Zurückbleiben der Quote des Unternehmerverbrauchs der gleiche Effekt bei konstantem Preisniveau erreicht werden.

Der verminderte Anteil des Verbrauchs der Selbständigen am Sozialprodukt ist überwiegend aus einem relativen Zurückbleiben ihrer Zahl zu erklären. Pro Kopf ist ihr Verbrauch annähernd in gleichem Maße wie der der unselbständig Beschäftigten gestiegen. Diese Entwicklung ist die Folge verschiedener Einzelwirkungen der erhöhten Gewinnbesteuerung: So haben die Körperschaften ihre Ausschüttungen im Verhältnis zu den einbehaltenen Gewinnteilen wesentlich vermindert. Außerdem sind einzelne Einkommensarten (Farm-, Zins- und Renteneinkommen), die überwiegend als Einkommen der Gewinnbezieher angesehen werden können, stark zurückgeblieben. Beides hat hemmend auf den Verbrauch der Haushalte der Selbständigen gewirkt. Auf der anderen Seite bringt jedoch die progressive Gestaltung der Gewinnsteuern – auch wenn diese insgesamt überwälzt werden –

[223] Vgl. Gutenberg, Erich: Untersuchungen über die Investitionsentscheidungen, a. a. O., S. 9 ff., und Krelle, Wilhelm: Die Investitionsfunktion. In: J. f. Nat. u. St., Bd. 172, 1960, S. 345 ff.

eine Nivellierung der Unternehmereinkommen und dadurch eine tendenzielle Verbrauchssteigerung mit sich.

Die Aufhebung der übrigen Voraussetzungen, die dem einfachen Ausgangsmodell zugrunde liegen, ändert nichts wesentliches an den Ergebnissen; sie wirkt lediglich modifizierend.

Auf Grund der bisherigen Überlegungen kann daher angenommen werden, daß die Gewinnsteuern, die in den vergangenen Jahrzehnten im Verhältnis zum Sozialprodukt eine wesentliche Steigerung erfahren haben, weitgehend überwälzt wurden[224]. Dieser These liegt eine Voraussetzung zugrunde, deren Übereinstimmung mit der Realität nicht voll beweisbar ist, nämlich die Behauptung, ohne die Gewinnbesteuerung hätte die Investitionsquote nicht höher gelegen. Es spricht jedoch einiges für diese Annahme.

Die Überwälzung fand insofern statt, als der Anstieg der Gewinnsteuern die private Investitionsquote nicht und den Pro-Kopf-Verbrauch der Selbständigen im Verhältnis zum durchschnittlichen Anstieg des Pro-Kopf-Verbrauchs der Arbeitnehmer nicht wesentlich vermindert hat. Durch den starken Rückgang des Anteils der Selbständigen an der Gesamtzahl der Beschäftigten ist zugleich eine Erhöhung der Lohnquote ermöglicht worden. Ob auch ohne das Zusammentreffen dieser Entwicklungstendenzen eine Überwälzung erreicht worden wäre, ist nicht sicher; sie hätte nämlich einen Rückgang der Lohnquote erforderlich gemacht.

Es sei nochmals darauf verwiesen, daß der Begriff der Überwälzung hier im Sinne eines „Sich-Überwälzens“ im Verteilungsprozeß verwandt wird. Nicht die bewußte und gewollte Erhöhung der Preise auf Grund einer Steigerung der Gewinnsteuersätze führt zu diesem Ergebnis, sondern ein bestimmtes Investitions- und Verbrauchsverhalten der Unternehmer läßt ihnen in ihrer Gesamtheit entsprechende Gewinne zufließen.

Die Ergebnisse stellen mithin für den untersuchten Zeitraum eine weitgehende Bestätigung der Föhlschen These von der Überwälzung der Gewinnsteuern dar. Föhl selbst hat allerdings in dem Aufsatz „Das Steuerparadoxon“ diese These stark eingeschränkt und für den Gleichgewichtszustand in einer vollbeschäftigten Wirtschaft zurückgezogen. „In einer vollbeschäftigten Wirtschaft gilt für den nach Ablauf des dynamischen Übergangsprozesses sich einspielenden Dauerzustand streng der Satz der klassischen Über-

[224] Wenn Häuser und Richter (Zum Problem der Einkommensteuerüberwälzung, a. a. O., S. 270 ff.) und mit gewissen Einschränkungen auch Littmann (Konrad: Zunehmende Staatstätigkeit ..., a. a. O., S. 55 ff.) zu gegenteiligen Schlußfolgerungen gelangen, so liegt das daran, daß sie ihre empirischen Anhaltspunkte lediglich der volkswirtschaftlichen Verteilungsrechnung entnehmen und dabei nicht den Rückgang der Zahl der Selbständigen beachten. Daß die Quote der Unternehmergewinne im Zeitablauf nicht gestiegen ist, scheint ihnen ein empirischer Beweis für die Nicht-Überwälzung der Gewinnsteuern zu sein.

wälzungstheorie, daß die Gewinnsteuer nicht überwälzbar ist[225].« Er kommt zu dieser Schlußfolgerung, weil er im Gegensatz zu seiner ursprünglichen Argumentation annimmt, die Zentralbank lasse die für die Überwälzung erforderlichen Preissteigerungen nicht zu und während des Übergangsprozesses eingetretene Preiserhöhungen würden durch die Anhebung der Löhne ausgeglichen[226].

Gerade für die Jahre der Vollbeschäftigung[227] scheint aber die Statistik eine Überwälzung der Gewinnsteuern zu belegen. Es könnte allerdings gegen den »historischen Beweis« der weitgehenden Überwälzung eingewandt werden, die Statistik gebe nicht den endgültigen Gleichgewichtszustand wieder; denn die Wirtschaft befinde sich nur auf dem Wege zum Gleichgewicht, der immer durch neue Datenänderungen in eine neue Richtung gelenkt werde. So versucht Föhl im »Steuerparadoxon« zu zeigen, daß zwar eine Überwälzung während des dynamischen Übergangsprozesses eintreten, aber in dem sich einspielenden Dauerzustand wieder aufgehoben werde[228].

Selbst wenn in einer wachsenden Wirtschaft der Gleichgewichtszustand nie vollständig erreicht wird, kann darin kein entscheidender Einwand gegen die Überwälzungsthese erblickt werden. Denn auch für das Gleichgewicht einer wachsenden Wirtschaft kann nicht angenommen werden, daß die Grenzkosten gleich dem Preis sind und der Preis durch die Kosten der Grenzunternehmer bestimmt wird. Nur unter sehr einschneidenden Bedingungen könnte dies der Fall sein. Wenn die Investitionen die Einkommensverteilung und damit die Ersparnis bestimmen und nicht umgekehrt, kann in einer expandierenden Wirtschaft kaum mit dem Eintreffen dieser Bedingungen gerechnet werden.

Hierin liegt auch die Problematik des Versuchs von Ehrlicher, das nachfragetheoretische makroökonomische mit dem verteilungstheoretischen mikroökonomischen Gleichgewicht zu verbinden, das er im Sinne der Grenzproduktivitätstheorie bei der Übereinstimmung von Grenzkosten und Preisen als gegeben erachtet[229]. Er weist zwar darauf hin, durch die Preissteigerungen des Überwälzungsprozesses entständen zunächst Q-Gewinne (Marktlagengewinne im Sinne Preisers[230]); dadurch werde jedoch ein Spielraum für

[225] A. a. O., S. 28.

[226] Vielleicht läßt sich die einseitige Annahme Föhls daraus erklären, daß er – entgegen seiner eigenen Kritik – wieder von einer stationären Wirtschaft ausgeht und das Sozialprodukt bei Vollbeschäftigung konstant hält. Vgl.: Das Steuerparadoxon, a. a. O., S. 22.

[227] Wenn Föhl für eine unterbeschäftigte Wirtschaft weiterhin mit einer Überwälzung der Gewinnsteuern rechnet, geht er dabei von Voraussetzungen aus, die, wie oben angedeutet, wenigstens nicht als allgemeingültig angesehen werden können.

[228] A. a. O., S. 28. Zu beachten bleibt, daß Föhl eine stationäre Wirtschaft unterstellt.

[229] Vgl. Ehrlicher, Werner: Die Wirkungen der Unternehmungssteuern, a. a. O., S. 401 ff.

[230] Vgl. Preiser, Erich: Multiplikatorprozeß und dynamischer Unternehmergewinn. In: Bil-

Lohnsteigerungen geschaffen, weil unter diesen Voraussetzungen auch den Grenzproduzenten Gewinne zufielen. Bei einer derartigen Argumentation wird übersehen, daß im Wachstumsprozeß notwendigerweise immer dynamische Profite vorhanden sein müssen[231]. Die Unternehmergewinne gehen in einer expandierenden Wirtschaft stets erheblich über die Differentialgewinne (statische Profite) hinaus; nur diese kann aber die Grenzproduktivitätstätstheorie erklären[232]. Es erscheint daher nicht möglich, das dynamische Gleichgewicht mit einer Verteilungstheorie zu verbinden, die auf einen stationären Zustand bezogen ist[233]. Die Grenzproduktivitätstheorie ist für eine Erklärung der Verteilungszusammenhänge im evolutorischen Wirtschaftsprozeß nicht ausreichend[234, 235]. Sie bedarf einer entsprechenden Erweiterung.

Mit den angestellten Überlegungen ist keineswegs bewiesen, daß auch zukünftige Erhöhungen der Gewinnsteuern voll oder weitgehend überwälzt werden und daß daher die Gewinnbesteuerung ohne Schaden für die Volkswirtschaft und das Wachstum jede beliebige Höhe annehmen könne. Es wurden lediglich die Voraussetzungen aufgezeigt, unter denen entsprechende Wirkungen in den vergangenen Jahrzehnten eingetreten sind und in Zukunft eintreten würden. Inwieweit diese Voraussetzungen in einer konkreten Situation gegeben sind, ist eine Tatfrage. Das Ziel der vorliegenden Studie ist nicht, eine umfassende Inzidenztheorie (auf makro-ökonomischer Grundlage) zu entwickeln. Diese müßte die Voraussetzungen noch eingehender klären und auch solche Fragen untersuchen, die hier nur angedeutet werden konnten, wie: Wäre es ohne Rückgang der Anzahl und damit des Verbrauchs der Selbständigen auch zu einer Überwälzung gekommen? Wie wirken Ge-

dung und Verteilung des Volkseinkommens, Göttingen 1957, S. 134. Siehe auch Keynes, John Maynard: Vom Gelde, a. a. O., S. 112 und Föhl, Carl: Geldschöpfung und Wirtschaftskreislauf, a. a. O., S. 55 ff.

231 Vgl. Schreiber, Wilfried: Investieren, Sparen, Wirtschaftswachstum und Eigentumsverteilung. In: Jahrb. f. Nat.-Ök. u. Stat., Bd. 171, 1959, S. 253 ff. Schreiber verwendet hierfür auch den Begriff der Q-Gewinne; es empfiehlt sich aber, alle dynamischen Gewinnelemente einzuschließen. Siehe: Preiser, Erich: Multiplikatorprozeß . . ., a. a. O., S. 159 f.

232 Vgl. Preiser, Erich: Erkenntniswert und Grenzen der Grenzproduktivitätstheorie. In: Bildung und Verteilung des Volkseinkommens, a. a. O., bes. S. 206 f.; Krelle, Wilhelm: Die Grenzproduktivitätstheorie des Lohnes. In: Jahrb. f. Nat.-Ök. u. Stat., Bd. 162, 1950, S. 1 ff.

233 Ähnliche Einwände lassen sich gegen verteilungstheoretische Modelle erheben, die makroökonomische Ansätze mit den traditionellen mikroökonomischen zu verbinden versuchen. Vgl. Niehans, Jürg: Die Wirkungen von Lohnerhöhungen . . ., a. a. O., S. 15 ff. Und: Krelle, Wilhelm: Verteilungstheorie, a. a. O. passim.

234 Abgesehen von dieser Teilfrage kommt jedoch Ehrlicher im großen und ganzen zu ähnlichen Schlußfolgerungen wie die vorliegende Untersuchung. Allerdings arbeitet er stärker mit theoretischen Alternativen, wodurch seine Ergebnisse entsprechend relativiert werden.

235 Vgl. Kaldor, Nicholas: A Rejoinder to Mr. Atsumi and Professor Tobin. In: The Rev. of Ec. Studies, Bd. 27, 1959/60, S. 121.

winnsteuererhöhungen in den verschiedenen konjunkturellen Situationen? Welchen Einfluß übt die öffentliche Hand durch ihre Ausgaben und deren Struktur langfristig auf die privaten Investitionen und das Wirtschaftswachstum aus[236]? Für das Untersuchungsobjekt der vorliegenden Arbeit, den Einfluß der Finanzpolitik auf die Vermögensbildung und Vermögensverteilung, genügen die bisherigen Resultate.

An dieser Stelle sei noch eine Frage aufgeworfen, die sich bereits wiederholt aufdrängte: Wie erklären sich die krassen Unterschiede in den Schlußfolgerungen der traditionellen mikroökonomischen Überwälzungstheorie und den hier erzielten Ergebnissen? Lassen sich beide Theorien in Übereinstimmung bringen?

Der Hauptunterschied liegt darin, daß die mikroökonomische Theorie von gegebener Nachfrage ausgeht. Bei einer gesamtwirtschaftlichen Analyse wird im Gegensatz dazu gerade gefragt, welchen Einfluß eine Veränderung der Nachfrageströme auf die Verteilung ausübt. Diese Verschiebungen der Nachfrage müßten auch bei einer einzelwirtschaftlichen Betrachtung berücksichtigt werden. Die Verbindung von einzel- und gesamtwirtschaftlicher Theorie steht jedoch noch (weitgehend) aus.

Wenn neuerdings in zunehmendem Maße auch auf mikroökonomischer Basis eine (Teil-)Überwälzung der Gewinnsteuern, vor allem der Körperschaftsteuer, abgeleitet wird[237], so liegt darin nur in beschränktem Maße eine Übereinstimmung mit der makroökonomischen Beweisführung. Die Voraussetzungen, unter denen die Überwälzung zustande kommt, sind nämlich in beiden Theorien z. T. genau entgegengesetzt. Während die mikroökonomische Theorie argumentiert, die Überwälzung der Gewinn- bzw. der Körperschaftsteuern könne durch eine Einschränkung der Investitionen erfolgen[238], ist es gerade eine notwendige Bedingung der gesamtwirtschaftlichen Überwälzung, daß die Investitionen *nicht* reduziert werden.

[236] Vgl. zu diesem Fragenkreis: Littmann, Konrad: Zunehmende Staatstätigkeit, a. a. O., S. 103 ff.

[237] Einen Überblick über einige wesentliche Beiträge zur Diskussion vermitteln Ratchford, B. U. and P. B. Han: The Burden of the Corporate Income Tax. In: Nat. Tax J., Bd. 10, 1957, S. 312 ff. Weitere literarische Hinweise sind in den folgenden Anmerkungen enthalten.

[238] »The line of argument supporting the thesis of long-run shifting of these taxes (der Körperschaftsteuern. D. Verf.) is itself based upon a reduction in the amount of investment resulting from the impairment of the return yielded by capital as a result of the tax.« Miller, Donald C.: Taxes, the Public Debt, and Transfers of Income. Urbana 1950, S. 33. Vgl. ferner: Lintner, John: Effects of a Shifted Corporation Income Tax on Real Investment. In: Nat. Tax J., Bd. 8, 1955, S. 334 ff.; Marberry, Charles E.: On the Burden of the Corporate-Income Tax. In: Nat. Tax J., Bd. 11, 1958, S. 323 ff.; Bodenhorn, Diron: The Shifting of the Corporation-Income Tax in a Growing Economy. In: Qu. J. of Ec., Bd. 70, 1956, S. 565 f. Es soll dabei keinesfalls übersehen werden, daß einzelne Unternehmer bei entsprechender Marktstellung durch eine Verminderung ihrer Investitionen Gewinnsteuern überwälzen können; für die Gesamtheit der Unternehmen gilt das jedoch nicht.

Andere Argumente der mikroökonomischen Theorie sind dagegen ohne weiteres mit den makroökonomischen Schlußfolgerungen vereinbar. So können bestimmte von ihr genannte Faktoren den Überwälzungsprozeß durchaus fördern: Die Unvollkommenheit des Marktes; einige Gewinnbestandteile (z. B. Vermögensteuer, Lastenausgleichszahlungen, Eigenkapitalverzinsung) stellen Kostenelemente dar, werden einkalkuliert und müssen auch von Grenzunternehmen erwirtschaftet werden; eine Gewinnmaximierung wird aus verschiedenen Gründen nicht angestrebt; relatives Zurückbleiben der Löhne im Wachstumsprozeß usw.[239]. Jedoch können diese Faktoren isoliert betrachtet nicht oder höchstens im Einzelfall die Überwälzung beweisen[240]. Notwendige und zugleich auch hinreichende Voraussetzung bleibt stets, daß die Unternehmer die Investitionen (und ihren Verbrauch) aufrechterhalten. Hierfür ist nicht wie für einige der genannten Argumente erforderlich, daß die Zielsetzung der Gewinnmaximierung durchbrochen wird; sie ist durchaus damit vereinbar.

Eine Überwälzung findet also unabhängig davon statt, ob sie die Unternehmer anstreben oder nicht, sofern diese nur die Investitionen nicht reduzieren. Es erscheint daher auch nicht angebracht, das Verhalten der Unternehmer als wesentlichen Bestandteil in den Überwälzungsbegriff aufzunehmen.

Bedeutet dies nun, daß die mikroökonomische Überwälzungstheorie ausgedient hat, daß sie – abgesehen von den letzten Hinweisen – nichts zur Erklärung der Steuerinzidenz beizutragen vermag? Keineswegs, denn jede gesamtwirtschaftliche Betrachtung ist in ihrer Aussagemöglichkeit beschränkt. Schranken unterliegt auch die makroökonomische Überwälzungstheorie. Sie ist lediglich in der Lage, die Einflüsse der Steuern auf die Verteilung des Einkommens zwischen den großen sozialen Gruppen zu erfassen. Welche Verteilungswirkungen aber innerhalb dieser Gruppen vor sich gehen, dazu kann sie kaum etwas sagen. Um das zu erklären, bedarf es nach wie vor

[239] Vgl. z. B. Arndt, Helmut: Zur mikroökonomischen Analyse der Überwälzbarkeit der Einkommensteuer und zur Frage der Übertragung von Modellergebnissen auf historische Tatbestände. In: FA, Bd. 21, 1961, S. 47 ff. Cosciani, Cesare: Zur Frage der Überwälzbarkeit einer Körperschaftsteuer. In: FA, Bd. 19, 1959, S. 244 ff.; Goode, Richard: The Corporation Income Tax and the Price Level. In: AER, Bd. 35, 1945, S. 40 ff.; Prest, A. R.: Statistical Calculations of Tax Burdens. In: Economica, Bd. 22, 1955, S. 234 ff.; Musgrave, Richard A.: The Theory of Public Finance, New York 1959, S. 278 f.; Wepner, Günter: Die Überwälzung der Körperschaft- und Einkommensteuer. In: Betriebsw. Forschung und Praxis, Bd. 6, 1954, S. 268 ff., besonders S. 274; Klösges, E.: Die Steuerlawine, Berlin, 1953, S. 17 ff. Einige Ansätze zu einer makroökonomischen Betrachtungsweise finden sich außer bei Goode bei Bodenhorn, Diron: The Shifting ..., a. a. O., S. 570 u. Schlesinger, Eugene R.: Corporate Income Tax, Shifting and Fiscal Policy. In: Nat. Tax J., Bd. 13, 1960, S. 25 f.

[240] Vgl. Neumark, Fritz: Theorie und Praxis der Einkommensbesteuerung, Bern 1947, besonders S. 152 ff. und Häuser, Karl: Die Unüberwälzbarkeit der Einkommen- und Körperschaftsteuer bei Gewinnmaximierung. In: FA, Bd. 20, 1960, S. 429 ff.

einer Theorie, die von der einzelnen Wirtschaftseinheit ausgeht. Ähnlich wie die dynamische Verteilungstheorie einer mikroökonomischen Ergänzung bedarf, ist auch die makroökonomische Überwälzungstheorie nur die Grundlage, auf der dann die einzelwirtschaftlichen Betrachtungen ansetzen müssen.

Gegenüber der vorkeynesschen Zeit ist allerdings ein erheblicher Wandel eingetreten. Den Partialüberlegungen kann nicht mehr Allgemeingültigkeit zuerkannt werden. Die mikroökonomischen Theorien haben nur die Funktion, die großen Zusammenhänge, die die gesamtwirtschaftliche Betrachtungsweise offenlegt, im einzelnen zu differenzieren. Dazu werden noch neue Ansatzpunkte entwickelt werden müssen[241]. Solange dies noch nicht geschehen ist, können die überkommenen einzelwirtschaftlichen Theorien – mit entsprechender Vorsicht – statt dessen verwandt werden[242].

Bezogen auf die Lehre der Steuerinzidenz heißt dies, daß die Ergebnisse der mikroökonomischen Überwälzungstheorie zwar nicht mehr als Erklärung der gesamtwirtschaftlichen Überwälzungsmöglichkeiten angesehen werden können. Jedoch muß man sich ihrer bedienen, um die großen Zusammenhänge in ihre Einzelwirkungen zu zerlegen. Konkreter: Die These von der Nicht-Überwälzbarkeit der Gewinnsteuern kann auf Grund der gesamtwirtschaftlichen Überlegungen nicht aufrechterhalten werden. Inwieweit indes das einzelne Unternehmen an der Überwälzung profitiert, welche Bedeutung die Unterschiede in der Elastizität des Angebotes und der Nachfrage dafür haben, wie die Marktform darauf einwirkt, kurz, welche Änderungen in der Einkommensverteilung sich im einzelnen vollziehen, dazu bedarf es der einzelwirtschaftlichen Analyse.

Noch ein weiteres Beispiel sei angeführt: Gesamtwirtschaftlich kann eine Einschränkung der Investition, der volkswirtschaftlichen Vermögensbildung, durch die Erbschaftsteuern durchaus vermieden werden, wenn über Preiserhöhungen der Verbrauch entsprechend zurückgedrängt wird. Dennoch bleiben die Ableitungen der mikroökonomischen Überwälzungstheorie gültig, daß der einzelne Erbe die Steuer faktisch nicht überwälzen kann; denn an der für die Überwälzung notwendigen Einkommensumschichtung hat er nur einen verschwindend geringen Anteil. Es kommen an diesem Beispiel ebenso die verschiedenartige Blickrichtung der beiden Betrachtungsweisen wie die graduellen Unterschiede in dem Begriff der Überwälzung zum Aus-

[241] Einen Vorstoß in diese Richtung macht beispielsweise der Aufsatz von Albers, Willi: Preisliche Wirkungen der Besteuerung, a. a. O., S. 227 ff.

[242] So ist die Grenzproduktivitätstheorie – auch in ihrer modernen Form – nur in der Lage, die Differentialgewinne zu erklären. Sie müßte so ausgebaut werden, daß sie auch die Wachstumsgewinne erfaßt. Erst unter dieser Voraussetzung wird sie ein gleichwertiges Pendant zur dynamischen Verteilungstheorie darstellen. Ihre Ergebnisse müssen sodann auf die mikroökonomische Überwälzungstheorie übertragen werden.

druck. Ähnliche Abweichungen in den einzel- und gesamtwirtschaftlichen Schlußfolgerungen ergeben sich vor allem bei den Steuern und steuerlichen Bestimmungen, die nicht die Gesamtheit der Selbständigen annähernd in gleicher Weise treffen.

Es soll daher nochmals die Frage aufgeworfen werden, ob nicht sinnvollerweise für die gesamtwirtschaftlichen Überwälzungsvorgänge ein neuer Begriff gesucht werden sollte, um Mißverständnisse zu vermeiden. Gerade das Beispiel der Erbschaftsteuer könnte dafür genannt werden. Die Entscheidung hierüber ist nicht grundsätzlicher Art, sondern mehr eine Frage der Zweckmäßigkeit. Sachlich wird es immer so sein, daß nur in wenigen Fällen zwischen einzel- und gesamtwirtschaftlichen Wirkungen getrennt werden kann; bei umfassenderen Steuern fallen beide weitgehend zusammen. Aus diesem Grunde und weil in der Literatur in gleicher Weise verfahren wird, wurde in der vorliegenden Studie der Begriff der Überwälzung auch für die makroökonomischen Zusammenhänge beibehalten.

Die bisherigen Ausführungen waren auf die Gewinnsteuern gerichtet. Eingangs wurde aber bereits erwähnt, daß das, was für die Gewinnbesteuerung gilt, im wesentlichen auch auf die Kostensteuern übertragen werden kann. Bei einer gesamtwirtschaftlichen Betrachtung weist die Überwälzung der Gewinn- und der Kostensteuern keineswegs so grundlegende Unterschiede auf wie bei einer mikroökonomischen Analyse. Es zeigt sich nämlich, daß eine Überwälzung der Kostensteuern auf den Endabsatz nicht deswegen erfolgt, weil die Unternehmer sie als Kosten in ihre Kalkulation einsetzen. Voraussetzung ist vielmehr, daß das Geldangebot elastisch genug ist, um eine Preiserhöhung zu ermöglichen, und daß die Unternehmer ihre Investitions- und Konsumgüternachfrage nicht vermindern. Wird der Preisanstieg durch Mittel der Geldpolitik verhindert, müssen die Unternehmer die Kostensteigerung aus ihren Gewinnen tragen. Ob sie ihre Investitionen aufrechterhalten, hängt wieder von der Höhe der Nachfrage und ihren Gewinnen ab, d. h. aber davon, ob Preissteigerungen eintreten.

Die gesamtwirtschaftlichen Überwälzungsbedingungen der Kostensteuern stimmen also mit denen der Gewinnsteuern weitgehend überein [243]. Die Unterschiede sind daher nicht struktureller, sondern nur gradueller Art. Sie liegen in der speziellen Ausgestaltung, in der andersartigen psychologischen Wirkung [244] und in dem Nivellierungseffekt der Gewinnsteuern, der bei den Kostensteuern (meist) fehlt.

[243] Vgl. Föhl, Carl: Kritik . . ., a. a. O., S. 96 ff.

[244] Haller (Heinz: Nettoumsatzsteuer . . ., a. a. O., S. 221) betont, daß eine Kreditfinanzierung der Steuererhöhung meist selbstverständlich ist und auch der Kreditgeber keine Veranlassung zur Verweigerung hat, da es sich lediglich um einen Betriebsmittelkredit handelt.

Diese Unterschiede bewirken immerhin, daß die Überwälzung der Kostensteuern leichter erfolgt und wahrscheinlicher ist als die der Gewinnsteuern. Es kann daher unterstellt werden, daß sie die privaten Investitionen und damit die private Vermögensbildung wenig berühren. Im Hinblick auf die Einkommensverteilung muß allerdings der regressive Effekt beachtet werden, da sie – wenn die obigen Bedingungen erfüllt sind – lediglich die Enderzeugnisse belasten.

Bevor die bisher erzielten Ergebnisse auf die spezielle Fragestellung dieser Arbeit übertragen werden, soll zunächst der Versuch gemacht werden, das einfache Ausgangsmodell Föhlscher Prägung durch Verhaltensgleichungen zu erweitern.

9. Entwicklung eines umfassenderen Modells

Baut man in das oben[245] dargelegte Ausgangsmodell die staatlichen Einnahmen und Ausgaben ein, so ergeben sich die folgenden Identitätsgleichungen, die rein definitorischen Charakter haben. Dabei sollen ausschließlich Gewinnsteuern (T) berücksichtigt werden.

$$(1) \qquad Y = Y_{U_n} + Y_{NU} + T$$

$$(2) \qquad Y = I + C + A$$

$$(3) \qquad I = S = S_U + S_{NU}$$

Wegen der Gewinnsteuern muß zwischen dem Brutto- und dem Nettoeinkommen der Unternehmer unterschieden werden:

$$(4) \qquad Y_{U_n} = Y_{U_{br}} - T = C_U + S_U$$

$$(5) \qquad Y_{NU} = C_{NU} + S_{NU}$$

Bei diesen Gleichungen wird von der Voraussetzung ausgegangen, daß die staatlichen Ausgaben (für Güter, Dienstleistungen und Sozialtransfer, nicht für Finanzinvestitionen) den Gewinnsteuereinnahmen entsprechen[246].

$$(6) \qquad T = A$$

Die Höhe der Nettoeinkommen der Unternehmer bestimmt sich auch hier nach der Keynesschen Verteilungsgleichung:

$$(7) \qquad Y_{U_n} = I + C_U - S_{NU}$$

Um den Verhältnissen einer wachsenden Wirtschaft gerecht zu werden, sollen die einzelnen Größen wieder als Anteilssätze am jeweiligen Sozialprodukt aufgefaßt werden. Dieses hat den Vorteil, daß Preisänderungen unberücksichtigt bleiben können.

Aus den oben erwähnten Gründen erscheint es außerdem angebracht, die einzelnen Determinanten als Bruttogrößen zu definieren; eine explizite Be-

[245] Siehe Seite 61 ff.
[246] Die öffentlichen Realinvestitionen sind in A und nicht in I enthalten.

rücksichtigung der Abschreibungen wäre zwar möglich, würde das Modell aber unnötig komplizieren.

Das Modell ist auf eine vollbeschäftigte Wirtschaft bezogen. Es wird also von der Voraussetzung ausgegangen, daß

$$(8) \qquad Y = O \qquad \text{und}$$

$$(8a) \qquad \triangle Y = \triangle O$$

sind, wobei O als Output einer vollbeschäftigten Wirtschaft definiert wird.

Es genügt, unter den Unbekannten des Gleichungssystems die Größen I, C_U, S_{NU} und T bzw. A zu bestimmen. Sofern sie ermittelt werden können, ergeben sich die übrigen Größen aus den Gleichungen. Bei T bzw. A handelt es sich um exogen gegebene Faktoren; es ist daher nur notwendig, die verbleibenden drei Determinanten durch Verhaltensgleichungen festzulegen. Da es sich um die Determinanten der Keynesschen Verteilungsgleichung handelt, geht es also darum, diese Identitätsgleichung zu einer (wenngleich noch höchst unvollkommenen) Verteilungstheorie zu erweitern. Dabei sollen die Ergebnisse der theoretischen Ableitungen verwandt werden, die in den einzelnen Abschnitten dieses Kapitels erarbeitet wurden.

Die entscheidende Gleichung des Modells ist die Funktion der (privaten) Investition. Föhl setzte die Investition konstant und leitete letztlich daraus die Überwälzung der Gewinnsteuern ab. Dieser Punkt wurde vor allem von seinen Kritikern bemängelt. Dennoch scheint seine Annahme weitgehend mit der Wirklichkeit übereinzustimmen. Es muß lediglich eine sinnvolle Erklärung für die Konstanz gegeben werden.

Zunächst könnte mit guten Gründen die Annahme verfochten werden, die Investition oder besser die Investitionsquote werde – in einer vollbeschäftigten Wirtschaft – allein durch den technischen Fortschritt F (und das Wachstum der Bevölkerung), d. h. also exogen, bestimmt. Es ergibt sich dann die Investitionsfunktion:

$$(9a) \qquad I = f\,(F)$$

Trifft sie zu, so wird eine Besteuerung der Unternehmergewinne die Investition nicht reduzieren. Auch wenn die Funktion überspitzt ist, muß in einer wachsenden Wirtschaft dem technischen Fortschritt doch zumindest eine erhebliche Bedeutung für die Höhe der Investitionen eingeräumt werden, da anderenfalls sehr bald die Investitionsmöglichkeiten erschöpft wären[247].

Zum gleichen Ergebnis gelangt man aber noch auf zwei anderen Wegen. Ist die private Investition eine Funktion der privaten Konsumgüternach-

[247] Vgl. Kaldor, Nicholas: Economic Growth ..., a. a. O., S. 222. Entsprechende Annahmen finden sich auch in der Wachstums- und der makro-ökonomischen Verteilungstheorie. Siehe hierzu beispielsweise: Derselbe: Alternative Theories of Distribution, a. a. O., S. 95 ff.; Schneider, Erich: Einkommen und Einkommensverteilung ..., a. a. O., S. 297.

frage[248] und der Nachfrage des Staates nach Gütern und Dienstleistungen,

$$(9b) \qquad I = f(C + A)$$

wird eine Erhöhung der Gewinnsteuern und damit von A sogar die Tendenz zur Steigerung von I mit sich bringen. In einer vollbeschäftigten Wirtschaft müssen dann die Preise so lange steigen, bis über eine Verminderung von (C + A) die Investitionen wieder das alte Verhältnis zum Sozialprodukt haben.

Die Investition wird ebenfalls nicht zurückgehen, wenn für die Periode t die Steuern erhöht werden und die Investition dieses Zeitabschnittes – etwa auf Grund von Lieferfristen – eine Funktion der Gewinne der vorangegangenen Periode (t—1) ist

$$(9c) \qquad I_t = f(Y_{U_{t-1}}).$$

Voraussetzung ist bei allen drei genannten Möglichkeiten, daß die Finanzierung der Investition durch zusätzliche Kredite gesichert ist. In diesem Falle werden c. p. die Bruttogewinne steigen, bis das alte Niveau der Nettogewinne wieder erreicht wird.

Eine erhöhte Besteuerung von Y_U wird I_t jedoch dann beschneiden, wenn die Investition einer Periode von den (Netto-)Gewinnen der gleichen Periode abhängig ist

$$(9d) \qquad I_t = f(Y^t{}_{U_n})$$

Dagegen wird, wie oben gezeigt[249], die Investitionsneigung bei Abhängigkeit von den erwarteten Gewinnen nur wenig berührt.

Welche Faktoren letztlich die Investitionsfunktion bestimmen, läßt sich auf Grund des heutigen Wissens noch nicht sagen[250]. Die statistischen Unterlagen scheinen indes darauf hinzudeuten, daß die Faktoren bestimmend sind, die die private Investitionsquote weitgehend unabhängig von der Besteuerung sein lassen.

Andererseits spricht jedoch manches dagegen, daß die Investitionen von der Höhe der Nettogewinne völlig losgelöst sein sollen. Diese scheinbare Widersprüchlichkeit schrumpft indes zusammen, wenn man beachtet, daß nicht die Gesamthöhe der erzielbaren Gewinne für die Investitionsentscheidung maßgebend ist; erforderlich ist nur ein Mindestgewinn[251]. Oberhalb dieser Grenze haben die Gewinne nur einen eingeschränkten Einfluß auf die Höhe der Investitionsneigung .»Natürlich gibt es immer eine Untergrenze

[248] Hierin ist auch der Verbrauch der Selbständigen enthalten, der bei steigenden Gewinnsteuersätzen zurückgehen könnte. Steigen aber über die unverminderten Investitionen wieder die Netto-Gewinne, kann auch nicht mit einem Rückgang des Verbrauchs dieser Schichten gerechnet werden.

[249] Siehe S. 65 ff.

[250] Vgl. Gutenberg, Erich: Untersuchungen über die Investitionsentscheidungen, a. a. O., S. 9 ff. und Lohmann, Martin: Die westdeutschen Investitionen . . ., a. a. O., S. 32 f.

[251] Vgl. dazu die Ausführungen in Abschnitt 2 dieses Kapitels.

für die Quote der ... Gewinne, bei der die Unabhängigkeit der Investitionstätigkeit von der Gewinnrate aufhört und bei der die Einbeziehung einer regulierenden Investitionsfunktion unerläßlich ist[252].« Wo diese Grenze liegt, ist allerdings schwer zu sagen. Wenn die angestellten Überlegungen die Wirklichkeit treffen, folgt daraus eine Investitionsfunktion, in der die Gewinne erst von einer bestimmten Untergrenze (Y'_{Un}) ab als Determinante auftreten[253, 254].

$$(9) \qquad I = f(F, C + A)$$

$$\text{bzw. wenn } Y_{U_n} \leqq Y'_{U_n}$$

$$(9') \qquad I = f(F, C + A, Y_{U_n})$$

Die Überwälzung der Gewinnsteuern setzt voraus, daß die Elastizität des Geldangebotes groß genug ist, um die Investitionen trotz der Gewinnminderung aufrechtzuerhalten. Unterstellt man, daß wirksame Geldmenge (G·U) und Höhe des nominalen Sozialproduktes in einem festen Verhältnis stehen, ist die obige Bedingung dann erfüllt, wenn das zusätzliche Geldangebot ($\triangle$M) bei gegebenem Zinssatz größer oder gleich der Veränderung des nominalen Sozialproduktes ist.

$$(10) \qquad \frac{\Delta M}{M} \geqq \frac{\Delta Y}{Y}, \text{ wenn } i = \text{konstant}$$

$\triangle$M dient sowohl zur Finanzierung des wachsenden Sozialprodukts wie der Preiserhöhung. Es kann dabei die weitere Bedingung gemacht werden, daß die Preissteigerung einen kleinen Prozentsatz nicht überschreitet, um ein schärferes Eingreifen der Notenbank auszuschließen.

Ob der Verbrauch der Selbständigen eine konstante Quote an dem ihnen zur Verfügung stehenden Einkommen ist, wie dies in mehr oder weniger starkem Maße für den Arbeitnehmerverbrauch zuzutreffen scheint, ist ungewiß. Die statistischen Unterlagen sagen darüber zu wenig aus. Es soll hier jedoch eine entsprechende Annahme gemacht werden[255]. Außerdem ist

[252] Vgl. Bombach, Gottfried: Preisstabilität, wirtschaftliches Wachstum und Einkommensverteilung, a. a. O., S. 11.

[253] In einer allgemeinen Verteilungstheorie müssen darüber hinaus noch weitere Grenzen herausgearbeitet werden, wie dies beispielsweise Kaldor (Nicholas: Alternative Theories ..., a. a. O., S. 97 ff.) und Krelle (Wilhelm: Bestimmungsgründe der Einkommensverteilung ..., a. a. O., S. 62 ff.) tun. In diesem Zusammenhang kann darauf verzichtet werden.

[254] In dieser Investitionsfunktion sind die Zinssätze und eine Reihe anderer die Investition tangierende Faktoren nicht berücksichtigt. Welche Bedeutung sie haben, bedarf noch eingehender Untersuchungen. Das gilt aber auch für die oben genannten Größen. Dabei ist darauf zu achten, daß die Gewinne nicht nur Ursache, sondern zugleich auch Folge der Investitionen sind und dadurch eine Interkorrelation vorliegt. Es sei darauf verwiesen, daß es sich hier um eine makroökonomische Investitionsfunktion handelt, der nicht entgegenstehen muß, daß besonders langfristige Investitionen zinsabhängig sein können.

[255] Auf Grund der obigen Ausführungen wäre auch denkbar, daß der Pro-Kopf-Verbrauch der Selbständigen – etwa durch die ständig aufkommenden neuen Güter – immer in einem bestimmten Ausmaß über dem Durchschnittsverbrauch liegt.

der Verbrauch auf jeden Fall von der Anzahl der Selbständigen (Z_U) abhängig.

$$(11) \qquad C_U = f(Y_{U_{verf}}, Z_U)$$

Die Höhe des verfügbaren Einkommens der Selbständigen hängt in starkem Maße von der Ausschüttungspolitik der Körperschaften ab. Somit ist es erforderlich, auch die Bestimmungsfaktoren der Größe des verfügbaren Einkommens der Selbständigen ($Y_{U_{verf}}$) zu erklären. Es entspricht der Differenz zwischen dem gesamten Unternehmereinkommen und den nicht-ausgeschütteten Gewinnen der Körperschaften ($Y_{U_{na}}$).

$$(12a) \qquad Y_{U_{verf}} = Y_{U_n} - Y_{U_{na}}$$

Die nicht-ausgeschütteten Gewinne sind aber offensichtlich, wie die empirischen Untersuchungen des letzten Kapitels zeigten, außer von der Höhe der Gewinne von den Gewinnsteuern abhängig[256].

$$(12b) \qquad Y_{U_{na}} = f(Y_U, T)$$

Die Gleichung 12 a kann somit in folgender Form geschrieben werden:

$$(12) \qquad Y_{U_{verf}} = Y_{U_n} - f(Y_U, T)$$

Letztlich ist noch die Sparfunktion der Arbeitnehmer festzulegen. Auf Grund der historischen Entwicklung kann sie als konstante Quote am Einkommen dieser Schichten aufgefaßt werden:

$$(13) \qquad S_{NU} = aY_{NU}$$

Das Modell setzt sich somit insgesamt aus 13 Gleichungen zusammen, und zwar aus sechs Definitionsgleichungen, drei Bedingungsgleichungen und vier Verhaltensgleichungen.

Die private Vermögensbildung ist in diesen Gleichungen lediglich in der Höhe der privaten Investition berücksichtigt. Sie ist jedoch, wie oben gezeigt, auch noch von anderen Faktoren abhängig. Um die private Vermögensbildung insgesamt zu erfassen, wäre es daher notwendig, auch die öffentliche Verschuldung, die Finanzinvestitionen und den Außenbeitrag zu berücksichtigen. Dies könnte durch zwei weitere Gleichungen geschehen: Einer Definitionsgleichung für die Vermögensbildung und einer Gleichung des Überschusses der Güter- und Dienstleistungsbilanz mit dem Ausland (Außenbeitrag). Außerdem müßten die Gleichsetzung von T und A fallengelassen und der Saldo der Verschuldung und der Finanzinvestitionen des Staates in die Gleichung 6 eingebaut werden.

Das vorliegende Modell läßt sich in dieser Form nicht ökonometrisch überprüfen, da verschiedene Faktoren, vor allem die Größe des technischen Fortschritts und der Staatseinnahmen noch unzulänglich definiert sind. Wichtiger

[256] Es müßten eigentlich auch die Zinszahlungen des Staates berücksichtigt werden, die wohl zum verfügbaren Einkommen, nicht aber zum Unternehmereinkommen rechnen.

ist indes, daß es lediglich auf eine vollbeschäftigte Wirtschaft abgestellt ist. Die vorhandenen statistischen Werte sind aber stets durch konjunkturelle Tatbestände geprägt. Konjunkturelle Erscheinungen sind jedoch in dem Modell nicht berücksichtigt. Außerdem bleibt zu beachten, daß der größte Teil der Gewinnsteuererhöhungen in den Kriegsjahren erfolgte, die zu sehr durch Sonderfaktoren beeinflußt waren, als daß sie bei einer ökonometrischen Auswertung verwandt werden könnten. Hierin bestand auch nicht die Aufgabe des Modells; es sollte lediglich die Überlegungen der vergangenen Abschnitte zusammenfassen.

Die Grenzen der Verteilungstheorie, die in dem Modell enthalten sind, zeigen sich vornehmlich darin, daß nur zwei Sektoren unterschieden werden. Es wäre erwünscht, eine Trennung nach den einzelnen Arten des Unternehmereinkommens vorzunehmen. Hauptsächlich wären die landwirtschaftlichen Einkommen auszusondern, die heute in fast allen Ländern durch wirtschaftspolitische Eingriffe gesteuert werden. Darüber hinaus sollten die Körperschaften, die durch ihre Ausschüttungs- und Gewinnthesaurierungspolitik die Struktur der volkswirtschaftlichen Ersparnis und den Verbrauch der Selbständigen offensichtlich erheblich beeinflussen, stärker als geschehen berücksichtigt werden[257]. Eine Weiterentwicklung der Verteilungstheorie in dieser Richtung wird auch neue Aspekte für die Theorie der Überwälzung bringen.

10. Folgerungen für die Vermögensbildung und Vermögensverteilung

Mit den bisherigen Ausführungen sind die Grundlagen geschaffen, auf denen nun die Untersuchung der Einflüsse der Finanzpolitik auf die private Vermögensbildung und Vermögensverteilung im einzelnen aufgebaut werden kann. Zunächst mußten diese große Zusammenhänge aufgezeigt werden, auf die die speziellen Maßnahmen des Staates modifizierend einwirken. Bevor jedoch hierauf eingegangen wird, sollen noch einige Schlußfolgerungen genannt werden, die sich aus den bisher abgeleiteten Ergebnissen für die Vermögensbildung und Vermögensverteilung ziehen lassen.

Sieht man zunächst einmal von der Verschuldung und den Finanzinvestitionen des Staates ab[258], so können die Einwirkungen der Finanzpolitik auf die privaten Investitionen auch auf die private Vermögensbildung übertragen werden; beide stimmen unter diesen Voraussetzungen überein. Zwei wesentliche Ergebnisse lassen sich vor allem herausstellen:

[257] Vgl. Bombach, Gottfried: Die verschiedenen Ansätze der Verteilungstheorie, a. a. O., S. 136 f.

[258] Auch der Einfluß des Staates auf den Außenbeitrag soll unberücksichtigt bleiben.

1. Der starke Anstieg der (Gewinn-)Steuern in den vergangenen Jahrzehnten hat die private Vermögensbildung insgesamt nicht wesentlich gehemmt, doch ist ihre Struktur erheblich beeinflußt worden.
2. Das mit der progressiven Besteuerung angestrebte Ziel einer stärkeren Belastung der Gewinneinkommen zugunsten der Arbeitnehmereinkommen ist nicht oder nur in geringem Maße erreicht worden. Lediglich eine Nivellierung der Einkommen der Selbständigen ist eingetreten. Das genannte Ziel kann – ohne Beeinträchtigung des wirtschaftlichen Wachstums – nur verwirklicht werden, wenn und soweit es gelingt, die Nicht-Unternehmer an der privaten Vermögensbildung zu beteiligen.

Zu 1.: Wenn auch der Anstieg der Steuern die private Vermögensbildung offensichtlich insgesamt wenig tangiert, so gilt dies nicht für die Verteilung des Vermögenszuwachses. Hier ergeben sich sogar erhebliche Wirkungen[259], die aus der Beeinflussung der Realeinkommen der Arbeitnehmer auf der einen Seite, der Einkommensverteilung der Selbständigen auf der anderen folgen. Tritt eine Überwälzung der Gewinnsteuern ein, so werden dadurch die Realeinkommen der Arbeitnehmer entsprechend gekürzt. Ihre Quote am realen Volkseinkommen sinkt tendenziell. Allerdings kann dies, wie in der Vergangenheit, durch andere Faktoren – vor allem durch den Rückgang der Anzahl der Selbständigen – kompensiert werden. Das Sparen der Arbeitnehmer und damit ihre Vermögensbildung gehen unter den genannten Umständen zurück.

Innerhalb der Arbeitnehmerschichten erfahren die Kreise durch eine Überwälzung die geringste Benachteiligung, die einen verhältnismäßig großen Teil ihres Einkommens sparen. Der Grund hierfür ist in der regressiven Wirkung der überwälzten Gewinnsteuern wie der Kostensteuern zu sehen[260]. Je mehr der einzelne spart, um so weniger wird er durch die Überwälzung getroffen.

Stärkere Verschiebungen treten innerhalb der Unternehmereinkommen auf. Die Nivellierungstendenz, die durch eine progressive Gewinnbesteuerung hervorgerufen wird, führt zu einer gleichmäßigen Verteilung der Einkommen und damit auch der Vermögensbildung. Allerdings ist zu beachten, daß die einzelnen Einkommensarten nicht in gleichem Umfang an der Überwälzung partizipieren. Tendenziell wird jedoch, auch wenn die Steuern ins-

[259] »Die Abwälzung einer Steuer in ihrer Gesamtheit bedeutet noch nicht, daß nun auch jeder einzelne Steuerzahler seine individuelle Steuer wieder hereinzuholen vermag.« Häuser und Richter: Zum Problem der Einkommensteuerüberwälzung, a. a. O., S. 266.

[260] Die gesamte steuerliche Belastung der Einkommen in den unteren und mittleren Einkommensschichten erhält dadurch wahrscheinlich einen regressiven Verlauf, da bereits die Untersuchungen über die formale Inzidenz zu dem Ergebnis einer weitgehenden Proportionalität gelangen. Vgl. beispielsweise Zeitel, Gerhard: Die Steuerlastverteilung in der Bundesrepublik, Tübingen 1959, Tab. 31.

gesamt überwälzt werden, durch die progressive Gestaltung einer Vermögenskonzentration entgegengewirkt.

Allerdings gilt das nur für die Gewinne, die einer progressiven Gewinnsteuerbelastung unterliegen. Für die Vermögensverteilung sind aber gerade auch die nicht-ausgeschütteten Gewinne der Körperschaften bedeutsam. Der steigende Anteil der Selbstfinanzierung an den Nettogewinnen, der weitgehend als eine Auswirkung der gestiegenen Steuersätze angesehen werden muß, schlägt sich in einer Werterhöhung der Anteilsrechte nieder. Diese Wertsteigerung wird meist nicht der progressiven Einkommensteuer unterworfen, sofern nicht überhaupt, wie in der Bundesrepublik, von einer Besteuerung abgesehen wird[261].

Genauere Hinweise auf die Beeinflussung der Vermögensverteilung haben somit die bisher angestellten Überlegungen nicht ergeben. Diese sollten primär der Untersuchung der Frage dienen, inwieweit die Gewinnbesteuerung und die Besteuerung im allgemeinen die private Vermögensbildung vermindern. Erst nachdem im folgenden Teil der Arbeit den Wirkungen der einzelnen finanzpolitischen Maßnahmen nachgegangen worden ist, lassen sich konkretere Anhaltspunkte für die Vermögensverteilung gewinnen.

Zu 2.: Aus der weitgehenden Überwälzung der Gewinnsteuern folgt die sozial- und wirtschaftspolitisch bedeutsame Tatsache, daß die mit der Gewinnbesteuerung angestrebte stärkere Belastung der Gewinneinkommen zugunsten der Arbeitnehmereinkommen kaum eingetreten ist. Die Besteuerung nach der Leistungsfähigkeit wird also nur in beschränktem Maße verwirklicht, da sich der Besteuerung entgegengerichtete Verschiebungen in der Verteilung des Volkseinkommens auf die beiden großen sozialen Gruppen vollziehen.

Hieraus ergeben sich einige neue Aspekte für die Finanzpolitik. Wenn sie das Ziel einer höheren Belastung der Gewinneinkommen realisieren will, kann sie das nur auf zwei Wegen. Entweder übernimmt der Staat selbst die entsprechenden Funktionen der Vermögensbildung (Finanzinvestitionen), oder es muß eine stärkere Beteiligung der Nichtunternehmer an der privaten Vermögensbildung erreicht werden[262]. Nur über eine solche Beteiligung wird die Quote der Nettoeinkommen der Unternehmer effektiv reduziert[263].

[261] Die Vermögensteuer will nicht den Vermögenszuwachs, sondern den später daraus fließenden Ertrag erfassen.

[262] Vgl. Koch, Woldemar: Steuerpolitik. HdSW. Bd. 10, S. 132.

[263] Was der Wissenschaftliche Beirat beim Bundeswirtschaftsministerium über die lohnpolitischen Maßnahmen sagt, kann ohne Einschränkungen auch auf die Steuerpolitik übertragen werden: »Es muß nun mit allem Nachdruck darauf hingewiesen werden, daß mit lohnpolitischen Maßnahmen allein weder eine wirkliche Änderung der Verteilungssituation noch ein Eingriff in den Prozeß der Vermögensbildung erreicht werden kann. Solange die Lohnempfänger nahezu das ganze zusätzlich verdiente Einkommen wieder für Konsum-

Es sei denn, die Finanzpolitik erzwänge mit harten Maßnahmen eine Einschränkung der Investitionen und damit des Wachstums.

Die hieraus abzuleitenden finanz- und wirtschaftspolitischen Folgerungen liegen ebenso wie die Untersuchung der Grenzen einer Einkommensumschichtung[264a] bereits außerhalb des Themas dieser Arbeit; ihnen soll daher nicht näher nachgegangen werden.

zwecke ausgeben, wird das Bild der Einkommensverteilung – auch künftig hohe Investitionsquoten vorausgesetzt – im wesentlichen unverändert bleiben ... und der Prozeß der Vermögenskonzentration wird weiterlaufen.« Abschnitt 13 des Gutachtens: Gegenwärtige Möglichkeiten und Grenzen einer konjunkturbewußten Lohnpolitik in der Bundesrepublik, vom 21. 2. 1960. In: Gutachten vom Januar 1957 bis März 1961. Göttingen, S. 88.

[264a] Vgl. hierzu die Ausführungen Littmanns, die allerdings wohl nicht ganz frei von Übersteigerungen sind. Littmann, Konrad: Über einige Zwangsläufigkeiten der Vermögensverteilung, a. a. O., S. 210 ff.

TEIL II

Der Einfluß einzelner finanzpolitischer Maßnahmen auf die Vermögensbildung des privaten Bereichs

Die bisherigen Ausführungen beschränkten sich darauf, die allgemeinen Zusammenhänge zwischen Staatshaushalt und Vermögensbildung darzulegen, ohne auf Einzelfragen einzugehen. Sie beschäftigten sich im wesentlichen mit dem Problem, ob durch die Steuern und Ausgaben des Staates die privaten Investitionen eingeschränkt werden. Wenn dies nicht der Fall ist – und sowohl die theoretischen Überlegungen wie die empirischen Untersuchungen lassen für Vollbeschäftigungssituationen darauf schließen –, muß der gesamte Anteil des Staates am Sozialprodukt aus dem privaten Verbrauch abgezweigt werden, es sei denn, die öffentliche Hand übernimmt selbst Spar- oder Investitionsfunktionen des privaten Sektors.

Diese makroökonomischen Überlegungen – notwendigerweise auf einem vereinfachten Modell gründend, das Strukturunterschiede vernachlässigt – bedürfen starker Modifizierungen. Die (private) Investitionsquote ist durch den Wachstumsprozeß keineswegs eindeutig determiniert, sondern unterliegt vielfältigen Einflüssen, unter denen dem Umfang und der Art öffentlicher Einnahmen und Ausgaben erhebliche Bedeutung zukommt. Von diesen gehen nicht nur Wirkungen auf die Höhe der Investitionsquote (Vermögensbildung) aus, sie beeinflussen in noch stärkerem Grade die Verteilung des Vermögenszuwachses. Selbst wenn die Gewinnsteuern insgesamt überwälzt werden, bedeutet dies keineswegs, daß jeder einzelne Steuerpflichtige dazu in der Lage ist. Durch die Finanzpolitik treten zumindest erhebliche Verschiebungen in der Verteilung des (Netto-) Einkommens und der Vermögensbildung auf.

Es ist daher erforderlich, im folgenden die Einnahmen und Ausgaben des Staates, die im Hinblick auf das Thema bedeutungsvoll sind, in ihren Auswirkungen auf die Vermögensbildung und deren Verteilung eingehender zu untersuchen. Wenn dabei Teilaspekte in den Vordergrund treten, so darf doch die Verbindung mit den bisher diskutierten gesamtwirtschaftlichen Zusammenhängen nicht außer acht gelassen werden. Nur auf diesem Hintergrund können die Einzelwirkungen zutreffend analysiert werden.

Infolgedessen erscheint es auch angebracht, nicht die verschiedenen Steuern und Ausgaben des Staates einer isolierten Betrachtung zu unterziehen, sondern auf die Bestimmungsgründe der Vermögensbildung abzustellen und sie in ihrer Abhängigkeit von der Finanzpolitik zu sehen. Hieraus folgt die weitere Gliederung der theoretischen Überlegungen des Abschnittes A, die zwischen den Einflüssen auf das Sparen der privaten Haushalte und auf die Investitionen der Privatwirtschaft trennt.

Sowohl beim Sparen wie bei der Investition kann unterschieden werden zwischen der objektiven Möglichkeit, mehr zu sparen oder zu investieren (Spar- und Investitionsmöglichkeit) und der Neigung, dies zu tun (Spar- und Investitionsneigung). Es gibt aber nur wenige finanzpolitische Maßnahmen, die einseitig auf Neigung oder Möglichkeit einwirken. Fast immer liegt eine doppelte Einflußnahme vor, wenn auch meist die eine oder andere Wirkrichtung überwiegt. Selbst zwischen dem Sparen und dem Investieren ergeben sich vielfältige Überschneidungen. Einmal ist mit jeder Finanzierung einer Investition aus Gewinnen auch ein Sparakt verbunden. Zum anderen können einmal getätigte Investitions- und Sparentscheidungen auch das Verhalten späterer Perioden beeinflussen.

Um die theoretischen Überlegungen empirisch zu vertiefen, wird im Abschnitt B versucht, am Beispiel der Bundesrepublik quantitative Anhaltspunkte für die Auswirkungen der finanzpolitischen Maßnahmen aufzuzeigen, die unmittelbar die private Vermögensverteilung berührt haben. Die quantitative Erfassung der Vermögenswirkungen muß sich jedoch notwendigerweiser auf Teilausschnitte beschränken; denn sie ist vor allem bei den mittelbaren Einflüssen, die sich über die Einkommensverteilung vollziehen, nicht oder nur unter sehr anfechtbaren Annahmen durchführbar.

Abschnitt A: Theoretische Überlegungen

Viertes Kapitel

Einwirkungen der Finanzpolitik auf das Sparen der privaten Haushalte

Selbst wenn die Verteilung des Realeinkommens auf die beiden großen Gruppen der Einkommensbezieher weitgehend bestimmt ist, hängt doch die Distribution innerhalb dieser Gruppen in erheblichem Maße von der Zusammensetzung und der Ausprägung der verschiedenen Steuern ab. Von dem progressiven, proportionalen oder regressiven Verlauf der Steuersätze und der Gestaltung des Steuersystems gehen daher vielfältige Einflüsse auf die Nivellierung oder Differenzierung der Einkommensverteilung und auf das Sparen der einzelnen Haushalte aus. Darüber hinaus hat der Gesetzgeber in den letzten Jahren eine Reihe von Maßnahmen ergriffen, um das Sparen auch unmittelbar anzuregen.

1. Die Gestaltung des Gewinnsteuersystems

Im letzten Kapitel war die Argumentation vornehmlich auf die Gesamtheit der Gewinnsteuern abgestellt. Dieser Begriff umschließt eine Reihe von Einzelsteuern, die nur das eine gemein haben, daß sie aus den Gewinnen, in Einzelfällen auch aus dem Vermögen, gezahlt – wenn auch nicht notwendigerweise getragen – werden. Zu den Gewinnsteuern gehören, wie erwähnt, nicht nur die Einkommen-, die Körperschaft- und die Vermögensteuer, sondern auch die Erbschaftsteuer, die einmaligen Vermögensabgaben und alle sonstigen Abgaben, die auf den Gewinn oder das Vermögen bezogen sind[264b]. Nach dem oben Gesagten ist es verständlich, daß Erbschaftsteuer und einmalige Vermögensabgaben den Gewinnsteuern zugerechnet werden; denn im gesamtwirtschaftlichen Verteilungsprozeß wirken sie in gleicher Weise wie die übrigen Steuern auf die privaten Investitionen und die Vermögensbildung.

Eine derartige Zusammenfassung verschiedenster Steuern war notwendig, weil eine makroökonomische Betrachtung einzelner Steuern – z. B. der

[264b] Auch die Gewerbesteuer rechnet zu dieser Gruppe, da sie an den gleichen Tatbeständen anknüpft, wenn sie auch in der Bundesrepublik – aus historisch bedingten, nicht aus systematischen Gründen – von den Unternehmen als Kostensteuer angesetzt werden kann. In Wirklichkeit ist sie jedoch eine kombinierte Ertrag-(Gewinn-) und Vermögensteuer.

Körperschaftsteuer – nicht oder nur unter stark einengenden Voraussetzungen möglich ist. Die abgeleiteten Folgerungen können nur auf die Gesamtheit der Bezieher von Gewinneinkommen und nicht (beispielsweise) auf die Körperschaftsteuerpflichtigen bezogen werden.

Um den Einfluß der Gewinnsteuern auf die Vermögensverteilung im einzelnen zu erkennen, ist also das Verhältnis dieser Steuern zueinander und ihre konkrete Ausgestaltung zu berücksichtigen. Außerdem muß beachtet werden, daß die Überwälzung der Steuern – soweit sie erfolgt – nicht alle Gewinneinkommen prozentual in gleichem Maße erhöht, sondern daß hierfür die Struktur und die Angebots- und Nachfragereaktionen der einzelnen Märkte entscheidend sind.

Sieht man von dem letzten ab, so ist vor allem das Verhältnis der einzelnen Gewinnsteuern zueinander entscheidend. Zunächst ist dabei bedeutsam, wie Einkommen- und Körperschaftsteuer aufeinander bezogen sind, wie sich ihre Sätze zueinander verhalten, welchen Progressionsverlauf sie aufweisen und inwieweit eine Doppelbelastung der ausgeschütteten Körperschaftsgewinne vorliegt[265].

Zu diesen beiden Steuern, auf die heute in allen westlichen Staaten der größte Teil des Gewinnsteueraufkommens entfällt, kommen dann die übrigen Gewinnsteuern hinzu. Die Vermögensteuer, als zusätzliche Belastung der fundierten Einkommen, bringt auch bei proportionalen Sätzen keine gleichmäßige Erhöhung der Einkommen- und Körperschaftsteuersätze; denn sie berücksichtigt nicht die unterschiedliche Rendite der verschiedenen Vermögen und führt, wenn sie bei der Ermittlung der steuerpflichtigen Einkommen abgezogen werden kann[266], zu einer mit steigendem Einkommen rückläufigen Belastung[267]. Der Progressionsanstieg der Einkommensteuer wird infolgedessen ungleichmäßig abgeflacht.

Ähnliches gilt auch für die allgemeinen einmaligen Vermögensabgaben. Da Vermögensubstanzsteuern nicht zu verwirklichen sind, es sei denn, sie werden

[265] Föhl weist auf verschiedene Möglichkeiten hin, wie mit Hilfe steuerlicher Maßnahmen, vor allem auf dem Gebiete der Einkommen- und Körperschaftsteuer eine bewußte Einflußnahme auf die Vermögensverteilung ausgeübt werden könnte. Ob die relativ knapp skizzierten Gedanken einen realisierbaren Weg aufweisen, müßte noch näher geprüft werden. Föhl, Carl: Ursachen und Beeinflußbarkeit der Vermögenskonzentration. In: Die Konzentration in der Wirtschaft. Schr. d. Ver. f. Soc. Pol., NF Bd. 22, Berlin 1961, S. 179 ff. Ders.: Ursachen und Beeinflußbarkeit der Vermögensbildung in den Unternehmen. In: Die Aussprache, 1960, S. 286 f.

[266] Dies ist beispielsweise in der Bundesrepublik gestattet. Bei der Berechnung des körperschaftsteuerpflichtigen Gewinns können allerdings die gezahlten Vermögensteuern nicht abgezogen werden. Außerdem ist zu beachten, daß das in Körperschaften angelegte Vermögen sowohl beim Anteilseigner wie bei der Körperschaft selbst besteuert wird.

[267] Je höher der zu zahlende Einkommensteuersatz, um so geringer ist die zusätzliche Belastung durch die Vermögensteuer.

in natura geleistet[268], laufen auch die großen Vermögensabgaben auf eine längerfristige Verschuldung und damit auf Vermögensertragsteuern hinaus. Während dabei anfangs die Belastung der einzelnen Vermögensbesitzer noch relativ gleichmäßig ist, führen im Zeitablauf die Neubildung von Vermögen und die unterschiedliche Entwicklung der Renditen zu erheblichen Differenzierungen[269].

Noch stärker machen sich derartige Wirkungen bemerkbar, wenn nur ein kleiner Teil der Gewinneinkommensempfänger durch eine Steuer getroffen wird. Selbst wenn sich solche Steuern im wirtschaftlichen Distributionsprozeß voll auf den Verbrauch überwälzen, wird der einzelne Steuerpflichtige nicht oder nur in sehr geringem Maße an der Überwälzung teilhaben. Dies trifft, wie erwähnt, vor allem auf die Erbschaftsteuer zu; auch in den Fällen, in denen durch sie die gesamten privaten Investitionen nicht reduziert werden, wird der einzelne Erbe sie doch (annähernd) gänzlich aus seinem Einkommen oder Vermögen tragen müssen. Es wird später darauf zurückzukommen sein.

Insgesamt gibt somit die nominelle Belastung der Einkommen und Gewinne durch die verschiedenen Gewinnsteuern einen Anhaltspunkt für die Nivellierungs- und Differenzierungseffekte im einzelnen ab. Für diese Wirkungen ist es ohne größere Bedeutung, ob die Gewinnsteuern in ihrer Gesamtheit überwälzt werden oder nicht. Von den Verschiebungen in der Einkommensverteilung zwischen den Selbständigen gehen entsprechende Rückwirkungen auf ihre Vermögensbildung aus. Je höher die Progression der (zusammengefaßten) Gewinnsteuern, um so stärker wirken sie auf die Verteilung des Vermögenszuwachses in diesen Schichten nivellierend.

Das heißt allerdings nicht, daß die Nivellierungstendenzen bereits ausreichen, um die Vermögensverteilung zwischen den Gewinneinkommensempfängern gleichmäßiger werden zu lassen. Da die Bezieher kleinerer Gewinneinkommen einen relativ hohen Teil ihres Einkommens zum Verbrauch benötigen, bleibt – eine nicht allzu unterschiedliche Rendite des Kapitals vorausgesetzt – der prozentuale Zuwachs ihres Vermögens selbst bei starker Progression des Gewinnsteuersystems hinter dem in den oberen Einkommensschichten zurück. Daß im Durchschnitt kleinere Vermögen eine höhere Rendite erzielen, ist aber unwahrscheinlich. Durch die progressive Gewinnbesteuerung wird also lediglich die Konzentrationstendenz der Vermögens-

268 Vgl. Tautscher, Anton: Die Vermögenssubstanzsteuer. In: Zeitschr. f. Nat. Ök., Bd. 13, 1952, S. 308 ff. Und: Somary, Felix: Die finanzielle Durchführung einer einmaligen Vermögensabgabe. In: Schr. d. Ver. f. Soc. Pol., Bd. 156, München 1918, S. 85 ff.

269 Vgl. Stucken, Rudolf: Vermögensteuern, Heft 29 d. Schriftenreihe d. Instituts »Finanzen und Steuern«, Bonn 1957, S. 7 f.

bildung, die in einer ungleichen Vermögens- und Einkommensverteilung enthalten ist, geschmälert, aber nicht aufgehoben [270].

Einer weiteren Wirkung des steilen Progressionsverlaufs kommt noch große Bedeutung zu. Mit steigender Steuerbelastung wächst das Bestreben der Steuerpflichtigen, auf legalem Wege Steuern zu sparen. Ein hierauf gerichtetes Bemühen ist häufig ertragreicher als das Streben nach höherem Bruttogewinn. Die Steuerpflichtigen versuchen folglich, die ihnen gegebenen Gestaltungsmöglichkeiten der Bemessungsgrundlage möglichst voll auszunützen und von Sonderbegünstigungen Gebrauch zu machen. Es ist daher verständlich, daß gerade von den Einkommensbeziehern in den oberen Einkommensschichten derartige Möglichkeiten am stärksten ausgenützt werden. Hierdurch wird aber auch in beachtlichem Umfang die Vermögensbildung beeinflußt; es wird weiter unten darauf näher eingegangen.

2. *Die steuerliche Belastung der Einkommen aus unselbständiger Arbeit*

Auch das Sparen und damit die Vermögensbildung aus Lohneinkommen werden durch die verschiedenen Steuern in vielfältiger Weise berührt. Wie aus den Ausführungen des letzten Kapitels hervorging, müssen die unselbständig Beschäftigten in ihrem Verbrauch die überwälzten Gewinn- und Kostensteuern tragen. Aus den gleichen Gründen, die für eine weitgehende Überwälzung der Gewinnsteuern sprechen, läßt sich durch einen Umkehrschluß folgern, daß eine Abwälzung von Lohnsteuern – von Einzelfällen abgesehen – nicht möglich ist. Ähnlich wie bei den Gewinnsteuern führt aber die progressive Gestaltung der Lohnsteuer tendenziell zu einer Nivellierung der Nettolohneinkommen. Dem stehen die regressiven Wirkungen der überwälzten Gewinn- und Kostensteuern entgegen, so daß die Progression wenigstens teilweise wiederaufgehoben wird. Es verbleibt eine allgemeine Senkung des Nettorealeinkommens dieser Schichten mit hemmenden Einflüssen auf das Sparen der Nicht-Unternehmerhaushalte.

Da der Anteil der Arbeitnehmereinkommen am Volkseinkommen (Lohnquote) in erheblichem Maße durch die Art der Einkommensverwendung mit-

[270] So macht Pohmer beispielsweise darauf aufmerksam, daß eine progressive Gestaltung als solche noch nicht einer Konzentration entgegenwirke und – so darf man hinzufügen – zu einer gleichmäßigeren Vermögensverteilung führe. »Berücksichtigt man . . ., daß die Unternehmer mit niederen Einkommen meist einen verhältnismäßig großen Teil ihrer Gewinne für Konsumzwecke aus der Unternehmung entnehmen (müssen), darf angenommen werden, daß sich die dekonzentrierende Wirkung der Einkommensteuerprogression im Bereich der kleinen und mittleren Unternehmen bestenfalls in einer Kompensation des akkumulierenden Effekts des ›Gesetzes‹ vom abnehmenden Grenzhang zum Verbrauch erschöpft.« Pohmer, Dieter: Die steuerliche Beeinflussung der Unternehmenskonzentration. In: Die Konzentration in der Wirtschaft, Bd. 2, Berlin 1960, S. 1068.

bestimmt wird, ist er um so größer, je höher das Sparen der Lohnempfänger. In welchen Einkommensgruppen dieses Sparen erfolgt, ist dabei unerheblich. Die absolute Verminderung des Sparens der Arbeitnehmerschaft durch die Besteuerung führt also zu einem Sinken ihres Anteils am Volkseinkommen. Die sie treffende Steuerbelastung bedingt somit nicht nur eine Einschränkung ihres Verbrauchs und ihres Sparens; durch die Verminderung des Sparens tritt zusätzlich eine Schlechterstellung in der Einkommensverteilung ein [271]. Es erweist sich hier nochmals, daß der Verteilung des Vermögenszuwachses eine zentrale Bedeutung im gesamten Distributionsprozeß zukommt.

3. Finanzpolitische Maßnahmen zur Belebung des Sparens der privaten Haushalte

Bereits seit den Zwanzigerjahren hat der Gesetzgeber immer wieder versucht, das Sparen der privaten Haushalte auch direkt zu beeinflussen. Das Ziel dieser Maßnahmen war nicht immer eine Förderung der Vermögensbildung in breiten Schichten; häufig standen andere sozialpolitische Überlegungen oder die Belebung des Kapitalmarkts im Vordergrund.

Ein Anreiz zum Sparen kann sowohl durch steuerliche Maßnahmen wie durch gezielte Ausgaben (Prämien) angestrebt werden. Bei den Steuern sind vor allem die Bestimmungen innerhalb der Einkommensteuer zu nennen, die durch Begünstigungen den Steuerpflichtigen zu einem größeren Sparen und dementsprechend zu einem geringeren Verbrauch anhalten sollen. Es können dabei zwei Formen unterschieden werden: »Maßnahmen der mittelbaren Förderung durch Steuerbefreiung oder Steuerermäßigung für Zinserträgnisse und direkte Begünstigung der ersparten Beträge selbst [272].« Die direkte Begünstigung kann wieder in einem Abzug der gesparten Beträge vom steuerpflichtigen Einkommen oder eines bestimmten Teilbetrages von der Steuerschuld bestehen. In der Regel wird der abzugsfähige Betrag nach oben begrenzt sein, um nicht die Einkommensbezieher, die auf Grund der Höhe ihres Einkommens einen erheblichen Teil sparen, allzu sehr zu bevorzugen. Außerdem muß schon aus verwaltungstechnischen Gründen die Förderung auf bestimmte Sparformen begrenzt bleiben.

[271] Aus diesen Überlegungen können sich neue Aspekte für die Beurteilung der Maßnahmen ergeben, die auf eine Förderung des Sparens in den breiten Schichten der Bevölkerung abzielen.

[272] Jecht, Horst: Finanzpolitik und Kapitalbildung, Tübingen 1958, S. 10. Vgl. auch: Ritschl, Hans: Begründung und Neugestaltung der steuerlichen Entlastung des Sparens. Gutachten. In: Die Sparkasse, Heft 20, 1957, S. 320 ff.

Mit derartigen Maßnahmen sind vielfältige Probleme verbunden. Wenn nicht sehr enge Grenzen gezogen werden, entfällt der größte Teil der steuerlich geförderten Sparbeträge auf Gelder, die sowieso gespart worden wären, – abgesehen von der Verminderung des zu zahlenden Steuerbetrages. Eine ausschließliche Begünstigung zusätzlichen Konsumverzichts ist faktisch nicht möglich; es stößt bereits auf unüberwindbare Schwierigkeiten, die Umlagerung von Ersparnissen früherer Perioden auf die begünstigten Verwendungszwecke zu unterbinden. Nur grober Mißbrauch durch die Aufnahme von Krediten kann z. T. verhindert werden.

Diese zurückhaltende Beurteilung des Nettoeffektes folgt aus der Tatsache, daß auf Grund des Progressionsverlaufs der Einkommensteuer von steuerlichen Sparanreizen vorwiegend solche Personen angesprochen werden, die bei der Höhe ihres Einkommens unabhängig von der Förderung sparen würden. Daß diese Schichten zusätzlich auf Verbrauch verzichten, ist kaum zu erwarten. Die breiten Kreise der Einkommensbezieher, die, um zu sparen, ihren Konsum einschränken müßten, werden durch steuerliche Maßnahmen lediglich in geringem Maße dazu angeregt; denn sie haben meist keine oder nur wenig Einkommensteuern zu entrichten.

Erreichen läßt sich jedoch mit Hilfe steuerlicher Maßnahmen eine Umlagerung in den einzelnen Formen der Vermögensbildung. Da es nicht möglich ist, alle Spararten in gleicher Weise zu behandeln, wirkt sich jede Begünstigung einiger von ihnen wie eine Erhöhung der Rendite aus. Die Sparer werden sich daher ihnen verstärkt zuwenden. So kann beispielsweise, wie die Erfahrungen in Westdeutschland zeigen, in beachtlichem Umfang eine Verlagerung von der Selbstfinanzierung zur Kapitalmarktfinanzierung verwirklicht werden oder eine Bevorzugung des Lebensversicherungssparens gegenüber dem Kontensparen[273]. Ob und inwieweit diese Wirkungen erwünscht und die Nebeneffekte tragbar sind, hängt von der jeweiligen Zielsetzung ab. Die gesamte private Vermögensbildung wird dadurch nur wenig erhöht. Auch eine Nivellierung der Vermögensbildung läßt sich von diesen Vergünstigungen kaum erwarten; eher dürfte das Gegenteil eintreten. Es wird lediglich staatlicherseits eine Steuerprämie für Beträge gewährt, die zumeist sowieso der Sparkapitalbildung bzw. den Investitionen zugeführt worden wären[274]. Nur in Höhe der gesparten Steuern wird die Vermögensbildung der Empfänger gesteigert.

[273] »Die verschiedenen Formen der Investitionsfinanzierung stehen ... zueinander im Verhältnis von kommunizierenden Röhren derart, daß die Begünstigung oder Hemmung des einen Weges nicht ohne Rückwirkungen auf die anderen bleibt.« Jecht, Horst: Über einige Entwicklungstendenzen und Probleme des westdeutschen Kapitalmarkts. In: Wirtschaftsfragen der freien Welt. Festgabe für Ludwig Erhard. Frankfurt 1957, S. 428.

[274] Vgl. Jecht, Horst: Finanzpolitik und Kapitalbildung, a. a. O., S. 10 ff.

Wird die Begünstigung als Abzugsfähigkeit vom Einkommen gewährt, ist die Steuerersparnis um so größer, je höher der zu zahlende (Grenz-)Steuersatz. Da Höhe des Einkommens und Höhe der Vermögensbildung in der Regel in einem korrespondierenden Verhältnis stehen, nehmen die absoluten wie relativen Steuerersparnisse mit steigendem Einkommen zu. Alle derartigen Maßnahmen verstärken daher tendenziell die Differenzierung innerhalb der Vermögensbildung.

Dieser Effekt wird noch wesentlich verstärkt, wenn die Erträge der Ersparnisse steuerbefreit oder steuerbegünstigt sind. Die eklatante Durchbrechung des Prinzips der Besteuerung nach der Leistungsfähigkeit führt zu einer unmittelbaren Förderung der Vermögenskonzentration, da eine Vergünstigung überhaupt nur bei Beziehern relativ hoher Einkommen erfolgt; die Bruttorendite der bevorzugten Vermögenswerte bleibt nämlich – wie die deutschen Erfahrungen erkennen lassen – hinter ähnlichen Objekten zurück, deren Erträgnisse voll der Steuer unterliegen.

Für eine Beeinflussung der Sparbildung von der Ausgabenseite her kommt vornehmlich die Gewährung von Prämien in Betracht. Gegenüber den Steuervergünstigungen haben sie den Vorteil, daß auch die Schichten angesprochen werden, die aus einer steuerlichen Maßnahme keinen Anreiz erfahren. Die anregende Wirkung hängt von der Höhe der Prämie und der Festlegungsfrist der gesparten Beträge ab.

Einige der Nachteile der steuerlichen Maßnahmen bleiben allerdings bestehen. Zwar werden im Verhältnis zur Höhe der Ersparnis die einzelnen Sparer in gleicher Weise begünstigt, doch sind auch hier Umlagerungen zwischen verschiedenen Sparformen und die Verwendung von Ersparnissen früherer Perioden möglich. Personen mit höherem Einkommen oder bereits vorhandenem Vermögen können daher stärker von den Vergünstigungen Gebrauch machen. Immerhin kann angenommen werden, daß die effektive zusätzliche Sparkapitalbildung höher ist als bei den steuerlichen Maßnahmen, da breitere Schichten angesprochen werden.

Die Einflüsse auf die gesamte Vermögensbildung werden von den jeweiligen wirtschaftlichen Gegebenheiten bestimmt. Bei hoher Investitionsneigung, die über das Angebot an Finanzierungsmitteln hinausgeht, ist eine zusätzliche Investition der gesparten Beträge zu erwarten, d. h., die Investitionsquote steigt. In konjunkturell ausgeglicheneren Situationen ist dagegen infolge der tendenziell sinkenden Konsumgüternachfrage eine Zunahme der Investitionen nicht wahrscheinlich; es kommt somit zu einem Rückgang der Unternehmergewinne. In diesem Fall ergibt sich eine (beschränkte) Umschichtung der Einkommen zugunsten der Verbraucher und zu Lasten der Unternehmer. Es liegt die umgekehrte Wirkung zur Verminderung der Spartätigkeit der Arbeitnehmer durch die steuerliche Belastung des Konsums vor, auf die oben hingewiesen wurde. Hier zeigt sich der Ansatzpunkt für ein erfolgreiches Bemühen, breite Schichten zur Vermögensbildung anzuhalten, was nicht nur eine gleichmäßigere Vermögensverteilung herbeiführen, sondern auch die Einkommensverteilung tendenziell nivellieren würde.

Die Wirksamkeit solcher Maßnahmen ist besonders groß, wenn es gelingt, nicht nur einen einmaligen Konsumverzicht herbeizuführen, sondern – unabhängig von den Vergünstigungen – weitere Sparentscheide zu veranlassen. Derartige Zielsetzungen liegen fast allen finanzpolitischen Sparförderungsmaßnahmen zugrunde, da sie meist auf lange Sicht die Sparneigung heben sollen. Inwieweit dieses Ziel erreicht wird, läßt sich schwer sagen. Daß sich das Streben nach Vermögensbildung verstärkt, wenn einmal gewisse Anfänge gemacht sind, dürfte jedoch zutreffend sein.

Erfolge in dieser Richtung sind am ehesten beim Bausparen zu erwarten. Nur wenige Entscheidungen ziehen nämlich soviel Sparakte nach sich wie der Entschluß, ein eigenes Haus zu bauen; fast für alle Einkommensbezieher erfordert die Verwirklichung eines solchen Vorhabens ein mehrjähriges Ansparen. Auch nach Fertigstellung muß die eingegangene Verschuldung abgetragen werden. Wenn der Wille zum Bau eines eigenen Hauses durch staatliche Förderungsmaßnahmen angespornt werden kann, ist der Effekt auf das Sparen und damit auf die Vermögensbildung recht erheblich – vor allem auch im Verhältnis zu den gewährten Vergünstigungen. Der Anreiz zum Sparen bleibt vorhanden, bis das Haus abgezahlt ist. Es zeigt sich gerade am Beispiel des Bausparens, daß es durchaus möglich ist, auch breite Schichten dazu anzuhalten[275].

[275] Zur Beeinflussung des Wohnungsbaues steht dem Staat außer der Sparförderung noch eine Reihe anderer Mittel zur Verfügung, wie zinsverbilligte Kreditgewährung oder Erleichterung der Schuldentilgung in den Jahren nach der Baufertigstellung. Diese Maßnahmen sind indes stärker auf eine Beeinflussung der Investitionen, weniger des Sparens gerichtet, obwohl, was hier besonders deutlich wird, eine strikte Trennung zwischen beiden überhaupt nicht möglich ist. Im nächsten Abschnitt wird näher auf die verschiedenen Mittel dieser Art eingegangen.

Fünftes Kapitel

Die Einflußnahme der Finanzpolitik auf die privaten Investitionen

In noch stärkerem Maße als auf das private Sparen nimmt der Staat direkt und indirekt Einfluß auf die privaten Investitionen und damit auf die Vermögensbildung und -verteilung. Das gilt zunächst für die Besteuerung, vor allem die Besteuerung der Gewinne. Über die Wirkungen auf die Höhe der gesamten Investitionen hinaus, die im ersten Teil untersucht wurden, werden durch die Steuern in hohem Grade die Investitionsströme gelenkt. Insbesondere wird auch das Verhältnis von Selbst- und Fremdfinanzierung durch die Steuern tangiert.

Darüber hinaus versucht die öffentliche Hand in steigendem Maße, das Wachstum und die strukturelle und konjunkturelle Entwicklung der Wirtschaft zu steuern. Soweit hierbei finanzpolitische Mittel eingesetzt werden, sind sie entweder unmittelbar auf die Belebung oder Hemmung der Investitionen ausgerichtet oder berühren sie wenigstens mittelbar in erheblichem Umfang. Alle diese Maßnahmen haben starke Rückwirkungen auf die Vermögensverteilung. Im Gegensatz zu einem Teil der Sparförderungsmaßnahmen sind aber die Vermögenswirkungen nicht primäres Ziel, sondern Folgeerscheinungen, die nicht immer erwünscht sind. Sie müssen dann im Hinblick auf höher eingeschätzte Ziele in Kauf genommen werden, sofern sich der Gesetzgeber überhaupt zuvor darüber Rechenschaft ablegt.

Es ist die Aufgabe des folgenden Abschnittes, die steuerlichen Bestimmungen und die Ausgabearten im einzelnen zu untersuchen, die die privaten Investitionen vornehmlich beeinflussen. Neben den Maßnahmen, die bewußt auf eine Lenkung der Investitionen abgestellt sind, müssen hierbei die steuerlichen Regelungen diskutiert werden, die in direktem Zusammenhang mit den Investitionen bzw. mit den zur Investition verbleibenden Geldern (Selbstfinanzierung) stehen. Hierbei handelt es sich vor allem um die Gestaltung der Körperschaftsteuer, die Regelung der Abschreibungen, die Pensions- und sonstigen Rückstellungen.

Daneben ist aber auch an solche Beträge zu denken, die als Zuwendungen an die Arbeitnehmer im Unternehmen zur Investition verbleiben und steuerlich begünstigt werden. Verschiedene der viel diskutierten Pläne einer breiter gestreuten Vermögensbildung, nach denen die Arbeitnehmer über eine Ergebnisbeteiligung oder eine Lohnerhöhung an der Kapitalbildung der Unternehmen partizipieren sollen (investive Ertragsbeteiligung und Investivlohn), würden darauf hinauslaufen; denn jeweils wird eine steuerliche Förderung der vermögenswirksamen Beträge erwartet[276]. Da Vorschläge dieser Art bisher nur in geringem Umfang realisiert wurden[277], sollen sie hier nicht näher diskutiert werden. Die Wirkungen derartiger Maßnahmen auf die Investitionen stimmen zudem weitgehend mit denen der Pensionsrückstellung überein, wenn auch der Vermögenszuwachs eindeutiger auf die Arbeitnehmer bezogen ist.

Während bei den bisher genannten Regelungen die Investitionen der Unternehmen nur indirekt berührt werden, zielen die meisten der sogenannten Sondervergünstigungen unmittelbar auf eine Beeinflussung der Investitionen ab. Hierbei ist zu unterscheiden zwischen Förderung der Investitionen im eigenen Unternehmen und der begünstigten Verwendung investierbarer Mittel in anderen Wirtschaftszweigen.

1. Die Gestaltung der Körperschaftsteuer

Die Körperschaftsteuer fördert bereits durch ihre Existenz die Selbstfinanzierung, außer wenn die gezahlten Körperschaftsteuerbeträge bei der Veranlagung der Dividenden im Rahmen der Einkommensteuer voll in Ansatz gebracht werden können. Infolge der heute nahezu allgemein gegebenen sogenannten Doppelbelastung der Dividenden durch Einkommen- und Körperschaftsteuer liegt es im Interesse der Groß- und je nach den Umständen auch der Kleinaktionäre, die Ausschüttungen in engem Rahmen zu halten. Vor allem gilt dies, wenn Wertsteigerungen der Anteilsrechte nicht der Einkommensbesteuerung unterliegen. Werden die »capital gains« der Einkommensteuer, wenngleich mit ermäßigten Sätzen, unterworfen, schrumpft zwar dieses Interesse, bleibt aber bestehen. Die erhebliche Zunahme des Anteils der nicht-ausgeschütteten Gewinne bei den Körperschaften in den letzten Jahrzehnten muß daher u. a. auch auf diese Ursache zurückgeführt werden.

Für die Struktur des volkswirtschaftlichen Kapitalstocks bedeutet die Selbstfinanzierung, daß Finanzierungsmittel, die über den Kapitalmarkt wenigstens z. T. in andere Kanäle fließen würden, in den körperschaftlichen Unternehmen zur Investition verbleiben. Die Lenkung der Investition durch

[276] Vgl. Dittmar, Rupprecht: Miteigentum – ein praktischer Vorschlag. Schriften der Sozialausschüsse der christlich-demokratischen Arbeitnehmerschaft, Königswinter 1957, S. 41; Miteigentum der Arbeitnehmer, eine Stellungnahme der Deutschen Angestellten-Gewerkschaft, Hamburg 1955, S. 21; Häussler, Erwin: Der Arbeitnehmer von morgen, 3. Aufl., Stuttgart 1956, S. 42 f.

[277] Das »Gesetz zur Förderung der Vermögensbildung der Arbeitnehmer« vom 12. 7. 1961 stellt eine Art Rahmengesetz für derartige Maßnahmen dar. In ihm sind Steuerermäßigungen und die Befreiung der Beträge von der Sozialversicherungspflicht vorgesehen.

den Zins wird damit ausgehöhlt. Es kann infolgedessen die Gefahr eines nicht-harmonischen Aufbaus des Produktionsapparates der Wirtschaft und von Fehlinvestitionen entstehen. Die Vermögensbildung der Aktionäre erfolgt – von Fehlinvestitionen abgesehen – in der Form eines Wertanstiegs ihrer Anteilsrechte.

Diese Tendenzen werden modifiziert, wenn der Körperschaftsteuersatz gespalten ist. Die Spaltung kann sowohl zugunsten der ausgeschütteten wie der nicht-entnommenen Gewinnteile erfolgen. Für beides finden sich historische Beispiele[278]. Die Minderbelastung der Ausschüttungen wird aus zwei Gründen vorgenommen: Einmal soll die Doppelbesteuerung der Dividenden abgeschwächt werden, zum anderen können kapitalmarktpolitische Überlegungen ausschlaggebend sein. Durch den Anreiz zu erhöhten Ausschüttungen sollen die Selbstfinanzierung gedämpft und über das Sparen der Aktionäre mehr Mittel dem Kapitalmarkt zugeführt werden.

Die Höherbelastung der entnommenen Gewinnteile soll dagegen gerade zur Selbstfinanzierung anregen. Es wird befürchtet, ausgeschüttete Beträge würden – wenigstens z. T. – dem Verbrauch zugeführt, somit die volkswirtschaftliche Kapitalbildung hemmen und mögliche Übersteigerungen der Konsumgüternachfrage verstärken. Diesen Argumenten liegt die Ansicht zugrunde, das Sparen (der Körperschaften und privaten Haushalte) bestimme die Investition. Auf die Fraglichkeit dieser Auffassung wurde oben hingewiesen. Allerdings läßt sich auch geltend machen, bei erhöhter Konsumgüternachfrage könne die Investitionsquote nur über steigende Preise aufrechterhalten werden; diese Preissteigerungen sollten vermieden werden. Die Gefahren einer übermäßigen Selbstfinanzierung werden auf jeden Fall forciert.

Die Senkung des Körperschaftsteuersatzes für Dividendenzahlungen führt im Gegensatz dazu über tendenziell verstärkte Ausschüttungen zu einer anders gearteten Vermögensanlage der Aktionäre. Allerdings ist es offen, in welchem Ausmaß die Unternehmen auf eine derartige Gestaltung des Körperschaftsteuersatzes mit Mehrausschüttungen antworten. Die deutschen Erfahrungen lassen immerhin auf eine positive Reaktion schließen.

Die Vermögensverteilung wird durch die Spaltung des Körperschaftsteuersatzes unmittelbar nicht berührt. Indirekt können aber durchaus Zusammenhänge gegeben sein. So läßt sich feststellen, daß die internen Wertsteigerungen auf Grund der Selbstfinanzierung in den Aktienkursen nicht immer voll zum Ausdruck kommen und so die Kleinaktionäre beim Verkauf ihrer

[278] Während in der Bundesrepublik seit 1955 die ausgeschütteten Gewinnteile mit einem niedrigeren Steuersatz belegt werden als die einbehaltenen, wird in Großbritannien das umgekehrte Verfahren angewandt. Vgl. Weise, Herbert: Die Steuern im Vereinigten Königreich, a. a. O., bes. S. 152.

Papiere benachteiligt werden. Großaktionäre vermögen bei der Übereignung von Aktienpaketen unter dieser Voraussetzung eher einen Sonderpreis auszuhandeln. Auf der anderen Seite können erhöhte Dividendenzahlungen den Verbrauch der Empfänger anregen und dadurch zu einer Umschichtung der Einkommen beitragen.

2. *Abschreibungen und Vermögensverteilung*

Die steuerliche Abzugsfähigkeit der Abschreibungen beruht auf dem Gedanken, daß der wirtschaftliche Werteverzehr[279] der Anlagen durch den Produktionsprozeß einen Kostenfaktor darstellt und folglich bei der Gewinnermittlung abgesetzt werden muß. Selbst wenn die Abschreibungen mit dem wirklichen Werteverschleiß übereinstimmen, wird durch sie dennoch die Kapitalstruktur der einzelnen Unternehmen in unterschiedlichem Maße berührt. Bei Wirtschaftsgütern mit mehrjähriger Nutzungsdauer stimmen nämlich Abschreibungen und Ersatzinvestitionen nicht überein. Die Reinvestition fällt erst am Ende der Nutzungsdauer an, während die Abschreibungsbeträge Jahr für Jahr zur Verfügung stehen.

Kleinere Unternehmen können diese Beträge häufig nicht zur Anschaffung weiterer Anlagegüter verwenden; die anfallenden Abschreibungsmittel eines Jahres sind, wenn nur ein oder wenige Anlagegüter vorhanden sind, zu gering, um damit sinnvolle Investitionen vorzunehmen. Im Gegensatz dazu können größere Unternehmen mit Hilfe der Abschreibungsbeträge ihre Kapazitäten erweitern. Dieser Tatbestand – in der Literatur als Lohmann-Ruchti-Effekt bezeichnet – ermöglicht ihnen eine erhebliche Vergrößerung ihres Produktionsvolumens[280]. Es folgt daraus eine Begünstigung des Konzentrationsprozesses, da größere oder kapitalintensivere Unternehmen ohne Zuführung neuer Mittel schneller zu expandieren vermögen als kleinere oder weniger kapitalintensive.

Der effektive Vorteil ergibt sich aus der Differenz zwischen dem Zinsertrag, der für die liquide Anlage der Abschreibungsbeträge – auf Sparkonten, in Wertpapieren usw. – erzielt werden kann, und der Rendite, die eine Investition in den größeren Unternehmen abwirft[281]. Diese Differenz kommt

[279] Der Begriff des wirtschaftlichen Werteverzehrs schließt außer dem physischen Verschleiß der Anlagen auch die wirtschaftliche Entwertung ein, die durch technischen Fortschritt, Rückgang der Nachfrage oder sonstige Faktoren bedingt ist.

[280] Vgl. Lohmann, Martin: Einführung in die Betriebswirtschaftslehre, 3. Aufl., Tübingen 1959, S. 184 f.; Ruchti, Hans: Die Abschreibung, Stuttgart 1953, S. 138 ff.

[281] Dabei ist es nicht erforderlich, daß die Leistungsfähigkeit größerer Unternehmen die der kleineren übersteigt. Die Unterschiede in der Rendite ergeben sich bereits dadurch, daß der Kapitaleinsatz in größeren Unternehmen einen relativ stärkeren Kapazitätseffekt hat. Vgl. Littmann, Konrad: Zunehmende Staatstätigkeit, a. a. O., S. 68 f.

in einer Erhöhung des Ertragswertes zum Ausdruck. Die Steigerung des Ertragswertes bedeutet für die Besitzer oder Anteilseigner größerer Unternehmen einen entsprechenden Vermögenszuwachs.

Von weit größerer Bedeutung ist indes, daß die steuerlich absetzbaren Abschreibungen in der Regel über den wirtschaftlichen Werteverschleiß hinausgehen, ja aus verschiedenen Gründen sogar hinausgehen müssen. Um die verwaltungstechnische Arbeit in Anbetracht der individuellen Unterschiede und der schwierigen Voraussehbarkeit der Lebensdauer der einzelnen Anlagegüter in Grenzen zu halten, wird die Finanzverwaltung von vornherein relativ kurze Abschreibungsperioden festlegen[282].

In die gleiche Richtung wirken aber auch die Bemühungen der Unternehmen und ihrer Verbände, eine möglichst kurze Abschreibungsperiode und eine günstige Abschreibungsmethode anerkannt zu bekommen. Diese Bemühungen werden um so mehr verstärkt, je höher die steuerliche Belastung ist. Die in den letzten Jahren in verschiedenen Ländern zugestandenen Methoden einer »beschleunigten« Abschreibung[283] sind nicht zuletzt ein Ergebnis dieser Forderungen[284]. An dritter Stelle sind noch die Sonderabschreibungen zu nennen, die um bestimmter Zielsetzungen willen gewährt werden (initial allowances usw.).

Übersteigt die Höhe der Abschreibungen den wirtschaftlichen Werteverschleiß, ist damit eine Steuerersparnis verbunden, die dem Produkt aus dem zu zahlenden (Grenz-)Steuersatz und dem zusätzlichen Abschreibungsbetrag entspricht. Daraus ergibt sich, daß c. p. die Steuerpflichtigen um so mehr profitieren, je höher ihre Steuerbelastung, d. h. je höher ihr Einkommen ist. Außerdem können kapitalintensive Unternehmen stärker von den mit den Abschreibungen verbundenen Vorteilen Gebrauch machen[285]. In der Regel treffen beide Tatbestände mehr auf größere als auf kleinere Unternehmen zu. Die absolute Höhe der Steuervergünstigung hängt von der Schnelligkeit

[282] Das schließt nicht aus, daß in Einzelfällen noch darüberhinausgehende Abschreibungen zugestanden werden müssen.

[283] Dieser Ausdruck, der dem englischen »accelerated depreciation« entspricht, wird in der angelsächsischen Literatur als Oberbegriff für die verschiedenen Abschreibungsmethoden verwandt, bei denen in den ersten Jahren überdurchschnittliche Beträge abgesetzt werden.

[284] Dabei soll nicht übersehen werden, daß die degressiven Methoden in manchen Fällen dem wirtschaftlichen Verschleiß der Anlagegüter entsprechen. Meist dürften mit ihnen aber Abschreibungsvergünstigungen verbunden sein. Allerdings können diese unter Umständen einen Ausgleich für eingetretene Preissteigerungen darstellen, die in der gesamten Abschreibungssumme nicht berücksichtigt werden. Vgl. Wiles, P.: Corporate Taxation and Depreciation. In: Bull. of the Oxford University Inst. of Stat., 1950, S. 120 ff.

[285] »In regard to distributional . . . effects, the more rapid depreciation may to some extend reverse the past trend to a more ›progressive‹ tax structure and will fairly clearly benefit much of ›heavy‹ or capital intensive industry . . .« Eisner, Robert: in seinem Beitrag zu den Hearings before the Joint Economic Committee: Federal Tax Policy for Economic Growth and Stability, Washington 1956, S. 417. Und: Simoneaux, Mervin J.: Accelerated Depreciation Tax Advantages and Corporate Income Tax, Baton Rouge, 1957, S. 27 f.

des Wachstums ab, so daß überdurchschnittlich rasch expandierende Unternehmen – unter ihnen auch die jungen Firmen [286] – eine Förderung erfahren.

Wenn diese Vergünstigungen wie z. B. Sonderabschreibungen im Anschaffungsjahr nur für relativ kurze Perioden zugestanden werden, liegt keine endgültige Steuerersparnis vor, da mit den entsprechend verminderten Abschreibungsmöglichkeiten späterer Jahre eine Nachversteuerung verbunden ist [287]. Der Vorteil liegt dann lediglich in einer Art zinslosen Kredits. Die genannten Unterschiede zwischen den einzelnen Einkommensbeziehern bleiben dabei allerdings bestehen.

Zu dieser Nachholwirkung kommt es indes nicht bei den verschiedenen Methoden der beschleunigten Abschreibung (oder nur unter besonderen Umständen). Solange nämlich die Abschreibungsbeträge jährlich neu investiert werden, bleibt der einmal erhaltene Steuervorteil gewahrt und kann als endgültige Steuerersparnis angesehen werden [288]. Insgesamt begünstigen somit sowohl die Methoden der beschleunigten Abschreibung als auch die Sonderabschreibungen, die über den Anschaffungswert hinausgehen, die Unternehmenskonzentration [289]. Ob dadurch auch die Vermögenskonzentration verstärkt wird, hängt von der Verteilung der Anteilsrechte ab.

Die Bedeutung der Methoden der beschleunigten Abschreibung für die Vermögensbildung geht aber über ihre unterschiedlichen Auswirkungen auf das Nettoeinkommen hinaus. Sie bilden gleichzeitig einen starken Anreiz zu investieren; sie veranlassen die Unternehmen zu ständigen Neuinvestitionen, um durch die damit verbundenen Abschreibungsmöglichkeiten den steuerpflichtigen Gewinn niedrig zu halten. Die Rendite einer Neuinvestition steigt dadurch in den ersten Jahren erheblich [290]. Gesamtwirtschaft-

[286] Vgl. Domar, Evsey D.: The Case for Accelerated Depreciation. In: Qu. J. of Ec., Bd. 67, 1953, S. 493 ff.

[287] Es sei denn, daß die Sonderabschreibungen nicht auf die übrigen Abschreibungen angerechnet werden und so die gesamte Abschreibungssumme über den Anschaffungspreis hinausgeht. Dieses trifft z. B. auf die von 1954–1956 und ab 1959 gewährten englischen Investment Allowances und den niederländischen und belgischen Investitionsabschlag zu. Vgl. Weise, Herbert: Die Steuern im Vereinigten Königreich, a. a. O., S. 60. Und: Bühler, Ottmar: Die steuerliche Beeinflussung der Unternehmenskonzentration im Ausland. In: Die Konzentration in der Wirtschaft, Bd. 2, a. a. O., S. 1194, 1209 u. 1232.

[288] Vgl. Eisner, Robert: Changes in Methods of Depreciation and their Effects. In: Federal Tax Policy for Economic Growth and Stability, Papers, Washington 1956, S. 527. Zusammenfassend kommt Eisner zu der Folgerung, daß 1979, 25 Jahre nach Einführung der beschleunigten Abschreibungsmethode, unter bestimmten Voraussetzungen »the total resultant loss in tax receipts to the Treasury will be in the order of $ 100 Billion«. Zu ähnlichen Ergebnissen gelangt Brown, E. Cary: The New Depreciation Policy under the Income Tax: an Economic Analysis. In: Nat. Tax J., Jahrg. 8, 1955, S. 88 f.

[289] Vgl. Jecht, Horst: Wirtschaftspolitische Probleme der gegenwärtigen Finanzpolitik, a. a. O., S. 75 f.

[290] Bezogen auf die Lebensdauer tritt zwar für ein einzelnes Wirtschaftsgut keine allzu große Steigerung der Rendite ein, doch bleibt, wie erwähnt, der anfängliche Vorteil bei kontinuierlicher Investition der Abschreibungsbeträge erhalten. Auch die durch die degres-

lich liegt der Vorteil der beschleunigten Abschreibungsmethoden darin, daß sie aus den erwähnten Gründen immer neue Investitionen hervorrufen und dadurch das Wachstum fördern [291]. Eine abschließende Wertung kann also nicht nur auf Grund der Konzentrationseffekte getroffen werden.

Die mit den Abschreibungen verbundenen Rückwirkungen auf die Struktur der Kapitalbildung und die private Vermögensverteilung weisen verschiedene Einseitigkeiten auf. Einmal werden, wie gezeigt, die Unternehmen mit hohen Gewinnen und großer Kapitalintensität und damit ihre Anteilseigner bevorzugt. Zum anderen wird die Selbstfinanzierung auf Kosten der Kapitalmarktfinanzierung angeregt. Das Vordringen der Selbstfinanzierung seit dem ersten Weltkrieg kann wohl nicht zuletzt hierauf zurückgeführt werden; denn bei den gestiegenen Steuersätzen und im Zusammenhang mit den erweiterten Abschreibungsmöglichkeiten ist bei Kapitalverwendung im eigenen Unternehmen meist eine höhere Rendite gewährleistet als bei anderer Anlage.

3. Steuerlich begünstigte Rückstellungen für Pensionszusagen und sonstige Zwecke

Neben den Abschreibungen gibt es noch andere steuerliche Bestimmungen, die über einen Einfluß auf die Bemessungsgrundlage die Investitionen berühren. Hierzu gehören vor allem verschiedene Arten von Rückstellungen, die aus besonderen Anlässen oder im Hinblick auf spezielle Zielsetzungen den Unternehmen vom Gesetzgeber gestattet werden. So können z. B. für erhöhte Exportleistungen [292] oder als Sicherung gegen noch unbestimmte zukünftige Entwicklungen [293] Rückstellungen dieser Art erlaubt sein.

sive Abschreibung mögliche Minderung des Risikos und die Erhöhung der Liquidität wirken investitionsfördernd. (Vgl. Goode, Richard: Accelerated Depreciation Allowances as a Stimulus to Investment. In: Qu. J. of Ec., Bd. 69, 1955, S. 195 f. Stockfisch, J. H.: Investment Incentive, Taxation, and Accelerated Depreciation. In: The Southern Economic Journal, Bd. 24, 1957/58, S. 28.) Es ist daher auch nicht überraschend, daß empirische Untersuchungen die große Bedeutung der Abschreibungen für die Höhe der Investitionen bestätigen. (Vgl. Schindler, Heinz: Investitionsrechnungen in Theorie und Praxis, Meisenheim 1958, S. 141 ff.)

[291] Mit ihnen ist allerdings, was nicht übersehen werden sollte, die Gefahr von Überinvestitionen verbunden; sie verschärfen damit den Abschwung. Die Investitionsanreize versagen außerdem in Depressionszeiten, weil dann keine oder nur relativ geringe Gewinne erzielt werden. Vgl. Dobrovolsky, S. P.: Depreciation Policy and Investment Decisions. In: AER, Bd. 41, 1951, S. 910.

[292] Vgl. z. B. das Ausfuhrförderungsgesetz der Bundesrepublik vom 28. 6. 1951, das bis Ende 1955 Gültigkeit hatte.

[293] Ein Beispiel dafür stellen die Bestimmungen des § 34 d EStG dar, der durch das Steueränderungsgesetz 1961 eingeführt wurde und Kapitalanlagen in Entwicklungsländern begünstigen soll.

Allen diesen Rückstellungen ist eigen, daß sie den Unternehmen im Hinblick auf (mögliche) zukünftige Verpflichtungen und Risiken Finanzierungsmittel belassen, die sie – wenigsten zunächst – im Unternehmen verwenden können, es sei denn, Anlagevorschriften werden vom Gesetzgeber gemacht. In vielen Fällen ist mit der Gewährung der Rückstellungen – vor allem wenn ein bestimmtes Ziel angestrebt wird – eine effektive Steuerersparnis verknüpft. Hierfür ist entscheidend, ob der mit dem Marktzinssatz diskontierte Wert der zukünftigen Verpflichtung unter der Höhe der Rückstellungen liegt.

Derartige Vergünstigungen kommen den einzelnen Steuerpflichtigen in unterschiedlichem Maße zugute. Einmal ist der Vorteil für die einzelnen Unternehmen um so größer, je höher die jeweilige Steuerbelastung. Schwerer wiegt jedoch, daß nicht alle Unternehmen in gleicher Weise davon Gebrauch machen können und meist die größeren eher dazu in der Lage sind[294].

Quantitativ von besonderer Bedeutung sind die Pensionsrückstellungen. Da bei ihnen während einer größeren Zahl von Jahren Rückstellungen erfolgen, bevor (wesentliche) Leistungen zu erbringen sind, wird ein recht beträchtlicher Kapitalstock angesammelt. Dieser kann ohne weiteres zur Finanzierung von Investitionen verwandt werden; denn auch auf lange Sicht brauchen die Rückstellungen nicht aufgelöst zu werden, es sei denn, das Unternehmen vermindert die Anzahl seiner Beschäftigten oder zieht das Pensionsversprechen zurück[295]. Es handelt sich also nicht nur um eine vorübergehende, sondern um eine „endgültige“ Finanzierung eines entsprechenden Teils der Investitionen. Für die Unternehmen ergibt sich bereits hieraus ein hoher Anreiz, sich dieses Finanzierungsmittels zu bedienen; die Rückstellungen sind nämlich von der Besteuerung ausgenommen. Ein Großteil der Beträge geht also von vornherein zu Lasten des Fiskus.

Gesamtwirtschaftlich betrachtet stellen die Rückstellungen in der Regel ein Sparen verbunden mit gleichzeitigem Investieren dar. Ob daraus eine Erhöhung der volkswirtschaftlichen Investitionsquote folgt[296], erscheint auf Grund des im ersten Teil Gesagten nicht sicher. Ist es nicht der Fall, so treten Einkommensumschichtungen ein.

294 Die Ausnutzung von Vergünstigungen der genannten Art lohnt meist erst von entsprechend hohen Steuersätzen ab. Außerdem können vielfach nur größere Unternehmen die vom Gesetzgeber vorgeschriebenen Voraussetzungen auf Grund ihres Rechnungswesens erfüllen.

295 Bei Zunahme der Beschäftigten und/oder Erhöhung der Pensionsleistungen können sogar die Rückstellungen entsprechend ausgeweitet werden.

296 Vgl. Murray, Roger: The Effect of Retirement and Pension Funds on Saving. In: Savings in the Modern Economy, Minneapolis 1953, S. 192. Und: Hall, Challis A.: Retirement Contributions, the Spending Stream, and Growth. In: Federal Tax Policy for Economic Growth and Stability, Papers, a. a. O., S. 786 ff.

Im Hinblick auf die hier behandelte Fragestellung ist es von besonderer Bedeutung, bei wem sich die Rückstellungen vermögensmäßig niederschlagen. Auf den ersten Blick scheint es, daß sie ganz als Vermögen der Arbeitnehmer anzusehen sind, das für diese die Form von Pensionszusagen hat. Dabei ist allerdings zu beachten, daß derartige Ansprüche meist von den Anspruchsberechtigten nicht im vollen Sinn des Wortes als Vermögen empfunden werden.

Die Übereinstimmung von Rückstellungen und Pensionsansprüchen ist aber nur gegeben, wenn der Gegenwartswert der zukünftigen Verpflichtungen dem Rückstellungsbetrage entspricht. Gehen die Rückstellungen darüber hinaus, so muß die Differenz als Vermögen der Anteilseigner erachtet werden.

Die Höhe der Differenz hängt ab von dem Unterschied zwischen dem Marktzins und dem bei der Berechnung der Rückstellungen anzuwendenden Abzinsungsfaktor. Nur wenn beide übereinstimmen, erfahren die Anteilseigner keine Vergünstigung. Zumeist wird aber der Abzinsungsfaktor niedriger als der Marktzins sein. Infolgedessen wird die effektive Minderung des Gewinns, die das Unternehmen durch die Zusage von Pensionsleistungen hinnehmen muß, entsprechend reduziert. Es gibt sogar eine Grenze, von der ab die Steuerersparnisse ausreichen, um alle Verpflichtungen abzudecken. Wird diese Grenze gar unterschritten, steigt der Nettogewinn über den Betrag hinaus, der ohne die Gewährung von Pensionszusagen dem Unternehmen nach der Besteuerung verblieben wäre [297]. Es handelt sich hierbei nicht um die Konstruktion wirklichkeitsfremder Grenzfälle, sondern diese Situation war, wie noch zu zeigen sein wird, in den Jahren bis 1960 in der Bundesrepublik gegeben.

Im Hinblick auf die Vermögensverteilung bleibt zu berücksichtigen, daß Pensionsrückstellungen mit einer Anlage der Gelder im eigenen Unternehmen faktisch nur von größeren Unternehmen vorgenommen werden können, da nur bei ihnen die erforderliche Risikostreuung vorliegt. Es folgt daraus eine Tendenz zur Unternehmenskonzentration, wenn auch nicht notwendigerweise zur Vermögenskonzentration.

[297] Ein schematisches Beispiel möge dies erläutern. Eine zukünftige Verpflichtung in Höhe von 1000,– DM, die nach 25 Jahren anfällt, bedarf bei einem Zinssatz von 7 % einer Rückstellung in Höhe von 184,– DM. Kann bei der steuerlichen Ermittlung des Rückstellungsbetrages ein Abzinsungssatz von 4 % zugrunde gelegt werden, so beläuft sich die Rückstellung auf 375,– DM. Bei einer Grenzsteuerbelastung von 50 % reicht also die dadurch eintretende Senkung der Steuerschuld aus, um alle Verpflichtungen zu decken. Bei einem Marktzins von 6 %, muß der Abzinsungssatz auf 3 % reduziert werden, damit das gleiche Ergebnis eintritt. Liegt der Abzinsungssatz noch niedriger oder ist die Steuerbelastung prozentual höher oder tritt die Verpflichtung erst zu einem späteren Zeitpunkt ein, so kann diese nicht nur voll aus den gesparten Steuern beglichen, sondern es kann darüber hinaus noch eine Erhöhung der Nettogewinne erzielt werden.

4. Die Begünstigung nicht-entnommener Gewinnteile

Für die Vermögensbildung und ihre Verteilung sind des weiteren die Maßnahmen von Bedeutung, mit denen der Staat unmittelbar eine Beeinflussung der privaten Investitionen anstrebt. Derartige Maßnahmen sind in den Wiederaufbaujahren der Nachkriegszeit von allen westlichen Industriestaaten ergriffen worden. Sie sollten der Förderung der Kapitalbildung bei darniederliegendem Kapitalmarkt dienen. Daneben werden in zunehmendem Maße steuerpolitische Mittel zur Beeinflussung der Investitionen im Konjunkturzyklus eingesetzt und vorgeschlagen – sowohl als Stimulans in der Depression oder Rezession wie zur Milderung von Überhitzungserscheinungen in der Hochkonjunktur [298]. Sind die Begünstigungen auf einen Anreiz der innerbetrieblichen Kapitalbildung gerichtet, so laufen sie auf eine Forcierung der Selbstfinanzierung hinaus. Sie können in verschiedenen Formen gewährt werden: als Sonderabschreibungen, als Rückstellungen für bestimmte Investitionen oder Ersatzbeschaffungen und als Steuerermäßigung bzw. Steuerbefreiung für nicht-entnommene Gewinnteile.

Auf die beiden ersten Maßnahmen wurde bereits eingegangen. Sie stellen – wenigstens bezogen aus das einzelne Wirtschaftsgut – nur eine zeitlich begrenzte Stundung der Steuerschuld dar, außer wenn die Sonderabschreibungen für Wirtschaftsgüter über deren Anschaffungspreis hinausgehen. Im Gegensatz dazu ist mit der steuerlichen Begünstigung der nicht-entnommenen (nicht-ausgeschütteten) Gewinnteile eine endgültige Prämiierung verbunden, da die gesparten Steuerbeträge nicht zu einem späteren Zeitpunkt nachentrichtet werden müssen.

Ob es zu einer Erhöhung der Investitionen in den begünstigten Unternehmen kommt, hängt einerseits von deren Investitionsneigung, andererseits von deren Bereitschaft zur Verminderung der Entnahmen bzw. der Ausschüttungen ab. Im Gegensatz zu den anderen erwähnten Förderungsmaßnahmen ist für die Inanspruchnahme der Vergünstigung für nicht-entnommene Gewinnteile die Durchführung von Investitionen nicht Voraussetzung. Die Gelder können auch zur Ansammlung liquider Reserven verwandt werden. Dieses Mittel der Finanzpolitik wird also bei rückläufiger Konjunktur weitgehend versagen.

[298] Aus der Fülle der literarischen Beiträge seien nur die folgenden genannt: Colm, Gerhard: Full Employment through Tax Policy. In: Essays in Public Finance and Fiscal Policy. New York 1955, S. 68 ff.; Littmann, Konrad: Zur Problematik konjunkturgestaltender Zielsetzungen der Steuerpolitik. In: FA, Bd. 14, 1953/54, S. 531 ff.; Shelton, John H.: Tax Incentive for Stabilizing Business Investment. In: Nat. Tax J., Jg. 9, 1956, S. 232 f.; Shelton, John H. and G. Ohlin: A Swedish Tax Provision for Stabilizing Business Investment. In: AER, Bd. 42, 1952, S. 375.

Auch ist es nicht sicher, ob eine effektive Einschränkung der Entnahmen (Ausschüttungen) eintritt. Lediglich in den unteren Einkommensschichten der Selbständigen kann mit einem echten Konsumverzicht der Unternehmerhaushalte gerechnet werden. In den übrigen Fällen werden wahrscheinlich hauptsächlich Gewinnteile begünstigt, die auch ohne eine derartige Förderung investiert worden wären [299].

Solche Bestimmungen wirken bei genereller Geltung stets auf eine Differenzierung der Vermögensverteilung hin, vor allem, wenn die nicht-entnommenen Gewinne ganz oder z. T. vom steuerpflichtigen Einkommen abgesetzt werden können. Der Steuervorteil ist nämlich wieder um so größer, je höher die (Grenz-)Steuerbelastung. Aber auch die Berücksichtigung eines Teilbetrages bei der Festsetzung der Steuerschuld gereicht den Einkommensbeziehern in den oberen Schichten stärker zum Vorteil, da sie absolut höhere Abzüge geltend machen können. Das trifft – obgleich in eingeschränktem Maße – auch zu, wenn die Förderungsmaßnahmen nur bestimmten Gewerbezweigen gewährt werden.

5. Sondervergünstigungen für Finanzierungshilfen an andere Wirtschaftszweige

Neben der Begünstigung der Selbstfinanzierung kann es unter besonderen Umständen den politischen Zielen entsprechen, investierbare Mittel in bestimmte Wirtschaftszweige zu lenken. Derartige Hilfen wurden beispielsweise in der Bundesrepublik in der Nachkriegszeit dem Wohnungsbau, dem Schiffbau und der Grundstoffindustrie zuteil. Sie werden meist dann erwogen, wenn kein funktionsfähiger Kapitalmarkt existiert und Mittel von den übrigen Unternehmen abgezogen werden sollen, die andernfalls dort zur Selbstfinanzierung verwandt würden. Es kommen hierfür die steuerliche Prämiierung einer entsprechenden Verwendung von Gewinnteilen und Zwangsanleihen in Betracht. Von Finanzinvestitionen durch den Staat selbst sei hier noch abgesehen.

Der steuerliche Anreiz, eigene Gelder Unternehmen anderer Wirtschaftszweige zur Investition als Kredite oder Beteiligungen zur Verfügung zu stellen, wird vornehmlich in der Form gewährt, daß diese Beträge – wenigstens zunächst – nicht der Steuer unterliegen. Schon aus diesem Grund werden hauptsächlich Unternehmen davon Gebrauch machen, deren Ge-

299 Vgl. Neumark, Fritz: Möglichkeiten einer finanzpolitischen Beeinflussung von Kapitalbildung und Kapitalverwendung. In: Kapitalbildung und Kapitalverwendung. Schriften des Vereins für Socialpolitik, NF, Bd. 5, Berlin 1953, S. 66 f.

winne einem relativ hohen (Grenz-)Steuersatz unterworfen sind. Zusätzliches privates Vermögen wird auf diese Weise nur in Höhe der gesparten Steuern gebildet – von den unten noch zu diskutierenden Sekundärwirkungen abgesehen.

Im Gegensatz dazu stellt die Auferlegung von Zwangsanleihen bereits einen Übergang zu direkten steuerlichen Eingriffen dar. Von diesen unterscheiden sie sich aber dadurch, daß die Steuerpflichtigen in entsprechendem Umfang Vermögen bilden (müssen) und dieses nicht wie bei den Finanzinvestitionen dem Staat zuwächst. Da hierbei auch mittlere Einkommensschichten erfaßt werden können, besteht außerdem eher die Möglichkeit einer Einschränkung des Konsums und damit eines erhöhten Sparens. Allerdings sollte dieser Effekt nicht zu hoch veranschlagt werden; denn die Einkommensbezieher in den untersten Stufen können kaum herangezogen werden.

Steuerliche Vorteile, die mit den Zwangsanleihen verbunden werden, um dem Eingriff einen Teil seiner Schärfe zu nehmen, wirken sich wieder aus den oben erwähnten Gründen zugunsten der Unternehmen und Personen mit hohem Einkommen aus.

Bei allen derartigen Maßnahmen bleibt die Frage offen, ob die Unternehmen, die investierbare Mittel zur Verfügung stellen (müssen), auch in entsprechendem Umfang auf eigene Investitionen verzichten. Wie sich aus dem 2. Kapitel ergibt, besteht hierfür keine Notwendigkeit. Die Unternehmen können in gleicher Weise wie bei einer Entziehung von Kaufkraft über Steuern versuchen, mit Hilfe zusätzlicher Kredite und über die daraus resultierenden Preiserhöhungen das eigene Investitionsvolumen aufrechtzuerhalten. Da, wie die Erfahrungen der Nachkriegszeit beweisen, eine Investitionsfinanzierung durch kurzfristige Kredite in vielen Wirtschaftszweigen durchaus möglich ist, kann in dem unzureichenden Kapitalmarktangebot kein hinreichendes Gegenargument erblickt werden, solange die Notenbank eine entsprechende Kreditschöpfung zuläßt. Eine derartige Reaktion der Unternehmen ist angesichts der Mehrnachfrage der Engpaßsektoren, denen die umgeleiteten Gelder zufließen, und der dadurch tendenziell steigenden Investitionsneigung der übrigen Bereiche nicht einmal unwahrscheinlich. Daß die geförderten Sektoren sich nicht selbst dieser Möglichkeit bedienen, hängt zumeist mit ihrer Investitionsstruktur zusammen; denn wenn sie, wie z. B. der Wohnungs- oder Schiffbau, auf langfristige Mittel zur Investitionsfinanzierung angewiesen sind, können sie nur in geringem Umfang kurzfristige Kredite verwenden.

In einem dritten Sinn sind Maßnahmen dieser Art für die Vermögensbildung von Bedeutung. Die Wirtschaftsbereiche, denen die Gelder als Kredite zufließen, können bemüht sein, sie im Laufe der Zeit durch eigene Mittel abzulösen. Verpflichtungen auf Grund von Krediten stellen einen der stärksten Anreize zum Sparen dar. Damit ist aber eine entsprechende Zurückhaltung im Konsum bzw. bei den Ausschüttungen verbunden.

Das Bemühen, erhaltene Kredite durch eigene Mittel zu ersetzen, ist allerdings in den einzelnen Wirtschaftszweigen sehr verschieden. Während es in der gewerblichen Wirtschaft durchaus zu den kaufmännischen Gepflogenheiten gehört, mit Krediten zu arbeiten, sind Privathaushalte stärker darauf bedacht, Schulden durch Ersparnisse abzudecken. Infolgedessen kann damit gerechnet werden, daß an private Haushalte gegebene Wohnungsdarlehen einen relativ starken Sparanreiz darstellen. Aber auch im gewerblichen Bereich – vor allem im kleingewerblichen – lassen sich ähnliche Tendenzen feststellen.

6. Finanzinvestitionen als Mittel zur Beeinflussung privater Investitionstätigkeit

Außer von den Steuern und ihrer Gestaltung gehen auch von den Staatsausgaben vielfältige Wirkungen auf die private Vermögensbildung und -verteilung aus. Auf die grundlegenden Zusammenhänge zwischen den öffentlichen Ausgaben für Güter und Dienstleistungen und der Investitionsneigung der Privatwirtschaft wurde bereits im zweiten Kapitel eingegangen. Desgleichen wurden dort die Wirkungen der Finanzinvestitionen [300] im allgemeinen besprochen. Es müssen hier jedoch noch einige spezielle Gesichtspunkte nachgetragen werden.

Die Finanzinvestitionen sind in den letzten Jahrzehnten, vor allem aber in den Nachkriegsjahren, zu einem der wichtigsten Instrumente der staatlichen Investitionsbeeinflussung geworden. Alle Industriestaaten der westlichen Welt haben sich ihrer in mehr oder weniger starkem Maße bedient [301]. Um die Investitionstätigkeit einzelner Wirtschaftsbereiche zu forcieren, um Kriegsverluste auszugleichen, soziale Notstände zu beheben und aus vielen anderen Gründen, wurde und wird ein beachtlicher Teil der öffentlichen Ausgaben den zu fördernden Sektoren als Kredit zur Verfügung gestellt. Vor allem gelangen der Wohnungsbau, daneben aber auch die Landwirtschaft, der gewerbliche Bereich – speziell die Klein- und Mittelbetriebe –

[300] Der Begriff der Finanzinvestitionen umschließt, wie erwähnt, die Kredite, die die öffentliche Hand zur Förderung der privaten Investitionen gewährt.

[301] Als Beispiele seien die relativ hohen Finanzinvestitionen Frankreichs und Großbritanniens genannt: Coulbois, Paul: Les Finances Publiques de la France, FA, Bd. 17, S. 442; und: National Income and Expenditure 1960, a. a. O., S. 49.

und die Verkehrswirtschaft in den Genuß solcher Hilfen. Diese Art der Finanzinvestitionen ist in der Regel mit spürbaren Vergünstigungen ausgestattet. Davon sind die Kredite öffentlicher Institutionen zu unterscheiden, die zu Kapitalmarktbedingungen dem privaten Bereich zufließen. Es handelt sich bei diesen Geldern vornehmlich um Finanzinvestitionen öffentlich-rechtlicher Sondervermögen, wie der Sozialversicherung, der Pensionsfonds usw., die ihre Überschüsse – soweit sie nicht durch Vorschriften gebunden sind – nach privatwirtschaftlichen Maßstäben anlegen. Selbst wenn einzelne Wirtschaftsbereiche, wie der Wohnungsbau, dabei bevorzugt werden, sind mit diesen Finanzinvestitionen weder direkt noch indirekt Subventionen verbunden. Ihr Einfluß auf die private Vermögensbildung beschränkt sich auf die möglichen Veränderungen des Gesamtvolumens der privaten Investitionen.

Die Vermögenswirkung der ersten Art der Finanzinvestitionen geht darüber hinaus. Kredite, die zu günstigeren als Kapitalmarktbedingungen gegeben werden, enthalten im Umfang dieser Begünstigung eine Subvention. Sie weisen somit eine große Ähnlichkeit mit Zinssubventionen auf. Infolge des Subventionscharakters der Finanzinvestitionen ist es nicht exakt, sie in voller Höhe als Vermögensbildung des Staates anzusehen [302], obgleich in der volkswirtschaftlichen Vermögensrechnung in der Regel derart verfahren wird. Der Gegenwartswert solcher Darlehen ist geringer als die gewährte Darlehenssumme. Die Differenz ist keineswegs unbedeutend; sie kann bei entsprechenden Bedingungen mehr als die Hälfte des Gesamtbetrages ausmachen [303]. Wer allerdings die Begünstigten sind und ob die Subvention eine Vermögensbildung beim Empfänger bedeutet bzw. nach sich zieht, kann nicht generell gesagt werden. Der Subventionsempfänger wird nur dann in Höhe der Differenz zwischen Kreditbetrag und Gegenwartswert einen Vermögensvorteil erfahren, wenn er nicht die Vergünstigung an andere weiter-

[302] Vgl. Kronenberg, Friedrich: Beeinflussung der Vermögensverteilung ..., a. a. O., S. 71 f.

[303] Der Gegenwartswert (G) eines niederverzinslichen Darlehens errechnet sich aus dem Verhältnis der Annuität desselben (A_1) zu der Annuität eines gleich hohen Kredits unter Kapitalmarktbedingungen (A_2). Die Höhe der Annuität ergibt sich aus der Rentenbarwertformel:

$$A = \frac{K}{a}$$

wobei K gleich dem Kreditbetrag und

$$a = \frac{q^n - 1}{q^n (q-1)}$$

Der Gegenwartswert ist dementsprechend:

$$G = \frac{A_1}{A_2} = \frac{K}{a_1} : \frac{K}{a_2} = \frac{a_2}{a_1}$$

Er ist abhängig von der Höhe des zu zahlenden Zinssatzes, dem Marktzins und der Länge geben muß. Letzteres ist z. B. der Fall, wenn mit der Begünstigung zugleich auch der Preis der erzeugten Güter und Leistungen entsprechend unterhalb des Marktpreises festgelegt wird. So werden zinsverbilligte Kredite im Wohnungsbau, mit denen die Festsetzung einer »Kostenmiete« verbunden ist, mehr den Mietern als dem Bauherrn zugute kommen. Die relativ niedrigere Miete bedeutet zwar für den Mieter eine Erhöhung seines Lebensstandardes; ihm werden gleichsam durch die Hilfe des Staates Leistungen kostenlos gewährt. Jedoch findet keine unmittelbare Vermögensbildung in Privathand statt.

Werden dagegen Finanzinvestitionen ohne eine derartige Auflage gewährt, erhält der Subventionsempfänger eine Vergünstigung, die sich bei ihm als Vermögenszuwachs niederschlägt. Der Staat trägt unter dieser Voraussetzung in entsprechendem Umfang zur privaten Vermögensbildung bei. Durch die hohen Beträge an Finanzinvestitionen, die vor allem in den Jahren seit Beendigung des letzten Krieges in den meisten westlichen Ländern gewährt wurden, hat demnach die öffentliche Hand in erheblichem Umfang Größe, Struktur und Verteilung des privaten Vermögenszuwachses beeinflußt [304].

Da die Vermögenswirkungen in der Regel nicht das Ziel der Finanzinvestitionen sind, lassen sich auch keine allgemeinen eindeutigen Aussagen über die Einflüsse auf die Vermögensverteilung machen. Sowohl Nivellierungs- wie Konzentrationstendenzen können damit verbunden sein. Die Subventionseigenschaft läßt in stärkerem Maße als steuerpolitische Maßnahmen einen brennpunktmäßigen Einsatz zu. Finanzinvestitionen eignen sich mithin auch in hohem Grade als Mittel der Politik der Vermögensverteilung.

der Tilgungsperiode. Bei einem Marktzins von 7 % beträgt beispielsweise der Gegenwartswert i. v. H. der Kreditsumme bei verschiedenen Zinsraten und Laufzeiten:

Zins / Laufzeit	1%	3%	5%
5 Jahre	84,5%	89,5%	94,7%
10 Jahre	72,2%	82,6%	91,0%
20 Jahre	58,7%	71,2%	83,9%
30 Jahre	48,1%	63,3%	80,7%
50 Jahre	35,2%	53,6%	75,6%

304 Wie oben bereits erwähnt, geht der Einfluß der Finanzinvestitionen auf die private Vermögensbildung noch über diesen Effekt hinaus, da häufig eine eigene Sparleistung zur Voraussetzung der Gewährung gemacht wird und da zur Tilgung der Kredite in späteren Jahren ein entsprechendes Sparen erforderlich ist – wenigstens wenn die Rückzahlung schneller als die Abschreibung erfolgt.

Sechstes Kapitel

Sonderprobleme der Erbschaftsteuer

Die Erbschaftsteuer hebt sich vor allem dadurch von den übrigen Steuern ab, daß sie jährlich nur einen kleinen Teil der Steuerpflichten trifft und wie keine andere Steuer, auch nicht die Vermögensabgaben, eine Vermögenssubstanzsteuer ist. Sie bedarf daher gerade unter dem Gesichtspunkt der Vermögensbildung und -verteilung einer besonderen Beachtung.

Um die Erbschaftsteuer richtig beurteilen zu können, ist eine scharfe Trennung zwischen den einzelwirtschaftlichen und den gesamtwirtschaftlichen Aspekten erforderlich. Einzelwirtschaftlich, d. h. im Hinblick auf die Erbmasse, bedeutet die Erbschaftsteuer in den meisten Fällen einen Eingriff in die Vermögenssubstanz. Nur bei sehr niedrigen Sätzen oder bei einer Stundung der Steuerschuld über einen entsprechend langen Zeitraum kann die Steuer aus den Erträgen des Vermögens aufgebracht werden [305]. Gesamtwirtschaftlich tritt demgegenüber keine Verminderung des Volksvermögens ein; denn durch die Entrichtung der Erbschaftsteuer wird kein Realkapital vernichtet. Wenn der Erbe gezwungen ist, zur Begleichung der Steuer einen Teil des Erbes zu verkaufen, gehen diese Vermögensbestandteile nur in andere Hände über [306].

Das heißt allerdings nicht, die gesamte private Vermögensbildung werde durch die Erbschaftsteuer nicht berührt. Bei der Veräußerung von Teilen des Erbgutes werden Ersparnisse anderer Personen gebunden, die sodann als Steuer an den Staat abgeführt werden. Unabhängig davon, ob dieser sie verbraucht oder für eigene Investitionen verwendet, wird dadurch die private Vermögensbildung zunächst einmal beschnitten. Das wirtschaftliche Problem der Erbschaftsteuer liegt also nicht darin, daß sie vorhandenes Vermögen vernichtet, sondern daß sie die laufende Kapitalbildung tendenziell vermindert.

[305] Ob die Erbschaftsteuerversicherung eine Modifizierung dieser Zusammenhänge darstellt, ist eine Sache der Auffassung. Hält man die Aufbringung der Versicherungsprämien für Vorauszahlungen aus dem laufenden Einkommen, so bekommt die Erbschaftsteuer Ähnlichkeit mit einer Vermögensertragsteuer. Mit gleichem Recht kann man aber auch in der Erbschaftsteuerversicherungssumme einen Teil des Vermögens sehen, das durch die Steuer reduziert wird. Es liegt dann eine weitgehende Parallelität zu einer Lebensversicherung vor, die mit zum Vermögen rechnet – allerdings mit dem Unterschied, daß die Freistellung der Erbschaftsteuerversicherungssumme faktisch eine Reduzierung des Steuersatzes bedeutet.

[306] Vgl. Shultz, William J.: The Taxation of Inheritance, Boston 1926, S. 202 f. Nur wenn die Erbschaftsteuer aus Abschreibungsbeträgen bezahlt wird, könnte auch gesamtwirtschaftlich eine Verminderung des Vermögensbestandes eintreten.

Es handelt sich hierbei nur um eine Tendenz [307]; denn unter bestimmten Voraussetzungen kann, wie dargelegt, gesamtwirtschaftlich auch diese Steuer »überwälzt« werden. Wenn die Investitionen der Privatwirtschaft nicht absinken, d. h. wenn die im zweiten Kapitel aufgeführten Voraussetzungen, vor allem die notwendige Elastizität des Geldangebotes, gegeben sind, wird durch eine entsprechende Erhöhung der Unternehmereinkommen ein Rückgang der privaten Vermögensbildung vermieden. Die Erbschaftsteuer ist unter diesem Aspekt nicht anders zu beurteilen als jede andere Gewinnsteuer. Hier wird besonders deutlich, wie wenig entscheidend das Verhalten des einzelnen von der Erbschaftsteuer Belasteten ist. Ausschlaggebend ist die private Investition insgesamt. Für den einzelnen Steuerpflichtigen bleibt weiterhin die Steuer faktisch nicht überwälzbar, wohl aber kann eine entsprechende Wirkung in der Gesamtwirtschaft eintreten.

Von den genannten Voraussetzungen hängt es also ab, ob und inwieweit der private Vermögenszuwachs insgesamt durch die Erbschaftsteuer beeinträchtigt wird. Darüber hinaus sind aber noch die indirekten Einflüsse auf die Sparneigung zu berücksichtigen [308]. Was zunächst die Bereitschaft, Vermögen zu bilden, anlangt, so gibt es einige Argumente, die auf eine Stärkung, und andere, die auf eine Schwächung hindeuten. Wer das Ziel verfolgt, seinen Nachkommen ein bestimmtes Vermögen zu hinterlassen, wird durch die Erbschaftsteuer eher zu einer erhöhten Vorsorge veranlaßt. Der Gedanke, daß ein Teil des Vermögens an den Staat fällt, kann aber auch zu gegenteiligem Handeln verleiten. Berücksichtigt man, daß die Sparmotive in den meisten Fällen, vor allem auch bei jüngeren Menschen, kaum von dem Gedanken an die von den Erben zu zahlenden Steuern beeinflußt werden und daß in den obersten Einkommensschichten Vermögen weitgehend »automatisch« angesammelt wird, scheint die Erbschaftsteuer – abgesehen von konfiskatorischen Sätzen – relativ neutral in ihrem Einfluß auf die Sparneigung zu sein. Auf jeden Fall wirken die übrigen Gewinnsteuern stärker darauf ein [309]. Auf der anderen Seite wird jedoch durch die Bestimmungen des Erbschaftsteuerrechtes, die Höhe der Steuersätze und die

[307] In der Literatur wird zumeist die Ansicht vertreten, die private Kapitalbildung werde auf jeden Fall beeinträchtigt. Vgl.: Ritschl, Hans: Erschaftsteuer. In: HdSw, S. 276 f.

[308] Zu beachten bleibt dabei, daß ein recht beträchtlicher Teil der Vermögen, vor allem auch der großen Vermögen, weniger durch Sparen als durch »wind-fall-gains« entsteht. Vgl. Vegh, Imrie de: Effects of Death Duties. In: Can. Tax J., Jg. 2, 1954, S. 35.

[309] Vgl. Neumark, Fritz: Möglichkeiten einer finanzpolitischen Beeinflussung von Kapitalbildung und Kapitalverwendung, a. a. O., S. 69; und: Harriss, C. Lowell: Economic Effects of Estate and Gift Taxation. In: Federal Tax Policy ... Papers, a. a. O., S. 163 f. Hoover, Glenn E.: The Economic Effects of Inheritance Taxes. In: AER, Bd. 17, 1927, S. 45 ff. Eine gegenteilige Ansicht vertritt Schumpeter [Joseph: Die Erbschaftsteuer. In: Der deutsche Volkswirt, 3. Jg., 1928/29, 1. Hb., S. 112], doch sind seine Argumente polemisch überspitzt.

Ausnahmeregelungen die testamentarische Verfügung über das Erbgut stark berührt [310]; auch hierdurch ergeben sich Rückwirkungen auf die Vermögensverteilung.

Aber auch die Sparneigung des Erben bleibt durch die Erbschaftsteuer nicht unbeeinflußt. Da der Erbe aus dem ihm zufallenden Vermögen die Steuer abführen muß, kann sie unter Umständen bei ihm einen Sparanreiz hervorrufen. Besteht das Erbe beispielsweise aus einem größeren Vermögensobjekt oder einer geschlossenen Vermögensmasse – einem Haus, einem Hof oder einer Unternehmung –, wird der Erbe in den meisten Fällen versuchen, die Erbschaftsteuer nicht aus dem Erbe, sondern aus anderen Quellen zu bestreiten, um eine Veräußerung des Ererbten zu vermeiden. Verfügt er nicht über genügend liquide Mittel, wird er entsprechend sparen müssen. Ob dabei die Erbschaftsteuer zunächst durch Kredite zwischenfinanziert wird oder ob sie – wie das unter bestimmten Voraussetzungen auf Grund der Erbschaftsteuergesetze möglich ist – gestundet wird, stets ist ein Sparen erforderlich [311]. Die Erbschaftsteuer sollte daher nicht ausschließlich als destruktiv für das Sparen angesehen werden [312].

Als Argument für eine hohe Erbschaftsteuer ist angeführt worden, daß der Erbe durch sie in stärkerem Maße auf eigenen Einkommenserwerb und eigene Vermögensbildung angewiesen werde [313]. Dieser Gedanke ist nicht völlig von der Hand zu weisen; denn bei entsprechend hohen Erbschaftsteuersätzen würde die Möglichkeit, aus den Erträgnissen ererbten Vermögens zu leben, stark beschnitten. Dadurch würde das Arbeitsangebot – wenn auch in sehr geringem Umfang – steigen. Ob der Gesamtbetrag des

[310] So trägt z. B. die Steuerbegünstigung von Stiftungen vor allem in den USA dazu bei, daß außerordentlich hohe Beträge diesem Verwendungszweck zugeführt werden. Vgl. Vegh, Imrie de: Effects of Death Duties, a. a. O., S. 36.

[311] Allerdings sollte beachtet werden, daß es sich hierbei nicht gänzlich um ein zusätzliches Sparen handeln muß.

[312] Vgl. die Beiträge von Feiler, Popitz und Colm: Probleme der Erbschaftsteuererhöhung. In: Kapitalbildung und Steuersystem. Verhandlungen und Gutachten der Konferenz von Eilsen, Tl. 2, Berlin 1930, S. 4–11 und das Gutachten von Mann, Fritz Karl: Die Erhöhung der Erbschaftsteuer, ebda., S. 465. Ferner: Christmann, Walter: Die Theorie der Erbschaftsteuer und ihre finanzpolitische Problematik, Diss., Frankfurt 1939, S. 47.

[313] Vgl. z. B. die beiden Vorschläge von Meade und Rignano. Meade rät, den Betrag nach oben zu begrenzen, den ein einzelner während seines Lebens an Erbschaften oder Schenkungen entgegennehmen kann oder wenigstens von diesem Betrage an eine sehr hohe Progression einzuführen. (Meade, James Edward: Probleme nationaler und internationaler Wirtschaftsordnung. Tübingen 1955, S. 49 ff.) Um die Steuerpflichtigen anzuhalten, selbst stärker Vermögen zu bilden und sich nicht mit dem Ererbten zu begnügen, und um das Rentnertum weitgehend einzuschränken, entwickelte Rignano den Plan, ererbtes Vermögen innerhalb von drei Generationen wegzusteuern. (Rignano, Eugenio: The Social Significance of the Inheritance Tax, New York 1924, bes. S. 20 ff.). Dieser Vorschlag wird von Mann (Fritz Karl: Steuerpolitische Ideale, Jena 1937, S. 320 f.) scharf kritisiert: „Nur ein sozialistisch angehauchter Fortschrittsmann konnte einen Plan entwerfen, der die Familien mit altem Wohlstand bestrafte und die ›Neureichen‹ prämierte.«.

privaten Vermögens erhalten bliebe oder sogar steigen würde, hängt von den gegebenen Voraussetzungen ab. Es sollten allerdings auch die Gefahren von mit Übersteigerungen verbundenen bedenklichen Nebenwirkungen nicht übersehen werden: Die Institution der Erbschaft ist nämlich ein notwendiger Bestandteil des Privateigentums, auf dem unsere Wirtschaftsordnung aufbaut. Hinzu kommt die soziale Bedeutung, die das Erbe für die Verbundenheit innerhalb der Familien haben kann [314].

Stärkere Wirkungen als auf die Vermögensbildung übt jedoch die Erbschaftsteuer auf die Vermögensverteilung aus. Die mit der in der Regel erfolgenden Aufteilung des Erbgutes auf verschiedene Erben verbundene Vermögensnivellierung wird durch die Steuer verstärkt. Da der einzelne Erbe keine Möglichkeit zur Überwälzung der Erbschaftsteuer hat, ergibt sich somit eine relativ starke Tendenz zu einer gleichmäßigeren Vermögensverteilung. Die Erbschaftsteuer ist daher bei entsprechender Gestaltung der Steuersätze – wie das angelsächsische Beispiel zeigt [315] – durchaus in der Lage, die Vermögenskonzentration zu vermindern.

Es darf allerdings nicht übersehen werden, daß einer Nivellierung Grenzen gesetzt sind; denn ein recht beträchtlicher Teil der großen Vermögen stammt nicht aus ererbtem Besitz. Da sich bei den heutigen Wachstumsraten der Wirtschaft das Volksvermögen im Laufe einer Generation mehr als verdoppelt [316], ist immer nur ein Teil des Vermögens ererbt. Bei den größeren Vermögen ist der Anteil infolge überdurchschnittlicher Wachstumsraten noch geringer; das stärkere Wachstum dieser Vermögen ergibt sich schon daraus, daß ein relativ kleiner Teil der Erträgnisse verbraucht wird [317].

Mit dem Versuch, mittels der Erbschaftsteuer die Vermögensverteilung gleichmäßiger zu gestalten, ist das Problem verbunden, daß die einzelnen Unternehmen durch die Steuer unterschiedlich betroffen werden. Personalunternehmen und – mit Einschränkungen – auch familiengebundene Kapitalgesellschaften müssen bei einem Erbfall einen Teil ihrer Mittel für die

[314] Negative Auswirkungen dieser Art können sich beispielsweise dann ergeben, wenn die Erbschaftsteuer den Verkauf eines landwirtschaftlichen Besitztums erfordert. Vgl. Shultz, William J.: The Taxation of Inheritance, a. a. O., S. 208 f.

[315] Vgl. Weise, Herbert: Die Steuern im Vereinigten Königreich, a. a. O., S. 208 ff. und Harris, C. Lowell: Economic Effects of Estate and Gift Taxation, a. a. O., S. 856 f.

[316] Das USamerikanische Volksvermögen ist beispielsweise von 1900 bis 1956, also in knapp zwei Generationen, von 88 Md. $ auf 1448 Md. gestiegen. Auch wenn man die Preisveränderungen ausschaltet, bleibt eine Zunahme von mehr als 100 % in einer Generation. Vgl. Statistical Abstract of the United States 1959, Tab. 422 u. 423.

[317] Doch sollte auch die Bedeutung des ererbten Vermögens nicht unterschätzt werden, zumal dieses in der Regel die Ausgangsbasis für den weiteren Vermögenszuwachs abgibt. Vgl. die empirische Untersuchung von Wedgewood, J.: The Influence of Inheritance on the Distribution of Wealth. In: Ec. J., Bd. 38, 1928, S. 55.

Bezahlung der Erbschaftsteuer aufbringen. Sie erleiden dadurch zumindest einen Wachstumsverlust, müssen neue Teilhaber aufnehmen und unter Umständen sogar verkauft werden. Die großen Kapitalgesellschaften werden im Gegensatz dazu durch die Erbschaftsteuer der Aktionäre in ihrer Substanz und ihrem Wachstum nicht berührt. Werden bei einem Erbfall Aktien abgestoßen, treten lediglich neue Anteilseigner hinzu. Der Erbschaftsteuer ist damit die Tendenz eigen, das Wachstum der Personalunternehmen zu hemmen und die Stellung und Ausbreitung der Kapitalgesellschaften zu stärken [318]. Besitzer kleiner Unternehmen werden darüber hinaus, wie amerikanische Untersuchungen zeigen [319], schon zu Lebzeiten veranlaßt, ihre Firmen in größeren Kapitalgesellschaften aufgehen zu lassen, um auf diese Weise die Erben vor Schwierigkeiten zu bewahren. Auch aus den genannten Konzentrationstendenzen ergeben sich Folgen für die Vermögensverteilung.

[318] Für die konkrete Ausgestaltung der Erbschaftsteuer können demnach starke Zielkollisionen auftreten. Beispielsweise können die Zielsetzung einer Vermögensnivellierung und mittelstandspolitische Ziele widerstreiten.

[319] Vgl. Somers, Harold M.: Estate Taxes and Business Mergers: The Effect of Estate Taxes on Business Structure and Practices in the United States. In: The J. of Finance, Bd. 13, 1958, S. 201 ff.

Siebtes Kapitel

Die staatliche Schuldenpolitik in ihrer Rückwirkung auf die private Vermögensbildung

In den bisherigen Ausführungen traten die Probleme des öffentlichen Kredits weitgehend zurück; die Steuern wurden als alleinige Einnahmequelle des Staates unterstellt. Diese Voraussetzung soll jetzt fallengelassen werden.

Die Aufnahme einer öffentlichen Schuld berührt unmittelbar die private Vermögensbildung [320]. Werden Staatsausgaben nicht durch Steuern, sondern durch Kredite finanziert, wird das Einkommen der Steuerpflichtigen entsprechend geschont. Da die vom Staat ausgegebenen Wertpapiere von den einzelnen Kreditgebern als Vermögen angesehen werden, scheint auf den ersten Blick eine private Vermögensbildung in Höhe der Verschuldung des Staates zusätzlich zu erfolgen.

Betrachtet man indes die gesamtwirtschaftlichen gütermäßigen Zusammenhänge, so zeigt sich, daß jede Ausgabe des Staates – mag sie durch Steuern oder Kreditnahme finanziert werden – einen Teil des Sozialproduktes beansprucht; der Staat greift in dessen Verwendung ein. Der private Anteil, der private Konsum oder die private Investition, müssen in beiden Fällen entsprechend reduziert werden. Gütermäßig gesehen, liegt also zwischen Kredit- und Steuerfinanzierung kein Unterschied vor [321].

Daraus darf allerdings nicht geschlossen werden, sie würden im Urteil der Steuerpflichtigen gleich bewertet. Für die Einkommensbezieher besteht ein wesentlicher Unterschied je nachdem, ob sie Einkommensteile als Steuer abführen oder zur Zeichnung von Staatspapieren verwenden. Sie werden stets der Ansicht sein, daß ihnen bei der kreditären Finanzierung von Staatsausgaben Vermögenswerte verbleiben [322]. Daß gesamtwirtschaftlich eine derartige Vorstellung ein Fiktion ist – die Gesellschaft verschuldet sich nur bei sich selbst –, bleibt dem einzelnen verborgen. Aber selbst wenn er es wüßte, wäre es für ihn nicht bedeutungsvoll; denn er kann jederzeit über die Staatspapiere wie über andere Vermögenswerte verfügen.

Auch ist für ihn kaum von Belang, daß bei einer Tilgung der Staatsschuld das Steueraufkommen c. p. erhöht werden muß. Er selbst wird nur zu einem

[320] Die konjunkturellen Aspekte des öffentlichen Kredits können in diesem Zusammenhang nur am Rande erwähnt werden.

[321] Vgl. Timm, Herbert: Gedanken zur Staatsverschuldung. In: FA, Bd. 9, 1943, S. 632.

[322] Vgl. Musgrave, Richard A.: Theorie der öffentlichen Schuld, HdF, 2. Aufl., Bd. 3, S. 72 f.

kleinen Teil dazu herangezogen werden, sofern die Tilgung nicht sogar späteren Generationen aufgelastet wird.

Zur Beantwortung der viel diskutierten Frage, ob eine derartige Lastverteilung zwischen den Generationen überhaupt erreicht werden kann, ist demnach eine exakte Trennung zwischen der gütermäßigen Betrachtung und dem Vermögensaspekt der privaten Haushalte vorzunehmen [323]. Gütermäßig muß jede erhöhte Inanspruchnahme des Sozialprodukts durch den Staat unabhängig von der Finanzierungsart aus dem laufenden Sozialprodukt genommen werden [324]; das private Vermögen kann jedoch steigen. Ob die gesamte private Vermögensbildung zunimmt oder ob lediglich eine Umschichtung in ihrer Struktur durch die Aufnahme staatlichen Kredits eintritt, hängt von dessen Einfluß auf die Höhe der privaten Investitionen ab. Für die Art dieses Einflusses ist es von erheblicher Bedeutung, bei wem sich der Staat verschuldet. Handelt es sich um den Nicht-Bankensektor [325], so vermindert sich durch die Kreditnahme tendenziell das Kapitalmarktangebot zur Finanzierung privater Investitionen. Werden diese eingeschränkt, wird das Wachstum der Wirtschaft verlangsamt. Die gesamte private Vermögensbildung wird allerdings nicht tangiert; es tritt lediglich eine Verlagerung in den Ansprüchen der Vermögensbesitzer von Privaten zum Staate hin ein.

Eine Einschränkung der privaten Investitionen in Höhe der zusätzlichen staatlichen Verschuldung muß jedoch nicht notwendigerweise erfolgen. Einmal kann in einer Situation des Übersparens die Kreditnachfrage der öffentlichen Hand aus den Sparbeträgen befriedigt werden, die über den Umfang der privaten Investitionen hinausgehen. Zum anderen können trotz der erhöhten staatlichen Kreditnahme die privaten Investitionen mit Hilfe zusätzlicher Kredite aufrechterhalten werden.

Die beiden Fälle treffen auf zwei konjunkturell weitgehend konträre Situationen zu. Während ein Übersparen kennzeichnend für den Konjunkturabschwung ist oder ihn gar auslöst, wird eine Finanzierung der Investitionen über zusätzliche Kredite meist nur dann erfolgen, wenn die Investiti-

[323] Vgl. Haller, Heinz: Zur Problematik der Kreditfinanzierung öffentlicher Ausgaben. In: FA, Bd. 19, 1959, S. 75 f. Albers, Willi: Staatsverschuldung und Geld- und Kreditpolitik. In: FA Bd. 21, 1961, S. 28 ff. Im Gegensatz dazu gelangt Buchanan zu einer anderen Ansicht, weil er die beiden Aspekte vermengt. Buchanan, James M.: Public Principles of Public Debt, Homewood, 1958, S. 34 f.

[324] In einer unterbeschäftigten Wirtschaft kann zwar das Sozialprodukt durch die Mehrnachfrage des Staates unter bestimmten Bedingungen steigen; doch ergibt sich auch unter dieser Voraussetzung ein entsprechender Verzicht des privaten Sektors in der Verwendung von Gütern und Diensten infolge des »lag« zwischen Einkommensentstehung und Einkommensverwendung.

[325] Privatpersonen, Unternehmen und institutionelle Kapitalsammelstellen, die nicht zu den Banken gehören, wie Lebensversicherungen usw.

onsneigung recht stark ist – also vor allem in Zeiten einer Prosperität. Im ersten Falle wird demnach durch die staatliche Kreditnahme [326] nicht nur ein antikonjunktureller Effekt ausgeübt, sondern insgesamt auch die private Vermögensbildung als Summe der privaten Investitionen und der Zunahme der Forderungen gegenüber dem Staat erhöht. Dabei ist es unerheblich, ob der Staat diese Gelder investiert oder verbraucht. Die antizyklische Wirkung ergibt sich daraus, daß durch das Übersparen ausfallende Nachfrage im privaten Bereich durch staatliche Nachfrage ersetzt und so die Gefahr eines Rückschlages aufgehoben oder vermindert wird.

Stärkeres Gewicht kommt indes derzeit dem zweiten Fall zu. Die Unternehmen, deren Investitionsmöglichkeiten durch die Kreditnahme des Staates (tendenziell) beschnitten werden, können nur durch steigende Zinssätze und Kreditbeschränkungen zu einer Verminderung ihres Investitionsvolumens veranlaßt werden. Daß die Investitionsneigung zurückgeht, ist völlig unwahrscheinlich; denn durch die vermehrte Nachfrage des Staates wird ein neuer Investitionsanreiz hervorgerufen [327]. Sind die Banken zu einer Ausweitung des Kreditvolumens bereit, d. h. ist das Geldangebot genügend elastisch, kann die Privatwirtschaft ihre Investitionen trotz der Kreditnahme des Staates aufrechterhalten. Allerdings werden dadurch in einer vollbeschäftigten Wirtschaft Preissteigerungstendenzen ausgelöst, sofern die Mehrnachfrage nicht aus dem wachsenden Sozialprodukt befriedigt werden kann.

Überträgt man die Ergebnisse des ersten Teils der Arbeit auf die Kreditnahme des Staates, so ist kaum zu erwarten, daß die Staatsverschuldung die privaten Investitionen wesentlich beeinträchtigt, wie dies meist in der Literatur angenommen wird [328]. Es ist vielmehr eine Ausweitung der Geldmenge über zusätzliche Kredite wahrscheinlich; in einer wachsenden Wirtschaft kann mit einer genügend großen Elastizität des Geldangebots in der Regel gerechnet werden.

Die private Vermögensbildung steigt somit über die unverminderten privaten Investitionen hinaus um die Zunahme der Forderungen gegenüber dem Staat an. Die Geldschöpfung zieht eine entsprechende Erhöhung der

[326] Unter der Voraussetzung der Verausgabung des Geldes durch den Staat, die hier stets gemacht wird.

[327] Der sog. Vermögenseffekt der öffentlichen Kreditnahme, den Musgrave herausstellt und der die Zunahme des privaten Verbrauchs mit steigendem liquiden Vermögen zum Ausdruck bringen soll, wirkt in die gleiche Richtung. Doch dürfte ihm kaum größere quantitative Bedeutung zukommen. Vgl. Musgrave, Richard A.: Theorie der öffentlichen Schuld, a. a. O., S. 94 ff.

[328] Vgl. Nöll von der Nahmer: Kredit, öffentlicher. In: HdSW, Bd. 6, S. 342; Föhl, Carl: Kredit II, Theorie, ebenda, S. 313. Mit Einschränkungen auch Haller, Heinz: Zur Problematik der Kreditfinanzierung . . ., a. a. O., S. 78 ff. unter Berücksichtigung von S. 88.

Vermögensbildung nach sich [329]. Allerdings sind die Zusammenhänge komplex und indirekter Art [330].

Ähnliches trifft auch im Hinblick auf die private Vermögensbildung zu, wenn sich der Staat nicht bei Privaten, sondern bei der Zentralbank [331] oder bei den Privatbanken verschuldet und diese die (Bar- bzw. Buch-)Geldmenge entsprechend ausdehnen [332]. Die Geldschöpfung ist in diesem Falle bereits unmittelbar mit der staatlichen Kreditnahme verbunden. Die erhöhte Geldmenge wird – über Preissteigerungen oder bei wachsendem Sozialprodukt über ein relatives Zurückbleiben des privaten Verbrauchs – eine Umschichtung in der Verwendung des Sozialproduktes bedingen.

Die Unterschiede zur Kreditnahme bei Privaten und nachfolgender Geldmengenvermehrung liegen darin, daß jetzt die privaten Haushalte keine Forderungen gegen den Staat erhalten; die private Vermögensbildung steigt über die Höhe der privaten Investitionen hinaus um die zusätzliche Kassenhaltung im Umfang der Expansion des Geldvolumens. In gleicher Weise wie im ersten Fall ist infolgedessen zugunsten des Staates auf Konsum (oder eine Ausweitung des Konsums) verzichtet worden – unter der Voraussetzung einer Konstanz der privaten Investitionsquote.

Insgesamt ergibt sich damit, daß unabhängig davon, bei wem sich der Staat verschuldet, die Auswirkungen weitgehend übereinstimmen, sofern die privaten Investitionen keine Einschränkung erfahren. Wächst durch die Verschuldung mittelbar oder unmittelbar die Geldmenge, so erhöht sich

[329] Diese Beziehungen zwischen Zunahme der Geldmenge und Vermögensbildung sind für eine wachsende Wirtschaft allgemein von Bedeutung. Da mit steigendem (realem) Sozialprodukt die Geldmenge erhöht werden muß, wenn das Preisniveau stabil bleiben soll, wird fortlaufend ein beachtlicher Teil der Investitionen (der volkswirtschaftlichen Vermögensbildung) auf diese Weise und nicht durch »echte« Ersparnisse finanziert. Die vergrößerte Kassenhaltung aller Unternehmen und Haushalte stellt gesamtwirtschaftlich einen entsprechenden Sparprozeß dar. So wurden beispielsweise in der Bundesrepublik in den vergangenen Jahren nicht weniger als 10–15 % der gesamten privaten Vermögensbildung auf diese Weise gedeckt, wie sich aus der Statistik der Vermögensbildung errechnen läßt. (Vgl. Die Vermögensbildung und ihre Finanzierung im Jahre 1959, a. a. O., S. 57 u. S. 67 ff.) Sowohl bei einer Steigerung des Sozialproduktes in einer unterbeschäftigten Wirtschaft wie bei dessen Anstieg (durch Produktivitätsfortschritte) unter Vollbeschäftigungsbedingungen sind derartige Zusammenhänge gegeben. (Vgl. Preiser, Erich: Geldschöpfung oder Sparen? In: Bildung und Verteilung des Volkseinkommens, a. a. O., S. 22.) Der scheinbare Gegensatz zu Stützel ergibt sich daraus, daß in der vorliegenden Untersuchung der Vermögensbegriff nur auf die privaten Haushalte bezogen ist und kein Metallgeld berücksichtigt wird. (Vgl. Stützel, Wolfgang: Volkswirtschaftliche Saldenmechanik. Tübingen 1958, S. 77 f.)

[330] Vgl. Föhl, Carl: Geldschöpfung und Wirtschaftskreislauf, a. a. O., S. 114 ff. Und Littmann, Konrad: Über einige Zwangsläufigkeiten . . ., a. a. O., S. 213 f.

[331] Es liegt hier nichts anderes vor als eine tendenziell inflationäre Ausweitung der Geldmenge zur Deckung von Budgetdefiziten.

[332] Finanzieren die Banken die Kreditgabe an den Staat aus Spareinlagen, folgt daraus eine entsprechende Verminderung der Investitionsmöglichkeiten privater Investoren. Die Wirkungen stimmen dann mit den oben beschriebenen überein.

entsprechend die Kassenhaltung im privaten Bereich. Dadurch findet eine Zunahme des privaten Vermögens – allerdings in Form liquider Mittel – statt. Kommt es nicht zu einer Ausweitung des Geldvolumens, geht die staatliche Verschuldung auf Kosten der privaten Investitionen, da dieser Finanzierungsmittel entzogen werden[333].

Die private Vermögensbildung erfährt immer dann eine Ausweitung, wenn die Staatsverschuldung zu Lasten des Konsums geht. Werden jedoch die privaten Investitionen durch sie reduziert, bleibt die gesamte private Vermögensbildung konstant, es tritt aber eine Verlagerung von einer Beteiligung am Kapitalzuwachs der Privatwirtschaft zu Forderungen gegenüber dem Staat ein.

Es erscheint angebracht, zusammenfassend nochmals einen Blick auf die Unterschiede zwischen einer steuerlichen Finanzierung staatlicher Ausgaben und einer kreditären Finanzierung unter dem Aspekt der Vermögensbildung zu werfen. Sie sind zweifacher Art: Einmal sind die privaten Wirtschaftssubjekte der Auffassung, daß sie durch eine staatliche Kreditnahme nicht belastet werden und in Höhe der öffentlichen Verschuldung Vermögen bilden, obwohl gütermäßig kein Unterschied zwischen beiden Formen der Finanzierung besteht. Zweitens wird eine Verschuldung tendenziell weniger die privaten Investitionen und damit die private Vermögensbildung hemmen als eine steuerliche Belastung; denn die staatliche Kreditnahme ist häufig mit einer Ausweitung der Geldmenge verbunden oder zieht sie wenigstens nach sich.

Was letztlich die Vermögens*verteilung* im privaten Bereich betrifft, so gehen von der Verschuldung vor allem dann erhebliche Einflüsse darauf aus, wenn sie eine Geldschöpfung mit sich bringt. Während eine reine Verlagerung von Sparbeträgen aus dem privaten Sektor auf den Staat unmittelbar die private Vermögensverteilung nicht berührt, hat jede Vergrößerung der Geldmenge Rückwirkungen auf die Verteilung. Unabhängig davon, ob die Aufrechterhaltung der privaten Investitionen durch Preissteigerungen oder aus dem wachsenden Sozialprodukt finanziert wird, folgt daraus eine Erhöhung der Unternehmereinkommen, solange nicht die Arbeitnehmer mehr sparen. Da letzteres nicht zu erwarten ist, fällt das zusätzliche Vermögen den Unternehmern (Selbständigen) zu. Die einzelnen Unternehmer profitieren allerdings unterschiedlich stark daran – je nach dem nominellen Nachfrageanstieg. Allgemein läßt sich daher nicht sagen, wie sich das zusätzliche Vermögen zwischen ihnen verteilt. Insgesamt dürfte jedoch die Einkommens- und Vermögensdifferenzierung zunehmen.

[333] Abgesehen von einer Situation des Übersparens, auf die bereits hingewiesen wurde.

Eine Verstärkung dieser Tendenz wird durch die Zinszahlungen für die öffentlichen Kredite hervorgerufen [334]; denn die Streuung des Besitzes an Staatspapieren in Privathand ist ungleichmäßiger als die Einkommensverteilung. Die Zinsen fließen daher überwiegend den oberen Einkommenschichten zu [335]; der damit einhergehenden Einkommensdifferenzierung wirkt allerdings die progressive Gestaltung des Steuersystems entgegen [336].

Die Einflüsse öffentlicher Kreditnahme auf die private Vermögensbildung können nicht ohne weiteres mit entgegengesetzten Vorzeichen auf die Tilgung der Schulden übertragen werden; während nämlich bei der Verschuldung sowohl Finanzierung als auch Verausgabung der Gelder durch den Staat den Einkommenskreislauf berühren, trifft dies bei der Tilgung nur auf die Finanzierung, nicht jedoch auf die Rückzahlung zu. Die Rückzahlung der Staatskredite stellt – wenigstens zunächst – nur eine Änderung in der Liquidität des Vermögens der Staatspapierbesitzer dar. Infolgedessen gehen von der Tilgung tendenziell deflationistische Effekte aus [337].

Diese sind besonders stark bei einer Tilgung öffentlicher Schulden bei der Notenbank. Während auf der einen Seite durch die Finanzierung der Tilgungsbeträge über Steuern Nachfrage abgeschöpft und der Einkommenskreislauf reduziert wird, führt auf der anderen die Rückzahlung zu einer Vernichtung von Bargeld, die unter Umständen noch eine Verminderung der Buchgeldmenge nach sich zieht.

Rückzahlungen an Privatbanken beeinträchtigen zwar nicht die Bargeldmenge, führen aber tendenziell zu einer Senkung des im Nicht-Bankenbereich zur Verfügung stehenden Geldvolumens. Nur wenn durch zusätzliche Kreditnachfrage die Geldmenge im Umfang der Rückzahlungen wieder steigt, wird – bei gleichbleibender Umlaufgeschwindigkeit – der Einkommenskreislauf nicht gehemmt. Es entsteht also durch die Tilgung ein deflationistischer Primäreffekt, der nur durch Ausweitung der Kredite behoben werden kann. Haben allerdings die Banken wie in Zeiten der Hochkonjunktur die Grenze

[334] Vgl. Neumark, Fritz: Grundsätze und Arten der Haushaltführung und Finanzbedarfsdeckung. In: HdF, Bd. 1, Tübingen 1952, S. 652.

[335] Diese Aussage muß relativiert werden, wenn man die institutionellen Kapitalsammelstellen berücksichtigt, an deren Vermögen weite Kreise der Bevölkerung teilhaben; denn auf sie entfällt heute ein beachtenswerter Teil des Besitzes an Staatspapieren. Vgl. z. B. für die USA: Annual Report of the Secretary of the Treasury, a. a. O., S. 557; für die Schweiz: Probleme der Schuldentilgung. Schriften zur Neuordnung der Bundesfinanzen, Heft 4, hrsg. vom Eidgenössischen Finanz- und Zolldepartement, Basel 1956, S. 13.

[336] Vgl. Miller, Donald C.: Taxes, the Public Debt and Transfers of Income. Urbana 1950, S. 133. M. kommt für die USA zu dem Ergebnis, daß die Progression des Steuersystems weitgehend mit der Besitzverteilung der Staatspapiere übereinstimmt – allerdings nur unter der Bedingung, daß die Gewinnsteuern nicht überwälzt werden.

[337] Vgl. Niehans, Jürg: Schuldentilgung und Kapitalmarkt. Schriften zur Neuordnung der Bundesfinanzen, Basel 1956, S. 77.

ihrer Liquidität erreicht, so können sie auf Grund des Bargeldzuflusses zusätzliche Kredite geben, die dann sogar potentiell inflationistisch wirken.

Auch bei einer Rückzahlung an den Nicht-Bankensektor wird ein deflationistischer Effekt nicht ganz vermieden, da Nachfrage ausfällt; doch wird die Geldmenge nicht reduziert. Das Kapitalmarktangebot steigt. Sofern es zusätzlich von der Nachfrage aufgenommen wird, werden die deflationistischen Wirkungen kompensiert.

Die Tilgung bedeutet in jedem Fall tendenziell einen Rückgang des privaten Vermögens, dem ein Vermögenszuwachs der öffentlichen Hand durch den Abbau der Verschuldung entspricht. Es liegt insoweit nur eine Umstrukturierung des volkswirtschaftlichen Gesamtvermögens vor. Ob auch die laufende Vermögensbildung berührt wird, hängt von dem Ausmaß zusätzlicher privater Investitionen ab. Wird nicht wenigstens die durch die Steuerfinanzierung ausfallende Nachfrage durch erhöhte Konsum- oder Investitionsgüternachfrage ausgeglichen, besteht sogar die Gefahr einer Einschränkung des Sozialprodukts, der laufenden Investitionen und damit Vermögensbildung [338].

Ein weiteres Problem soll im Zusammenhang mit dem öffentlichen Kredit noch kurz angeschnitten werden, obwohl ihm darüber hinaus allgemeinere Bedeutung zukommt: das Verhältnis von Preissteigerungen und Vermögensverteilung. Im Rahmen dieser Arbeit ist es allerdings nur insofern relevant, wie durch Maßnahmen der Finanzpolitik Preissteigerungen hervorgerufen werden. Die Finanzpolitik ist nur eine mögliche Ursache inflationistischer Tendenzen neben anderen. Außer beim öffentlichen Kredit können Preiserhöhungen vor allem in Verbindung mit der Steuerüberwälzung auftreten.

Abgesehen von den bisher diskutierten Wirkungen, wird von Preissteigerungen auch das bereits vorhandene Vermögen beeinflußt [339]. Sie stellen stets eine Entwertung der Vermögensteile dar, die in Geld oder Forderungen angelegt sind, während das Realvermögen nicht berührt wird. Rufen finanzpolitische Maßnahmen einen Anstieg des Preisniveaus hervor, werden infolgedessen die Geldvermögensbesitzer geschädigt. Die begünstigten sind die Schuldner, unter denen in den meisten Ländern der westlichen Welt die öffentliche Hand eine hervorragende Stelle einnimmt [340].

[338] Hieraus ergibt sich unter konjunkturellen Aspekten die Notwendigkeit einer vorsichtigen Handhabung der Tilgung. Vgl. Jöhr, W. A.: Das Problem der Schuldentilgung. Ein Kernproblem der schweizerischen Finanzreform. In: FA, Bd. 11, 1949, S. 289 f.

[339] Darüber hinaus führen Preissteigerungen selbst bei gleichbleibender realer Gesamtbelastung durch die Steuern zu Verschiebungen in der Belastungsstruktur, die vom Progressionsverlauf abhängen. Vgl. Welinder, Carsten: Inflation und Steuerverteilung. In: Publ. Fin., Bd. 13, 1958, S. 15 ff.

[340] Vgl. Jecht, Horst: Staatliche Wirtschaftspolitik und Einkommensverteilung, a. a. O., S. 130.

Da größere Vermögen in der Regel nicht in Geldwerten deponiert sind, während die meisten kleinen Sparer ihr Geld auf Sparkonten, in Bausparverträgen und in Versicherungen angelegt haben, bewirken Preissteigerungen eine verstärkte Differenzierung des Vermögensbesitzes. Wohl gibt es vielfältige Ausnahmen, doch kann im allgemeinen die genannte Tendenz als zutreffend erachtet werden. Die mit Preissteigerungen indirekt zusammenhängenden Folgen für die Vermögensverteilung sind quantitativ von sehr erheblicher Bedeutung [341] – schon in Anbetracht der Größe des Kreditvolumens einer entwickelten Verkehrswirtschaft.

Diese Wirkungen werden in großen Inflationen vervielfacht: während im privaten Bereich eine starke Umschichtung der Vermögen zugunsten der Schuldner erfolgt, bedeutet die (weitgehende) Vernichtung der Schulden der öffentlichen Hand „für die privaten Gläubiger den Verlust des darin verkörperten Vermögens sowie den Wegfall der daraus fließenden Kapitaleinkünfte“ [342].

Zusammenfassung der Ergebnisse des Abschnittes A

Die makroökonomischen Überlegungen des ersten Teils konnten nur die groben Zusammenhänge zwischen Finanzpolitik und privater Vermögensbildung klären. Auf ihnen aufbauend wurden im Abschnitt A des zweiten Teils die Wirkungen der einzelnen für die Verteilung des Vermögenszuwachses besonders relevanten Maßnahmen untersucht. Dabei wurde, soweit dies möglich war, zwischen den Einflüssen auf das Sparen und das Investieren unterschieden.

Für die Höhe des Sparens der einzelnen privaten Haushalte ist vor allem die Struktur der Nettoeinkommen bedeutsam, die sich nach der Besteuerung ergibt. Auch wenn die Gewinnsteuern insgesamt überwälzt werden, beeinflussen ihre Zusammensetzung, Struktur und Gestaltung doch in starkem Maße die Einkommensverteilung und damit das Sparen der privaten Haushalte. Sieht man von den Wirkungen der veränderten Nachfrageströme ab, so läßt die nominelle Belastung der Einkommen und Gewinne durch die verschiedenen Gewinnsteuern doch näherungsweise die Nivellierungs- und Differenzierungstendenzen auf die Verteilung des Einkommens der Selbständigen erkennen.

[341] Nach den Schätzungen Bachs haben die Kreditgeber in den USA durch die Geldentwertung zwischen 1939 und 1952 Verluste in Höhe von etwa 500 Md. $ erlitten. Hauptsächlich wurden dabei ältere Personen und Familien betroffen. Vgl. Bach, G. L.: The Impact of Moderate Inflation on Income and Assets of Economic Growth. In: Federal Tax Policy for Economic Growth and Stability, a. a. O., S. 78 ff.

[342] Jostock, Paul und Albert Ander: Konzentration der Einkommen und Vermögen. In: Die Konzentration in der Wirtschaft, Bd. 1, a. a. O., S. 222.

Die Lohneinkommen werden nicht nur durch die Lohnsteuer, sondern auch durch die regressiven Wirkungen der überwälzten Kosten- und Gewinnsteuern berührt. Kommt es durch die Überwälzung zu einem verminderten Sparen dieser Schicht, so wird dadurch auch ihr Anteil am Volkseinkommen reduziert. Finanzpolitische Maßnahmen zur Förderung des Sparens der privaten Haushalte kommen in der Regel weniger den breiten Schichten der Lohnempfänger als den übrigen Einkommensbeziehern zugute und tragen daher nur unter sehr engen Voraussetzungen zur Nivellierung der Einkommen und Vermögen bei, sofern sie nicht sogar die Differenzierung verstärken.

Noch gewichtiger sind die Vermögenseffekte, die von der finanzpolitischen Beeinflussung der Selbstfinanzierung und der Investitionen der Unternehmen ausgehen. Zunächst ist dabei die Körperschaftsteuer zu nennen, die bereits durch ihre Existenz die Selbstfinanzierung forciert; nur eine entsprechende Spaltung des Körperschaftsteuersatzes kann diese Wirkung z. T. aufheben.

Zu einer Begünstigung der Vermögens- (und der Unternehmens-) konzentration führen die Abschreibungen, wenn ihre steuerlich zulässige Höhe über den wirtschaftlichen Werteverschleiß merklich hinausgeht. Das ist jedoch in der Realität zumeist der Fall. Die übersteigenden Abschreibungen stellen nicht nur einen zinslosen Kredit dar, sie gewähren vielmehr in einer wachsenden Wirtschaft eine endgültige Steuerersparnis. Infolgedessen werden die kapitalintensiven und rasch expandierenden Unternehmen, d. h. in der Regel die größeren, bevorzugt.

Ähnliche Wirkungen sind mit steuerlich geförderten Rückstellungen, vor allem Pensionsrückstellungen, verbunden, wenn der diskontierte Wert der zukünftigen Verpflichtungen unter dem steuerlich erlaubten Rückstellungsbetrag liegt. Auch die Begünstigung nicht-entnommener Gewinnteile und der Finanzierungshilfen an andere Wirtschaftszweige ist zumeist dazu angetan, die Vermögensdifferenzierung zu verstärken.

Die Finanzinvestitionen berühren die private Vermögensbildung einmal dadurch, daß sie zur Finanzierung privater Investitionen beitragen. Werden die staatlichen Kredite zu günstigeren als Kapitalmarktbedingungen zur Verfügung gestellt, enthalten sie darüber hinaus Subventionselemente, die einen wesentlichen Prozentsatz des Gesamtbetrages ausmachen können. Müssen diese Subventionen nicht an andere weitergegeben werden, bedingen sie einen entsprechenden Vermögensvorteil der Darlehensnehmer. Ob damit eine Vergleichmäßigung der Vermögensverteilung verbunden ist, hängt von der Art der Kreditgewährung ab.

Während die Erbschaftsteuer die Erbmasse stets belastet, tritt gesamtwirtschaftlich keine Reduzierung des privaten Vermögens ein. Auch die Vermögensbildung muß nicht unter dieser Steuer leiden, sofern die Unternehmen ihre Investitionen aufrechterhalten. Ferner kann die Erbschaftsteuer im Hinblick auf die Sparneigung des Erblassers und des Erben durchaus nicht ohne weiteres als destruktiv angesehen werden. Sie stellt damit ein wirksames Mittel zur Vermögensnivellierung dar; allerdings müssen mögliche negative Einflüsse auf die Wettbewerbsfähigkeit der Personalunternehmen beachtet werden.

Ähnlich wie durch die Gewinnbesteuerung muß auch durch die öffentliche Kreditnahme die private Investition nicht notwendigerweise geschmälert werden. Sofern die staatliche Verschuldung eine Ausweitung der wirksamen Geldmenge nach sich zieht oder diese sogar unmittelbar mit ihr verbunden ist, brauchen die Unternehmen ihre Investitionen nicht zu kürzen. Die Bedingungen hierfür sind bei der öffentlichen Verschuldung günstiger als bei der Besteuerung. Die private Vermögensbildung steigt in diesem Fall entsprechend an. Werden durch die öffentliche Verschuldung die privaten Investitionen reduziert, so erfährt der private Vermögenszuwachs trotzdem keine Einschränkung, wohl aber kann die gesamtwirtschaftliche Vermögensbildung zurückgehen. Die Vermögensverteilung wird durch die möglichen Umschichtungen in der Einkommensverteilung infolge der Kreditaufnahme sowie durch die Zinszahlungen berührt. Hier wie auch sonst führen Preissteigerungen zusätzlich zu einer Benachteiligung der Geldvermögensbesitzer und einer Bevorzugung der Schuldner, unter denen der Staat in der Regel eine besondere Stellung einnimmt.

Abschnitt B

Der Einfluß einzelner finanzpolitischer Maßnahmen auf die Verteilung des Vermögenszuwachses in der Bundesrepublik

Der folgende Abschnitt ist der Aufgabe gewidmet, den Einfluß einzelner finanzpolitischer Maßnahmen auf die Verteilung des Vermögenszuwachses am Beispiel der Bundesrepublik darzustellen. Es sollen dadurch zugleich einige der theoretischen Überlegungen des Abschnittes A empirisch unterbaut und die allgemeinen Zusammenhänge, die im Kapitel 2 auf Grund weniger gesamtwirtschaftlicher Daten aufgezeigt wurden, durch die Analyse von Einzelaspekten modifiziert werden. Das Beispiel der westdeutschen Finanzpolitik ist für eine derartige Untersuchung besonders geeignet; denn steuer- und ausgabepolitische Mittel, die in den vergangenen Jahren zur Erreichung verschiedenster Ziele eingesetzt wurden, wirkten stark auf die Vermögensverteilung ein.

Das Schwergewicht der folgenden Ausführungen liegt demnach bei den einzelnen Maßnahmen, die für die Verteilung des Vermögenszuwachses besonders relevant waren. Die allgemeinen Beziehungen zwischen Finanzgebarung und privater Vermögensbildung werden nicht nochmals aufgegriffen. Auch erscheint es nicht angebracht, die Zusammensetzung des Steuersystems, die einzelnen Steuern und die differenzierenden Bestimmungen in den Steuergesetzen detailliert zu untersuchen. Obwohl auch hiervon, wie gezeigt, die Vermögensverteilung wesentlich bestimmt wird, lassen sich die Zusammenhänge nicht oder nur unter sehr angreifbaren Annahmen quantitativ fassen; denn sie sind nur über Änderungen in der Verteilung der (Netto-) Einkommen und nicht unmittelbar gegeben. Im weiteren werden nur die Mittel der Finanzpolitik untersucht, die unmittelbar die Vermögensbildung und ihre Verteilung berührten.

Auch bei diesen dürfen die im ersten Teil der Arbeit aufgezeigten Beziehungen nicht vergessen werden; denn die unmittelbaren Einwirkungen auf die Vermögensbildung stellen lediglich Modifikationen dar, die die genannten Grenzen nicht sprengen, sondern sich ihnen einpassen.

Im Rahmen der Besteuerung der Bundesrepublik geht es dabei vor allem um die Vermögenswirkungen der Sondervergünstigungen und sogenannten Sonderausgaben, während auf der Ausgabenseite der öffentlichen Etats hauptsächlich die Prämienzahlungen und die Finanzinvestitionen zu nennen sind. Außerdem soll noch die Privatisierung von Teilen des Bundesvermögens betrachtet werden.

Dagegen werden selbst solch wichtige Regelungen wie das Ausmaß der steuerlich zulässigen Abschreibungen nicht aufgegriffen, da quantitative Angaben darüber nicht vorliegen und somit über das bereits Gesagte hinaus kaum konkretere Ergebnisse erzielt werden können. Daß aber den Abschreibungen ein weit größeres Gewicht als manchen anderen der im folgenden diskutierten Maßnahmen zukommt, geht daraus hervor, daß nach Schätzungen des Bundesfinanzministeriums der Jahresbetrag der degressiven Abschreibungen über 20 Md. DM hinausgeht.

Die deutsche Erbschaftsteuer braucht nicht eigens erwähnt zu werden; ihre Sätze sind so niedrig, ihr Aufkommen so gering, daß keine tiefer greifenden Wirkungen auf die Vermögensverteilung von ihr ausgehen[343]. Ihr Gesamtertrag belief sich in den vergangenen Jahren nur auf 0,1–0,3 % der Steuereinnahmen. Auf der anderen Seite wäre in der Erbschaftsteuer jedoch ein Instrument gegeben, das wirksam in den Dienst einer Verteilungspolitik gestellt werden könnte[344]. Auch bedarf es keines besonderen Eingehens auf die Vermögensteuer: Sie knüpft zwar an das Vermögen als Bemessungsgrundlage an, unterscheidet sich aber als (Vermögens-)Ertragsteuer im Hinblick auf die hier behandelte Fragestellung im Prinzip nicht von der Einkommen- und Körperschaftsteuer.

Um die Verbindung mit den Ausführungen des zweiten Kapitels herzustellen und den Zusammenhang mit der gesamten volkswirtschaftlichen Vermögensbildung zu wahren, wird zunächst deren Entwicklung – untergliedert nach den einzelnen Sektoren – dargestellt. Der volkswirtschaftliche Vermögenszuwachs der Jahre 1950 bis 1961 wird in Tabelle 16 mit der Ersparnisbildung konfrontiert.

Bei der Auswertung der Tabelle ist dreierlei zu beachten. In der Statistik der Vermögensbildung ist im Sektor Unternehmen auch der Wohnungsbau enthalten, dessen Investitionen in weit stärkerem Maße als die des übrigen gewerblichen Bereichs durch Kredite finanziert wurden. Durch die Einbeziehung des Wohnungsbaus wird daher verwischt, in welchem Verhältnis die Investitionen der gewerblichen Wirtschaft aus eigenen Mitteln (Selbstfinanzierung) bestritten werden[345].

Zweitens ist zu berücksichtigen, daß die Ersparnisse der privaten Haushalte wenig über das Sparen der Arbeitnehmerhaushalte aussagen. Wie oben

[343] Vgl. Häuser, Karl: Die steuerliche Beeinflussung der Einkommens- und Vermögenskonzentration in der Bundesrepublik. In: Die Konzentration in der Wirtschaft, Bd. 2, Berlin 1960, S. 1131.

[344] Vgl. Neumark, Fritz: Finanzpolitik in der Hochkonjunktur. In: Konflikte der Wirtschaftspolitik, Heft 52/53 des Volkswirt, 1960, S. 76.

[345] Vgl. die entsprechenden Angaben in den Vierteljahresheften zur Wirtschaftsforschung, z. B. H. 3, 1962, S. 204.

Tabelle 16. Die Vermögens- und Ersparnisbildung in der Bundesrepublik 1950–1961 (in Mrd. DM)

	1950	1955	1956	1957	1958	1959	1960	1961
A Vermögensbildung								
Sachvermögensbildung insgesamt	11,7	32,2	32,8	33,6	34,3	40,9	52,3	56,6
darunter Unternehmen (einschließlich Wohnungswirtschaft)	10,0	27,2	27,9	28,6	28,6	33,7	44,1	47,2
Öffentliche Haushalte	1,7	5,0	4,9	5,0	5,7	7,1	8,3	9,4
Nettozuwachs der Forderungen an die übrige Welt	0,3	2,2	4,2	5,6	5,6	4,4	4,1	0,7
Nettovermögensbildung insgesamt	12,0	34,4	37,0	39,2	39,9	45,2	56,4	57,3
i. v. H. des Nettosozialprodukts zu Marktpreisen	13,7	21,0	20,6	20,1	19,1	19,9	21,8	20,2
B Ersparnis einschließlich Vermögensübertragungen								
Private Haushalte	2,0	6,7	6,2	9,9	11,6	12,8	14,3	16,3
Unternehmen	5,1	14,6	16,1	16,7	18,6	19,4	23,4	20,0
Öffentliche Haushalte	4,9	13,1	14,7	12,6	9,7	13,0	18,7	21,0
darunter Sozialversicherungen	1,1	3,2	3,7	2,6	2,1	2,1	3,2	5,6
Insgesamt	12,0	34,4	37,0	39,2	39,9	45,2	56,4	57,3
C Ersparnis in v. H.								
Private Haushalte	16,3	19,3	16,8	25,2	29,2	28,4	25,3	28,5
Unternehmen	43,0	42,5	43,5	42,6	46,6	42,8	41,5	34,9
Öffentliche Haushalte	40,7	38,2	39,7	32,2	24,2	28,8	33,2	36,6
darunter Sozialversicherungen	9,5	9,3	9,9	6,7	5,2	4,5	5,7	9,8

Quellen: Die Vermögensbildung und ihre Finanzierung im Jahre 1961. In: Monatsberichte der Deutschen Bundesbank, Juli 1962, S. 58ff.

bereits erwähnt, entfällt der größte Teil der Ersparnisse auf Beträge, die nicht von Arbeitnehmern aufgebracht werden. Nach den vorliegenden Schätzungen handelt es sich um mehr als die Hälfte der Gesamtsumme [346 347]. In den ersten Jahren nach der Währungsreform lag der Anteil noch höher.

[346] Vgl. 2. Kap., 4 und: Föhl, Carl: Ursachen und Beeinflußbarkeit der Vermögenskonzentration, a. a. O., S. 195. Coester, Franz: Sparen aus Masseneinkommen, a. a. O., S. 2380 f.

[347] Hieran wird deutlich, daß Veränderungen in der Sparquote der privaten Haushalte nicht notwendigerweise auf Veränderungen der Spargewohnheiten breiter Schichten beruhen müssen. Wenn in Zeiten der Hochkonjunktur mit tendenziell steigendem Preisniveau die Sparquote sinkt, so ist das häufig nicht auf die rückläufige Sparneigung der privaten Haushalte, sondern auf die Auflösung von Sparguthaben durch die Unternehmen zurückzuführen. Entgegengesetzte Tendenzen zeigen sich bei sinkender Investitionsneigung.

Daraus folgt, daß sich die private Vermögensbildung in der Bundesrepublik zum überwiegenden Teil in den Händen der Selbständigen vollzog. Die angeführten Werte sind allerdings, worauf einschränkend verwiesen werden muß, insofern etwas einseitig, als die Eigenkapitalbildung privater Bauherren in Form von Eigenleistungen und Ersparnissen (einschließlich Tilgungen) nicht als Sparen privater Haushalte, sondern als Ersparnisbildung der Unternehmen in der Statistik erscheint. Vor allem macht sich das bemerkbar, wenn die Vermögensübertragungen eingeschlossen sind[348].

Ein drittes bleibt zur Tab. 16 zu bemerken. Die ausgewiesenen Ersparnisbeträge schließen bereits die Vermögensübertragungen ein. Die Übertragungen sind zum großen Teil an die Gebietskörperschaften (einschließlich des Lastenausgleichsfonds und des ERP-Sondervermögens) gegangen oder von ihnen erbracht worden. Zu den Vermögensübertragungen im Inland gehören als Leistungen an die öffentliche Hand das Erbschaftsteueraufkommen und die Ablösung von Lastenausgleichsabgaben, denen als Zahlungen des Staates u. a. die Wiedergutmachungsleistungen, die Wohnungsbau- und Sparprämien, die Hauptentschädigung im Lastenausgleich, der Sozialrabatt beim Erwerb der VW-Aktien, die Altsparerentschädigung und der Währungsausgleich Vertriebener gegenüberstehen[349].

Diese Abgrenzung schließt eine gewisse Willkür nicht aus. Die Erbschaftsteuer und die vorzeitige Ablösung der Lastenausgleichsabgaben werden offensichtlich als Eingriff in die Vermögenssubstanz angesehen. Daß dieses nur mit Einschränkungen zutrifft, wurde oben bereits dargelegt. Auch die Übertragungen der öffentlichen Hand haben sehr wahrscheinlich nicht in vollem Umfang der privaten Vermögensbildung gedient. So dürfte beispielsweise ein beachtlicher Teil der Altsparerentschädigung oder der Hauptentschädigung des Lastenausgleichs in den Konsum geflossen sein.

Da die in der Statistik enthaltenen Größen der Vermögensübertragungen von einem Außenstehenden nicht aufgegliedert werden können, soll nicht näher darauf eingegangen werden. Die Hauptpositionen werden in den folgenden Abschnitten besprochen. Die obige Aufzählung läßt jedoch erkennen, daß auch noch andere, später nicht erwähnte Vermögensübertragungen des Staates die private Vermögensbildung tangiert haben.

Einem vorläufigen Überblick soll letztlich noch die Tab. 17 dienen, in der neben der Sachvermögensbildung der öffentlichen Hand (einschließlich der Sozialversicherungen) die Zunahme der Forderungen und Verpflich-

[348] Vgl. Methodische Erläuterungen zu den Berechnungen über die Vermögensbildung und ihre Finanzierung. In: Monatsberichte der Deutschen Bundesbank, Dez. 1961, S. 24.

[349] Vgl. Die Vermögensbildung und ihre Finanzierung im Jahre 1961, a. a. O., Tab. 6, S. 66, Anm. 5 und 6.

Tabelle 17. Die Vermögensbildung der öffentlichen Haushalte (einschließlich der Sozialversicherungen) und ihre Finanzierung 1950 und 1955–1961 in Mrd. DM

	1950	1955	1956	1957	1958	1959	1960	1961
A Nettoinvestitionen und Ersparnis								
Sachvermögensbildung	1,7	5,0	4,9	5,0	5,7	7,1	8,3	9,4
Ersparnis	4,9	13,1	14,7	12,6	9,7	13,0	18,7	21,0
darunter								
laufende Ersparnis	3,5	14,1	15,5	14,6	12,9	16,5	22,5	26,7
Saldo der Vermögens-übertragungen	1,4	—0,9	—0,8	—2,0	—3,3	—3,5	—3,8	—5,6
Finanzierungsüberschuß	3,2	8,1	9,8	7,6	4,0	5,9	10,5	11,6
B Finanzierungsrechnung								
Zunahme der Forderungen	4,4	9,6	10,7	8,8	6,2	9,0	12,9	16,0
darunter								
Erwerb von Wert-papieren	0,1	1,1	1,4	0,8	0,6	1,3	2,2	0,7
Sonstige Forderungen	1,4	3,2	3,4	6,8	3,7	7,6	5,3	7,5
darunter								
an Unternehmen				4,6	2,8	4,8	3,4	5,6
an das Ausland				2,0	0,6	2,3	1,5	1,5
Zunahme der Verpflichtungen	1,2	1,5	0,9	1,2	2,3	3,1	2,4	4,5

Quellen: Die Vermögensbildung und ihre Finanzierung im Jahre 1961, a.a.O., S. 66 und 70ff.

tungen aufgeführt ist. Bei der Position „sonstige Forderungen“ handelt es sich zum überwiegenden Teil um sog. Finanzinvestitionen und um Forderungen gegenüber dem Ausland. Die hohen Beträge der Finanzinvestitionen lassen erkennen, in wie starkem Maße die öffentliche Hand auf diesem Wege in die Finanzierung der privaten Investitionen eingegriffen hat.

Auf diesem Hintergrund sollen nun die Maßnahmen des Staates im einzelnen untersucht werden, die einen bedeutsamen Effekt auf die private Vermögensbildung hatten und über deren Größenordnung wenigstens einige quantitative Anhaltspunkte vorliegen. Auf eine Beschreibung der verschiedenen Maßnahmen wird verzichtet; es wird vorausgesetzt, daß sie wenigsten in den Grundzügen bekannt sind.

Es sei eigens darauf verwiesen, daß jeweils nur die Einflüsse auf die Vermögensverteilung im Vordergrund des Interesses stehen, auch wenn es sich dabei um Sekundärerscheinungen handelt. Andere Wirkungen, auf die die Finanzpolitik häufig primär abgezielt hat, werden nur am Rande erwähnt oder bleiben unberücksichtigt. Es wird also keine Gesamtbeurteilung der einzelnen Maßnahmen angestrebt.

Achtes Kapitel

Die steuerlichen Sondervergünstigungen der Wiederaufbaujahre

1. Sondervergünstigungen

In den Jahren nach der Währungsreform wurde eine Fülle steuerlicher Maßnahmen ergriffen, die einer Förderung der privaten Investitionen im eigenen Unternehmen oder in besonderen Engpaßbereichen der Wirtschaft dienen sollten. Diese sogenannten Sondervergünstigungen waren nicht als Einflußnahme auf die private Vermögensbildung gedacht; sie sollten vielmehr die Ausweitung der Kapazitäten und den Wiederaufbau unserer Wirtschaft forcieren. Von ihnen gingen jedoch starke Rückwirkungen auf die Vermögensbildung und -verteilung aus; denn mit den Investitionen war auch ein entsprechender Vermögenseffekt verbunden.

Zu diesen Sondervergünstigungen zählen vor allem die 7er Paragraphen (§§ 7a-f) und § 10a EStG sowie § 36 des Investitionshilfegesetzes und die §§ 3 und 4 des Ausfuhrförderungsgesetzes. Daneben gab und gibt es noch einige andere Bestimmungen, die aber quantitativ von geringerer Bedeutung sind. Tab. 18 enthält eine Übersicht über die Inanspruchnahme der 7er-Paragraphen auf Grund von Schätzungen des Finanzministeriums.

Vergleicht man diese Schätzungen mit den Ergebnissen der Einkommen- und Körperschaftsteuerstatistik für das Jahr 1954, so liegen sie, wie Tab. 19 zeigt, insgesamt wohl zu hoch. Das gilt vor allem für die Angaben über die Inanspruchnahme der §§ 7c, 7d und 7f; nur beim § 7a ist es umgekehrt. Auch die Werte für § 7b weichen voneinander ab; doch ist bei dieser Bestimmung zu beachten, daß sie als einzige auch von den Lohnsteuerpflichtigen in beachtenswertem Umfang ausgenutzt werden konnte. Die Lohnsteuerpflichtigen sind aber im Rahmen der Einkommensteuerstatistik nur dann erfaßt, wenn sie auf Grund der Höhe ihres Einkommens oder aus sonstigen Gründen eine Einkommensteuererklärung abgeben mußten. Doch dürfte auch die Berücksichtigung des Anteils, der auf die übrigen Lohnsteuerpflichtigen entfällt, nicht die gesamte Differenz zwischen den beiden Angaben erklären.

Die Werte der Tab. 18 können somit – abgesehen vom Jahre 1950 – nicht als zutreffend angesehen werden. Sie wurden nur deshalb angeführt, weil sie in etwa die Entwicklung wiedergeben dürften. Immerhin lassen bereits die Ergebnisse der Einkommen- und Körperschaftsteuerstatistik für die

Tabelle 18. Übersicht über die Inanspruchnahme der Steuervergünstigungen nach den §§ 7a–f EStG in Mill. DM

Art der Vergünstigung	1950	1951	1952	1953	1954	1955	1955
§ 7a Bewertungsfreiheit für bewegliche Wirtschaftsgüter	429	25	25	30	30	35	35
§ 7b Erhöhte AfA für Wohngebäude	78	624	778	960	1177	1395	1545
§ 7c Förderung des Wohnungsbaus	270	600	750	850	1000	250	250
§ 7d Abs. 1 Bewertungsfreiheit für Schiffe	217	309	326	251	207	213	220
§ 7d Abs. 2 Förderung des Schiffbaus	50	311	342	336	530	–	–
§ 7e Bewertungsfreiheit für Gebäude	78	70	10	10	10	10	10
§ 7f Förderung des Lastenausgleichs	–	–	–	83	120	–	–
Insgesamt	1122	1939	2231	2520	3074	1903	2060

Quelle: Für 1950 nach den Angaben der Statistik der veranlagten Einkommen- und Körperschaftsteuer, für die folgenden Jahre nach einer Schätzung des Bundesministeriums der Finanzen (II G-1 — Vw 1401 — 12/56)
Entnommen aus: Zeitel, Gerhard: Die Steuerlastverteilung in der Bundesrepublik Deutschland, a. a. O., S. 22

Jahre 1949, 1950, 1954 und 1957, die in der Tabelle 19 zusammengefaßt sind, die große Bedeutung der Sondervergünstigungen für die Investitionsfinanzierung der Wiederaufbaujahre erkennen [350]. Einkommen und Gewinne in Höhe von etwa 2 Md. DM jährlich, die unmittelbar zur Vermögensbildung dienten, konnten von den Unternehmen unversteuert zur Investition verwandt werden. Anfang der 50er Jahre entspricht das einem Fünftel der privaten Vermögensbildung; erst durch die rasche wirtschaftliche Expansion und mit dem Auslaufen einzelner Bestimmungen verloren diese Finanzierungsquellen an Gewicht. Inwieweit die Vergünstigungen die Einkommens- und Gewinnbezieher zu einem echten Konsumverzicht veranlaßt haben, ist eine offene Frage. Im allgemeinen dürfte es sich um Beträge gehandelt haben, die sowieso gespart worden wären.

[350] Die Inanspruchnahme der Sondervergünstigungen ist in den Jahren nach 1957 weiter abgesunken, da die meisten Bestimmungen ausliefen oder in ihrem Geltungsbereich erheblich eingeschränkt wurden. Nur § 7b hat mit dem Anstieg der Wohnungsbauinvestitionen noch stark an Bedeutung gewonnen, wie bereits die Werte für 1957 erkennen lassen. Vgl. auch: Finanzbericht 1962. Hrsg. vom Bundesministerium der Finanzen. Bonn 1962, S. 102 ff.

Tabelle 19. Die Inanspruchnahme der Sondervergünstigungen 1949–1957 (in Mill. DM)

Art der Vergünstigung	1949	1950	1954	1954 Schätzungen Tab. 18	1957
§ 7 a Bewertungsfreiheit für Ersatzbeschaffung beweglicher Wirtschaftsgüter	450	429	65	30	102
§ 7 b Erhöhte Absetzungen für Wohngebäude	38	69	446	1177	1164
§ 7 c Wohnungsbauförderung	148	270	540	1000	65
§ 7 d Abs. 1 und Abs. 2 Förderung des Schiffbaus	11	48	319	737	75
§ 7 e Bewertungsfreiheit für Fabrikgebäude	47	78	10	10	10
§ 7 f Förderung des Lastenausgleichs			65	120	
Abschn. 125 a EStER 1954			8		
§ 3 AusfFördG steuerfreie Rücklage			189		
§ 4 AusfFördG absetzbarer Betrag b. Gewinnermittlung			275		
§ 36 IHG Sonderabschreibungen			856		
§§ 76 bis 78 EStDV 1955			1		
§ 74 EStDV Zuführung zur Rücklage für Preissteigerungen					35
§§ 75 bis 79 und 82 EStDV					69
§ 80 EStDV Bewertungsabschlag für bestimmte Wirtschaftsgüter ausländischer Herkunft					233
§ 81 EStDV Bewertungsfreiheit für bestimmte Wirtschaftsgüter im Bergbau					101
Sonstige Vergünstigungen					24
Insgesamt	694	894	2772	(3074)	1876

Quellen: Das Einkommen der Einkommen- und Körperschaftsteuerpflichtigen und seine Besteuerung. Stat. d. BR Dtl., Bd. 125, S. 35 und 66; Stat. Jahrbuch 1960, S. 436f., und 1961, S. 446.

Die Wirkungen der einzelnen Sondervergünstigungen für die private Vermögensbildung sind recht unterschiedlich. Nur in wenigen Fällen liegt eine endgültige Steuerersparnis vor. Bei den meisten Maßnahmen ist eine Nachholwirkung eingebaut; denn sie führen in späteren Jahren zu einer Erhöhung der steuerlichen Bemessungsgrundlage. Auf lange Sicht ergibt sich daher eine effektive Steuerersparnis nur insofern, als die anfängliche Begünstigung einem zeitlich begrenzten zinslosen Kredit gleichkommt. Außerdem ist inzwischen eine erhebliche Senkung der Steuersätze erfolgt[351].

[351] Auch wenn bei Eintreten der Nachholwirkung der Steuerpflichtige durch eine Minderung seines Gewinns diesen in einer niedrigeren Progressionsstufe versteuert, liegt eine effektive Ersparnis vor.

Die Nachholwirkung kommt zunächst bei allen Sonderabschreibungen zum Tragen, zu denen die Bestimmungen der §§ 7 a, 7 b, 7 d Abs. 1, 7 e EStG und § 36 IHG gehören. Im Gegensatz zu den degressiven Abschreibungen, deren Steuervergünstigungen bei einer kontinuierlichen Investition der Abschreibungsbeträge einer endgültigen Ersparnis entsprechen, und im Gegensatz zu über den Anschaffungswert hinausgehenden Abschreibungen ziehen die sogenannten Sonderabschreibungen in späteren Jahren eine Erhöhung des steuerpflichtigen Gewinns nach sich.

Auch bei den Beträgen, die zur Förderung des Wohnungsbaus (§ 7 c), des Schiffbaus (§ 7d Abs. 2) und des Lastenausgleichs (§ 7f) zunächst einmal unversteuert vom Einkommen abgesetzt werden konnten, kommt es zu einer Nachversteuerung. Sofern diese Gelder als Darlehen und nicht als verlorene Zuschüsse gewährt wurden, müssen sie bei der Rückzahlung dem Gewinn (Einkommen) zugeschlagen und dann versteuert werden [352].

Unter langfristigen Aspekten sind daher die Wirkungen dieser Maßnahmen auf die private Vermögensbildung etwas anders zu beurteilen als bei einer kurzfristigen Betrachtung. Allerdings sollten die Nachholwirkungen nicht überschätzt werden; denn bei dem geringen Kapitalmarktangebot und der hohen Rendite, die in den Jahren des Wiederaufbaus das Kapital abwarf, konnten die Begünstigten bei Investitionen im eigenen Unternehmen einen wesentlichen Kapazitätsvorsprung erlangen, der sich nicht nur im Wettbewerb, sondern über eine Steigerung der Rendite auch in entsprechenden Vermögensvorteilen bemerkbar machte und heute noch bemerkbar macht.

Bisher wurde noch nicht auf eine Bestimmung eingegangen, die auf die Abschreibungsmöglichkeiten der Unternehmen nach der Währungsreform von erheblichem Einfluß war. Auf Grund des DM-Bilanzgesetzes erhielten die Unternehmen eine weitgehende Bewertungsfreiheit für ihr Anlagevermögen. Die Neu- und Höherbewertung von Wirtschaftsgütern, die bereits teilweise oder gänzlich abgeschrieben waren, im Rahmen der DM-Eröffnungsbilanz lief für die Unternehmen auf eine effektive Steuerersparnis hinaus; denn sie beließ ihnen hohe Abschreibungsbeträge für neue Investitionen [353]. Auf der anderen Seite war jedoch mit jeder Höherbewertung eine Steigerung der Lastenausgleichsschuld verbunden; denn die Werte der DM-Eröffnungsbilanz gaben zugleich die Basis für die Berechnung der Lastenausgleichsabgabe ab. Da sich jedoch die Zahlungen zum Lastenausgleich über eine lange Periode (30 Jahre) erstrecken, war es für die Unternehmen – von

[352] Nach der späteren Fassung des § 7 c (gültig ab. 1. 1. 55) konnten 25 % der Darlehenssumme vom Gewinn abgesetzt werden; der abgezinste Restbetrag unterliegt der Steuer.

[353] Vgl. Forster, Karl-Heinz: Finanzierung durch Abschreibungen nach den Ergebnissen der DM-Eröffnungsbilanz. Stuttgart 1952.

Ausnahmefällen abgesehen – günstiger, von der Möglichkeit zur Höherbewertung Gebrauch zu machen[354]. Insofern haben sie einen echten Vermögensvorteil erhalten.

Daß die genannten Maßnahmen die Investitionen der Unternehmen und das Wachstum der Wirtschaft in den vergangenen Jahren erheblich beeinflußt haben, steht außer Frage[355]. Mit ihnen waren jedoch sozialpolitisch umstrittene Folgen verbunden: sie führten zu einer ungleichmäßigen und einseitigen Begünstigung bestimmter Einkommensbezieher[356]. Am meisten waren die Lohneinkommensempfänger benachteiligt. Sie konnten (und können) faktisch nur die Vorteile des § 7b ausnutzen; denn obwohl nicht alle Bestimmungen auf Unternehmen mit ordnungsgemäßer Buchführung beschränkt waren, haben Arbeitnehmer – von einigen Ausnahmen in den höheren Einkommensstufen abgesehen – davon nicht Gebrauch machen können. Aber auch die Vorteile des § 7b kamen und kommen in relativ stärkerem Maße den Nicht-Arbeitnehmern zugute. Einmal deshalb, weil der Prozentsatz der Arbeitnehmer unter den Bauherren im Verhältnis zu ihrem Anteil an der Gesamtzahl der Beschäftigten relativ gering ist, zum anderen, weil der Umfang der Vergünstigung mit der Höhe des zu zahlenden (Grenz-)Steuersatzes steigt. Da die Bezieher hoher Einkommen in den vergangenen Jahren in wesentlich stärkerem Maße gebaut haben als die Angehörigen unterer Einkommensschichten, da zudem die Bausumme mit der Höhe des Einkommens wächst, läuft auch die Bestimmung des § 7b auf eine tendenzielle Verstärkung der Vermögensdifferenzierung hinaus.

Es sei an dieser Stelle ein kurzer Hinweis auf die Vermögenswirkungen der Grundsteuerbefreiung von Neubauten (§ 7 des ersten Wohnungsbaugesetzes) eingeschoben, die gleichfalls einer Förderung des Wohnungsbaus dienen soll. Ihre Vorteile kommen im Gegensatz zu den Sonderabschreibungen des § 7b EStG den Bauherren gleichmäßiger zugute, da die Grundsteuer eine proportionale Belastung – wenn man die Freibeträge unberücksichtigt läßt – vornimmt. Die übrigen beim § 7b aufgezeigten differenzierenden Tendenzen auf die Vermögensbildung bleiben aber auch hier bestehen[357].

[354] Vgl. Wertheimer, Robert G.: Tax Incentives in Germany. In: Nat. Tax J., Bd. 10, 1957. Nach seinen Schätzungen konnten die deutschen Unternehmen auf diese Weise in den Jahren 1950 bis 1955 zusätzlich 12 Md. DM an Abschreibungen tätigen (S. 330).

[355] Vgl. Wallich, Henry C.: Triebkräfte des deutschen Wiederaufbaus, Frankfurt 1955, besonders S. 153 ff. Ferner die Untersuchungen von Kuntze über die unternehmerischen Reaktionen auf die Veränderungen der Sondervergünstigungen. Kuntze, Wolfram: Signalwirkungen der Einkommen- und Körperschaftsteuer. Berlin 1958, S. 32 f.

[356] Vgl. Binder, P.: Die Geldkapitalbildung, Tübingen 1952, S. 44.

[357] Nach den Schätzungen des Finanzministeriums beliefen sich die Grundsteuervergünstigungen 1961 auf 420 Mill. DM und 1960 auf 390 Mill. DM. Vgl. Finanzbericht 1962, a. a. O., S. 117.

Während die beiden zuletzt genannten Maßnahmen der (zeitlich begrenzten) Entlastung von Neubauten immerhin noch relativ breiten Kreisen zum Vorteil gereichen, profitierten von den anderen Sondervergünstigungen ausschließlich die Gewinneinkommensbezieher, und zwar überwiegend die größeren Unternehmen. Wie die Tabelle 20 zeigt, machten vornehmlich die Körperschaften und bei den Einkommensteuerpflichtigen die oberen Einkommensschichten von diesen Möglichkeiten Gebrauch. So konnten die Körperschaften beispielsweise im Jahre 1954 nicht weniger als 28,4 % ihrer Brutto-

Tabelle 20. Die Ausnutzung der Sondervergünstigungen durch die Einkommen- und Körperschaftsteuerpflichtigen 1949–1957

Jahr	Einkommensteuerpflichtige			Körperschaftsteuerpflichtige	
	Sondervergünstigungen i. Mill. DM	In v. H. der Bruttoeinkünfte[358]	Durchschnittsbetrag je Fall in DM	Sondervergünstigungen i. Mill. DM	In v. H. der Bruttoeinkünfte[359]
1949	425	2,4		269	9,8
1950	459	2,6		435	9,5
1954	798	3,1	3 070	1 974	28,4
Darunter mit einem Einkommen von:					
bis 3 000 DM	123	4,9	1 925		
3 000– 6 000 DM	121	2,2	1 445		
6 000– 10 000 DM	77	1,8	2 033		
10 000– 16 000 DM	66	2,0	2 820		
16 000– 25 000 DM	64	2,5	3 919		
25 000– 50 000 DM	99	3,2	5 560		
50 000– 100 000 DM	91	4,7	9 249		
100 000– 250 000 DM	84	6,4	16 919		
250 000– 500 000 DM	42	9,2	37 333		
500 000–1 000 000 DM	21	8,1	56 671		
über 1 000 000 DM	10	3,1	68 629		
1957	1 361	4,3		516	5,0

Quellen: Das Einkommen der Einkommen- und Körperschaftsteuerpflichtigen und seine Besteuerung. Stat. d. BR Dtl., Bd. 125, S. 35 und 66; Statistisches Jahrbuch 1960, S. 436 f.; Einkommen- und Körperschaftsteuer der Körperschaftsteuerpflichtigen. Ergebnisse der Körperschaftsteuerstatistik 1957. In: WuSt, Heft 9, 1960, S. 527; Stat. Jahrbuch 1961, S. 445 f.; Stat. Bundesamt: Einkommen- und Körperschaftsteuer 1954 und 1957, Reihe 6: Einkommen- und Vermögensteuern I, S. 106 und S. 85

[358] Einschließlich der Sonderausgaben und Sondervergünstigungen.
[359] Einschließlich der Sondervergünstigungen.

gewinne (einschließlich der Sondervergünstigungen) unversteuert absetzen, während die zur Einkommensteuer Veranlagten nur 3 % auf diese Weise nicht zu versteuern brauchten. Zwar liegt diese Quote in den oberen Einkommensschichten, wie die Tabelle erkennen läßt, etwas höher; doch bleibt sie auch hier im Vergleich zu dem Prozentsatz bei den Körperschaftsteuerpflichtigen stark zurück.

Diese Werte können als eindeutiger Beweis angesehen werden, daß die in den Wiederaufbaujahren gewährten steuerlichen Sondervergünstigungen auf eine Unternehmenskonzentration hingewirkt haben. Da das Kapital der Körperschaften nicht allzu weit gestreut ist, kann ferner mit einer tendenziell parallel laufenden Vermögenskonzentration gerechnet werden.

2. *Pensionsrückstellungen*

Auf die Vermögenswirkungen der Pensionsrückstellungen wurde bereits im Abschnitt A des zweiten Teils dieser Arbeit des näheren eingegangen. Es sollen hier nur einige Hinweise auf ihre quantitative Bedeutung in der Bundesrepublik gegeben werden. Auf Grund der gesetzlichen Vorschriften wird der Gegenwartswert zukünftiger Verpflichtungen aus Pensionszusagen mit einem Abzinsungssatz von 3,5 % – seit dem Steueränderungsgesetz 1960 vom 30. 7. 1960 von 5,5 % – ermittelt. Der Vorteil, den die Unternehmen aus Pensionsrückstellungen ziehen können, kann daher in etwa aus der Differenz dieses Abzinsungssatzes und des Marktzinses ermittelt werden – abgesehen davon, daß es bei der Schwäche des Kapitalmarktes in den vergangenen Jahren sowieso erstrebenswert war, möglichst viel Finanzierungsmittel für Investitionen zu behalten.

Unterstellt man, daß den Verpflichtungen im Durchschnitt nach etwa 25 Jahren nachgekommen werden muß, und geht man von einem Marktzins in Höhe von 7 % aus, so betragen die steuerlich zulässigen Rückstellungen 230 % der wirtschaftlich erforderlichen. Bei einem durchschnittlichen (Grenz-) Steuersatz der Unternehmen von etwa 50 % bedeutet dies: die Unternehmen haben nicht nur die Pensionsrückstellungen voll aus der verminderten Steuerschuld tragen, sondern darüber hinaus noch ihren Nettogewinn im Vergleich zur Lage bei Nicht-Gewährung der Pensionsansprüche steigern können, und zwar unter den genannten Bedingungen um etwa 7 % des Gesamtbetrages der Rückstellungen[360]. Erst die Heraufsetzung des Abzinsungssatzes hat diese Vorteile weitgehend aufgehoben.

[360] Der Vorteil ist für die Unternehmen um so höher, je später die Verpflichtungen anfallen, je höher der Marktzinssatz, je niedriger der Abzinsungssatz und je höher der Grenzsteuersatz und umgekehrt.

Es ist mithin nicht überraschend, daß die Unternehmen, deren Belegschaftszahl für den erforderlichen Risikoausgleich groß genug war, das heißt also die größeren Unternehmen, ausgiebig von der Möglichkeit zu derartigen Rückstellungen Gebrauch machten. So haben die Körperschaften im Jahre 1957 Pensionsrückstellungen in Höhe von 914 Mill. DM getätigt. Im Gegensatz dazu wurden in den Personalunternehmen nur Rückstellungen in Höhe von 107 Mill. DM vorgenommen [361]. Dieser Unterschied ist bezeichnend.

Rückstellungen in einem Gesamtbetrag von etwa 1 Md. DM bedeuten, daß ca. 5 % der Nettoinvestitionen der gewerblichen Wirtschaft (ohne Wohnungsbau) auf diese Art und Weise finanziert wurden. Bei den Großunternehmen lag der Anteilssatz noch entsprechend höher.

Die Summe der Pensionsrückstellungen bei den Körperschaften betrug Ende 1957 bereits 4,64 Md. DM – ohne die Vermögensbestände der Pensions- und Unterstützungskassen. Verhalten sich die Zuwendungen an diese Kassen zum Bestand wie die Zuführung zu den Rückstellungen zu deren Summe, so belief sich der Gesamtbetrag der Rückstellungen in den Körperschaften und des Vermögensbestandes der Pensions- und Unterstützungskassen Ende 1957 auf ca. 6,5 Md. DM. In den Personalunternehmen war der Bestand an Rückstellungen für Pensionsverpflichtungen rund 380 Mill. DM, einschließlich der Pensions- und Unterstützungskassen ca. 0,5 Md. DM. Der Gesamtbestand kann daher Ende 1957 auf etwa 7 Md. DM beziffert werden. Seither ist dieser Betrag noch erheblich gestiegen.

Es läßt sich demnach auf eine beachtliche Forcierung der Unternehmenskonzentration durch die Pensionsrückstellungen schließen. Die Vermögenskonzentration ist dadurch jedoch nicht so stark gewachsen, da ein Teil der Rückstellungen echten zukünftigen Verpflichtungen entspricht und daher vermögensmäßig den Arbeitnehmern zugerechnet werden muß.

361 Vgl. Statistisches Jahrbuch 1961, S. 446. Bei den Körperschaften entfallen auf Rückstellungen (im engeren Sinne) 653 Mill. DM, auf Zuwendungen an Pensionskassen 78 Mill. DM und auf Zuwendung an Unterstützungskassen 183 Mill. DM. Die entsprechenden Werte für die Personalunternehmen lauten 87 Mill. DM, 7 Mill. DM und 23 Mill. DM.

Kapitel 9

Die Förderung des privaten Sparens als Objekt der Finanzpolitik

Während die Sondervergünstigungen primär auf eine Förderung der privaten Investitionen gerichtet waren und nur mittelbar eine Vermögensbildung nach sich zogen, hat der Gesetzgeber in der Nachkriegszeit auch ein ganzes Bukett von Maßnahmen ergriffen, um das Sparen der privaten Haushalte anzuregen. So wurden das Lebensversicherungssparen, das Bausparen und das Konten- und Wertpapiersparen begünstigt. Die dabei angewandten Mittel lassen sich in vier Arten unterteilen: die steuerliche Privilegierung von Ersparnissen im Rahmen der Sonderausgaben, die Gewährung von Prämien, die Freistellung oder Ermäßigung der Vermögenserträgnisse bei der Einkommen- und Gewinnbesteuerung und die Privatisierung öffentlicher Unternehmen.

1. Die Begünstigung des Lebensversicherungssparens

Wohl das älteste Instrument, mit dem der Staat eine unmittelbare Einflußnahme auf das private Sparen anstrebt, bilden die Sonderausgaben. Ursprünglich lediglich als Ausgleich unterschiedlicher Belastung durch besondere Aufwendungen gedacht, damit eine Art von Werbungskosten darstellend[362], erhielten sie schon bald die zusätzliche Funktion, sozialpolitischen Zielsetzungen zu dienen. So wurden bereits im Jahre 1891 die Beiträge zur Lebensversicherung und im Jahre 1934 die Einzahlungen in Bausparkassen als abzugsfähig anerkannt[363], wenn die Gesamtsumme der Sonderausgaben gewisse Obergrenzen nicht überschritt. Seither sind diese Vergünstigungen fast ununterbrochen beibehalten worden. In den Jahren zwischen 1949 und 1958 wurde zusätzlich das Konten- und Wertpapiersparen unter bestimmten Voraussetzungen begünstigt.

Obgleich die Förderung des Lebensversicherungssparens primär sozialpolitischen Überlegungen (im engeren Wortsinn) entspringt – die Steuerpflichtigen sollen zu einer Alterssicherung bzw. die in der Sozialversicherung Erfaßten zu einem zusätzlichen Schutz angehalten werden –, ist damit doch

[362] Vgl. Neumark, Fritz: Theorie und Praxis moderner Einkommensbesteuerung, a. a. O., S. 236.

[363] Vgl. Brauer, W.: Die Abzugsfähigkeit der Lebensversicherungsprämien vom steuerpflichtigen Einkommen. In: FA., Bd. 20, 1903, S. 753.

unmittelbar eine Vermögensbildung verbunden; die Ansprüche aus einer Lebensversicherung gehören zum Vermögen der Versicherten.

Es ist schwer zu sagen, in welchem Umfang das Lebensversicherungssparen durch die steuerlichen Vergünstigungen gefördert wurde. Die hohen Steigerungsraten der Einzahlungen und Neuabschlüsse im letzten Jahrzehnt, die sich trotz der weitgehenden Dezimierung früherer Ansprüche durch die Währungsreform ergeben haben, lassen immerhin auf eine beachtliche Mitwirkung der steuerlichen Faktoren schließen. Allerdings ist es nur in beschränktem Umfang möglich, hierüber quantitative Angaben zu machen. Als Anhaltspunkt kann zunächst das Beitragsaufkommen bei den Lebensversicherungen dienen. Seine Entwicklung ist in Tabelle 21 aufgezeigt.

Tabelle 21. Beitragseinnahmen und Zahlungen der Lebensversicherungen 1950–1961 (in Mill. DM)

Jahr	Beitrags-aufkommen	Davon in v.H.			Zahlungen für Versicherungs-fälle und Rückkäufe
		Großlebens-versicherung	Kleinlebens-versicherung	Gruppen-versicherung	
1950	792				277,9
1951	920	58,9	32,8	8,3	293,4
1952	1 052	55,7	34,5	9,8	302,3
1953	1 188	56,1	34,9	9,0	348,5
1954	1 365	57,8	33,8	8,4	419,9
1955	1 536	58,1	33,2	8,7	458,1
1956	1 737	58,1	32,2	9,7	531,2
1957	2 035	59,8	29,8	10,4	608,5
1958	2 270	59,9	30,0	10,1	855,7
1959	2 591	60,9	28,3	10,8	756,3
1960	3 007	63,7	26,3	10,0	887,6
1961	3 473	64,9	25,3	9,8	966,9

Quelle: Die deutsche Lebensversicherung, Jahrb. 1962 und 1957/58, S. 28/29 bzw. S. 29, und: Stat. Jahrb. 1962 und 1956, S. 413 bzw. S. 362

Der Gesamtbetrag der jährlichen Einzahlungen kann nicht als volkswirtschaftliche Vermögensbildung angesehen werden, da ein Teil der Auszahlungen wohl dem Konsum zugeführt wird[364]; ein erheblicher Prozentsatz dieser Zahlungen wird sich aber auch in anderen Vermögensanlagen niederschlagen. Vor allem größere Versicherungsleistungen werden zumeist nicht konsumtiv verausgabt, sondern wieder angelegt. Das Beitragsaufkommen kann daher

[364] In der Statistik der Vermögensbildung wird jeweils nur der Nettozugang an Vermögensanlagen der (Lebens-)Versicherungen ausgewiesen, um Doppelzählungen zu vermeiden. Auf diese Nettogröße wirken außer den Ein- und Auszahlungen noch die Verwaltungskosten und die Vermögenserträge ein.

am ehesten einen Hinweis auf die Anreizwirkung steuerlicher Vergünstigungen abgeben – allerdings nur das für Großlebensversicherungen. Bei den Kleinlebens- und Gruppenversicherungen dürfte die steuerliche Abzugsfähigkeit als Sonderausgaben kaum von Bedeutung sein [365].

Das Prämienaufkommen ist seit 1950 auf mehr als das Vierfache gestiegen. Seine Wachstumsraten lagen fast immer über dem Anstieg des Sozialprodukts [366]. Die Versicherungsbeträge gehen – gemessen in Realgrößen – heute bereits weit über die früheren Jahrzehnte hinaus [367]. Diese Tatsachen können als weitere Beweise für die Wirksamkeit der steuerlichen Vergünstigungen angesehen werden, denen diese Entwicklung nicht zuletzt zugeschrieben werden muß.

Die verteilungspolitische Problematik der steuerlichen Vergünstigungen liegt wieder darin, daß sie prozentual mit dem (Grenz-)Steuersatz steigen. In ihrer absoluten Höhe sind sie dagegen begrenzt; die Höchstbeträge haben allerdings in den vergangenen Jahren vielfältige Änderungen erfahren. Wenn auf der einen Seite auch breite Schichten zur Verwendung dieser Sparform angehalten werden, so kommen die Vorteile doch vornehmlich den Beziehern höherer Einkommen zugute. Darüber hinaus ist die Anreizwirkung bei den Empfängern von Einkommen aus unselbständiger Arbeit zum Teil sehr gering, da sie erst einsetzt, wenn die Summe der Sonderausgaben den aus technischen Gründen gewährten Freibetrag überschreitet.

Diese Faktoren spielen mit, wenn auf die oberen Einkommensschichten einerseits, die Selbständigen andererseits ein besonders großer Anteil der Versicherungen und des Prämienaufkommens entfällt. Die Hauptursache für die Unterschiede liegt allerdings darin, daß die Selbständigen in weit größerem Umfang als die überwiegend pflichtversicherten Arbeitnehmer auf eine Alterssicherung dieser Art angewiesen sind. Vor einer isolierten Betrachtung unter dem Vermögensverteilungsaspekt muß daher gewarnt werden.

Die vorhandenen statistischen Unterlagen erlauben zwar keine befriedigende Aufgliederung der Versicherten nach Berufsgruppen; doch kann man die erwähnten Tendenzen hinlänglich genau aus dem vorliegenden Material erkennen [368]. Nähere Angaben über die Höhe des Versicherungssparens in

[365] Auch beim Abschluß von Gruppenversicherungen können für die Unternehmen steuerliche Gesichtspunkte mitsprechen, doch gehören diese Zusammenhänge mehr in den Fragenkomplex der Pensionsrückstellungen.

[366] Vgl. Die deutsche Lebensversicherung, Jahrb. 1959, S. 19.

[367] Vgl. Die deutsche Lebensversicherung, Jahrb. 1962, S. 24.

[368] Die berufliche Gliederung der Versicherungsnehmer wird für die Großlebensversicherung seit 1955 für den Neuzugang, jedoch nicht für den Bestand, ausgewiesen. Das dabei zugrunde gelegte Gliederungsschema läßt allerdings keine einwandfreie Trennung nach Selbständigen und Unselbständigen zu, da einige der Berufsgruppen nach anderen Merkmalen abgegrenzt sind. Immerhin zeigen die statistischen Unterlagen über den Zugang,

den einzelnen Einkommensschichten – allerdings nur für die zur Einkommensteuer Veranlagten – können der Einkommensteuerstatistik für 1954 entnommen werden (vgl. Tabelle 22). Allerdings sind in den Versicherungsbeiträgen neben den Prämienzahlungen für Lebensversicherungen auch die Beiträge zu Kranken-, Unfall-, Haftpflicht- und den gesetzlichen Rentenversicherungen enthalten. Der Gesamtbetrag der Versicherungsbeiträge gibt also keinen unmittelbaren Hinweis auf die Einzahlungen bei Lebensversicherungen; jedoch entfällt auf diese der überwiegende Teil.

Es empfiehlt sich, auch die übrigen Positionen der vermögenswirksamen Sonderausgaben [369] (§ 10 Abs. 1, Ziff. 2, Buchst. a) bis d) EStG 1953), die die Erhebung für das Jahr 1954 ausgesondert hat, an dieser Stelle mit aufzuführen (vgl. Tab. 22). Es sind dies die Beiträge an Bausparkassen (einschließlich des Erwerbs von Anteilen an Bau- und Wohnungsgenossenschaften [370]) und die Aufwendungen für Kapitalansammlungsverträge, d. h. für steuerbegünstigtes Konten- und Wertpapiersparen. Der Grund für diese Zusammenfassung ergibt sich aus der Tatsache, daß der Gesetzgeber für die Summe dieser Beiträge Höchstgrenzen der Abzugsfähigkeit festgelegt hat. Nach den Bestimmungen des Einkommensteuergesetzes 1953, das für das Jahr 1954 Gültigkeit hatte, konnte der einzelne Steuerpflichtige Aufwendungen dieser Art bis zu einem Jahresbetrag von 800 DM voll abziehen. Dieser Betrag erhöhte sich für die Ehefrau und jedes Kind um 400 DM und konnte, wenn der Steuerpflichtige das 50. Lebensjahr vollendet hatte, nochmals verdoppelt werden. Von besonderer Bedeutung war aber, daß darüber hinausgehende Beträge zur Hälfte absetzbar waren bis zu einer Grenze von 15 % der gesamten Einkünfte (§ 10 Abs. 2, Ziff. 3 EStG 1953). Außerdem haben manche Steuerpflichtige offensichtlich Ausgaben über diese Höchstgrenzen hinaus getätigt.

Aus diesen Gründen übersteigt die Summe der vermögenswirksamen Sonderausgaben den abzugsfähigen Betrag, und zwar um so mehr, je höher das

daß mehr als die Hälfte der von Männern abgeschlossenen Versicherungsverträge und rund zwei Drittel der Versicherungsumme auf Selbständige entfallen. Ihre durchschnittlichen Versicherungssummen liegen also wesentlich über dem allgemeinen Niveau. Dabei kommt nicht einmal zum Ausdruck, daß in diesen Schichten meist mehrere Versicherungen nebeneinander eingegangen werden. Auf die Beziehungen zwischen Einkommenshöhe und Versicherungssumme kann nur mittelbar geschlossen werden; die durchschnittlich höchsten Vertragsabschlüsse finden sich in den Berufsgruppen mit relativ hohem Einkommen. Vgl. Döring, Heinrich: Die Berufsgliederung des Neuzugangs in der Großlebensversicherung. In: Versicherungswirtschaft, Nr. 4, 1960, Nr. 10, 1959 u. Nr. 10, 1956 (Sonderdrucke). Ferner Rundschreiben des Verbandes der Lebensversicherungsunternehmen.

[369] Der Begriff der vermögenswirksamen Sonderausgaben ist zwar nicht völlig exakt, da auch andere Aufwendungen, wie Beiträge zu Kranken- und Unfallversicherungen, darin enthalten sind, doch stellt der überwiegende Teil eine Vermögensmehrung dar.

[370] Diese Aufwendungen sind gesondert erfaßt worden, sollen aber hier schon auf Grund ihrer relativ geringen Bedeutung mit den Beiträgen an Bausparkassen zusammengefaßt werden. Auch der Erwerb von Anteilen an Verbrauchergenossenschaften ist eingeschlossen.

Tabelle 22. Aufwendungen der unbeschränkt Einkommensteuerpflichtigen für steuerbegünstigte Zwecke (im Sinne des § 10 Abs. 1 Ziff. 2 Buchst. a) bis d) EStG 1953) im Bundesgebiet (ohne Berlin) im Jahre 1954

Einkommensgruppe in DM	Versicherungsbeiträge		Beiträge an Bausparkassen		Aufwendungen für andere Kapitalansammlungsverträge		Als abzugsfähig anerkannt		Steuerpflichtige in v.H. der Veranlagten
	Fälle in 1000	Durchschnittsbetrag	Fälle in 1000	Durchschnittsbetrag	Fälle in 1000	Durchschnittsbetrag	Steuerpflichtige in 1000	Durchschnittsbetrag	
Unter 3 000	272	453	8	1 101	12	1 157	255	532	26,3
3 000 – 6 000	507	616	27	1 256	42	1 256	513	701	46,6
6 000 – 10 000	350	773	36	1 660	57	1 523	357	1 022	72,5
10 000 – 16 000	190	986	31	2 214	48	2 165	196	1 480	84,4
16 000 – 25 000	107	1 151	21	3 500	33	3 340	100	2 147	90,9
25 000 – 50 000	69	1 700	16	4 786	30	6 118	71	3 327	93,7
50 000 – 100 000	21	2 491	5	8 036	11	14 378	22	6 219	94,1
100 000 – 250 000	6	4 194	1,3	13 353	4	33 437	7	13 357	92,6
250 000 – 500 000	0,8	8 411	0,2	24 425	0,6	82 952	0,9	32 584	91,3
500 000 –1 000 000	0,2	27 839	0,02	22 545	0,2	183 823	0,3	64 923	90,5
1 000 000 und mehr	0,1	38 372	0,01	20 059	0,07	298 197	0,1	115 291	92,8
Insgesamt	1 521	806	145	2 615	237	3 966	1 522	1 241	50,5

Quellen: Stat. Bundesamt: Einkommen- und Körperschaftsteuer 1954 und 1957, a.a.O., S. 107 und S. 85

Einkommen. Die tatsächlichen Aufwendungen für die verschiedenen Ausgabearten müssen daher stets in Relation zur Summe der als absetzbar anerkannten Ausgaben gesehen werden; eine direkte Zuordnung ist nicht möglich. Nur auf diesem Hintergrund kann die Tabelle 22 ausgewertet werden. Des weiteren ist dabei zu beachten, daß die Anzahl der „Fälle“ die Anzahl der „Steuerpflichtigen“ übersteigt, da die verschiedenen Sonderausgaben nebeneinander angesetzt werden konnten.

Geht man zunächst von der Summe der abzugsfähigen Sonderausgaben aus, so fällt die starke Zunahme der Beträge mit steigendem Einkommen auf. Während in der Einkommensschicht unter 3000 DM im Durchschnitt 532 DM in Abzug gebracht wurden, erhöhte sich der Betrag bei Einkommen über 1 Mill. auf 115 000 DM. Außerdem wurden Sonderausgaben dieser Art in den unteren Einkommensschichten wesentlich seltener geltend gemacht als in den oberen (vgl. die letzte Spalte der Tabelle). Obgleich der abzugsfähige Betrag im Verhältnis zum Einkommen mit steigendem Einkommen prozentual nicht zunimmt, sondern sogar leicht zurückgeht, muß doch auf eine wesentliche Stärkung der Vermögensdifferenzierung auf Grund dieser steuerlichen Bestimmungen geschlossen werden – einmal, weil die absoluten Größen sehr stark divergieren, sodann weil bei der damaligen steilen Progression innerhalb der Einkommensteuer, die bis zu 70 % reichte, die effektive Steuerersparnis auch im Verhältnis zum Einkommen in den oberen Schichten höher lag. Allerdings sollte nicht übersehen werden, daß der Gesetzgeber auf diese Art und Weise auch eine Abschwächung der überhöhten Progression innerhalb der Einkommensteuer erreichen wollte.

Die gleichen Tendenzen zeigen sich bei den einzelnen begünstigten Aufwendungen, in abgemildertem Maße bei den Versicherungsprämien und den Beiträgen zu Bausparkassen, dafür aber in verstärktem Umfang bei den Kapitalansammlungsverträgen. Insgesamt muß daher gefolgert werden, daß das steuerbegünstigte Sparen zu einer ungleichen Vermögensverteilung beigetragen hat, selbst wenn man die in späteren Jahren geltende Begrenzung der abzugsfähigen Beträge berücksichtigt.

2. *Die Begünstigungen des Bausparens*

Eine noch stärkere Förderung als das Lebensversicherungssparen hat das Bausparen in den vergangenen Jahren erfahren[371]. Aber auch keine der an-

[371] Vgl. Lehmann, Werner: 25 Jahre Steuerbegünstigung des Bausparens, a. a. O., S. 13 ff. Die übrigen Begünstigungen des Wohnungsbaus, auf die an anderer Stelle eingegangen wird, sind weniger als Spar- denn als Investitionsanreiz gedacht. Jedoch ist das Bausparen von ihnen nicht unabhängig.

deren Maßnahmen des Staates zur Beeinflussung der privaten Vermögensbildung war so erfolgreich. Während zunächst nur eine steuerliche Begünstigung der Ersparnisse im Rahmen der Sonderausgaben gewährt wurde, können auf Grund des Wohnungsbauprämiengesetzes vom 17. 3. 1952 statt des Steuernachlasses auch Bausparprämien in Anspruch genommen werden. Es sollen dadurch die Bevölkerungsschichten angesprochen werden, bei denen der steuerliche Anreiz versagt, weil sie keine Einkommensteuer oder nur relativ niedrige Sätze zahlen.

Die Vermögensbildung bei den Bausparern geht über die Spargeldeinzahlungen hinaus; denn auch die Tilgungsleistungen sind Sparakte, da der Darlehensnehmer in Höhe der Rückzahlungen sein Vermögen erhöht. Durch die relativ rasche Tilgung der Darlehen der Bausparkassen – sie schwankt zwischen acht und elf Jahren – werden die Bausparer zu einer hohen Sparleistung in den ersten Jahren nach der Baufertigstellung gezwungen, zumal außer dem Kredit der Bausparkasse noch andere Hypotheken zu tilgen (und zu verzinsen) sind. Neben den Einlagen und Tilgungen müssen ferner noch die Prämienleistungen des Staates als Vermögen den Sparern zugerechnet werden. Tabelle 23 gibt einen Überblick über die Entwicklung dieser drei Größen bei den Bausparkassen. Zusätzlich sind die Rückzahlungen aus nicht-zugeteilten Verträgen und die Zinsgutschriften ausgewiesen. Außer bei den Bausparkassen werden noch – wenngleich in wesentlich geringerem Umfang – Bauspareinlagen bei den übrigen Kreditinstituten und im Bereich der gemeinnützigen Wohnungswirtschaft getätigt[372].

Während die Zuteilungen der angesparten Guthaben, sofern sie nicht dem Vertragszweck entfremdet werden, keine Minderung der Vermögensbildung darstellen, kann dies bei den Rückzahlungen durchaus der Fall sein. Bei der Ermittlung des gesamten Sparaufkommens bei den Bausparkassen müssen sie daher abgezogen werden[373].

Wie die vorletzte Spalte der Tabelle zeigt, haben sich in den vergangenen Jahren zwischen 4 und 15 % der privaten Vermögensbildung bei den Bausparkassen vollzogen. Hieran läßt sich der Erfolg der finanzpolitischen Maßnahmen ermessen. Daß die Wohnungsnot das Bausparen forciert hat, darf dabei zwar nicht übersehen werden; auf der anderen Seite sind aber auch heute noch nach Behebung des dringendsten Wohnraummangels die Neuabschlüsse von Bausparverträgen so hoch, daß auf eine weit-

[372] Im Jahre 1959 entfielen beispielsweise 92,1 % der Prämienzahlungen auf Bausparkassen, 6,8 % auf den Bereich der gemeinnützigen Wohnungswirtschaft und 1,1 % auf sonstige Bausparverträge bei den Kreditinstituten. Vgl. Hübler, Siegfried: Die Wohnungsbauprämien in den Rechnungsjahren 1958 und 1959, a. a. O., S. 507.

[373] Vgl. zu den letzten beiden Absätzen: Zur Entwicklung der Bausparkassen, a. a. O., S. 3 ff.

Tabelle 23. Sparaufkommen bei den Bausparkassen und Wohnungsbauprämien des Staates 1950–1961 (in Mill. DM)

Jahr	Eingezahlte Bauspar-beträge	Rückzahlungen	Zinsgutschriften	Eingegangene Wohnungsbauprämien	Tilgungseingänge	Sparaufkommen insgesamt	Sparaufkommen in v. H. der privaten Vermögensbildung	Wohnungsbauprämien des Staates insgesamt*
1950	431	23	9	–	–	417	6,1	–
1951	367	29	15	–	25	378	3,9	–
1952	526	35	21	–	57	569	4,5	–
1953	836	33	30	23	87	943	8,0	28,1
1954	1 241	39	46	55	123	1 426	9,0	67,4
1955	1 512	46	67	112	174	1 819	8,7	130,6
1956	1 660	56	87	172	254	2 117	9,7	190,2
1957	2 023	70	107	209	351	2 620	10,0	227,4
1958	2 305	81	141	260	480	3 105	10,9	286,4
1959	2 804	95	170	339	635	3 853	12,8	369,5
1960	3 421	139	218	419	755	4 674	12,5	
1961	3 935	172	268	477	882	5 330	15,0	

* Zahlungen in den einzelnen Rechnungsjahren

Quellen: Zur Entwicklung der Bausparkassen, Monatsberichte der Deutschen Bundesbank, August 1960, S. 6; Die Vermögensbildung und ihre Finanzierung im Jahre 1961, a.a.O., S. 60; Hübler, Siegfried: Die Wohnungsbauprämien in den Rechnungsjahren 1955, 1956 und 1957 bzw. 1958 und 1959. In: Bundesbaublatt 1958, S. 295, und 1960, S. 505; Monatsberichte der Dt. Bundesbank, Juli 1962, S. 135

gehende Bereitschaft der Bevölkerung zur Vermögensbildung durch den Bau von Eigenheimen (oder den Kauf von Eigentumswohnungen) geschlossen werden kann. Diese Bereitschaft zu fördern und zu wecken, gelingt offensichtlich mit finanzpolitischen Mitteln in beachtlichem Umfang. So sind seit der Währungsreform bis Ende 1961 über 3,7 Mill. Bausparverträge mit einer Vertragssumme von rund 64 Md. DM abgeschlossen worden[374]. Die Zahl der Bausparer ist allerdings niedriger, da teilweise aus taktischen Gründen die Sparsumme in zwei oder mehr Verträge gestückelt wird.

Der enge Zusammenhang zwischen Bausparen und Steuer- und Prämienvergünstigung wird auch daran deutlich, daß die Höhe des Zugangs an Bau-

[374] Vgl. Stat. Jb. 1962, S. 397.

sparverträgen offensichtlich sehr stark auf finanzpolitische Maßnahmen reagiert[375]. Neben der Einführung der Prämienbegünstigung wirkte sich beispielsweise die gleitende Sonderausgabenhöchstgrenze in den Jahren 1952 bis 1954 ebenso wie die Ankündigung des generellen Abtretungsverbots für die Zeitspanne von fünf Jahren zum ersten Januar 1959 stark belebend aus, während die verstärkte Förderung anderer Sparformen zu einer Verzögerung des Bausparaufkommens führte. Auch zeigt das Bemühen der Sparer, gegen Ende des Jahres durch über das Spar-Soll hinausgehende Einzahlungen die steuerlichen oder prämienmäßigen Vergünstigungen bis zur Höchstgrenze auszunutzen, daß die finanzpolitischen Mittel ihr Ziel nicht verfehlen. So lag die Sparintensität – d. h. das Verhältnis von Ist- zu Soll-Einlagen – in den vergangenen Jahren stets zwischen 200 und 300 %[376].

Von besonderem Interesse ist es daher, etwas über die Zusammensetzung der Bausparer und damit über die Verteilung der Vermögensbildung zu erfahren. Die doppelgleisige Förderung durch Steuervergünstigungen und Prämien bietet einen Anhalt für eine derartige Differenzierung, da angenommen werden kann, daß die Bausparer jeweils von der für sie vorteilhaftesten Möglichkeit Gebrauch machen.

Wann sind Prämien der Steuervergünstigung vorzuziehen? Unter den Voraussetzungen des seit 1958 geltenden Steuertarifs ist dies dann der Fall, wenn das Einkommen (nach Abzug der Werbungskosten, Sonderausgaben und Kinder- und Altersfreibeträge) bei Ledigen ca. 8000 DM und bei Verheirateten ca. 16 000 DM nicht übersteigt. Geht man von dem Tatbestand aus, daß vornehmlich Verheiratete Bausparverträge abschließen, so werden im Durchschnitt bei den heutigen Sätzen der Einkommensteuer Prämien von den Bausparern mit einem Brutto-(Familien-)Einkommen bis zu etwa 17 000 bis 20 000 DM in Anspruch genommen. Bezieher höherer Einkommen greifen dagegen auf Steuervergünstigungen zurück.

Bei der Zurechnung der Prämien zu den Bausparleistungen ist zu berücksichtigen, daß die Prämien jeweils für die Einlagen des letzten Jahres gewährt werden. Auf Grund seiner Berechnungen kommt Hübler[377] zu dem Ergebnis, daß im Jahre 1959 etwa 50 % der Spareinlagen der Bausparkassen prämienbegünstigt waren. Seit 1952 hat sich dieser Anteilssatz von 16,6 % auf den jetzigen Stand erhöht. Für das Jahr 1959 kann demnach angenommen werden, daß etwa die Hälfte der Bauspareinlagen auf breitere Bevölkerungsschichten – mit Einkommen bis zu etwa 18 000 DM – erbracht

[375] Vgl. Lehmann, Werner: 25 Jahre Steuerbegünstigung des Bausparens, a. a. O., S. 13.
[376] Vgl.: Zur Entwicklung der Bausparkassen, a. a. O., S. 6 f.
[377] Vgl.: Hübler, Siegfried: Die Wohnungsbauprämien, a. a. O., S. 505 f.

wurde [378]; rund 50 % der Sparleistungen entfallen auf die verhältnismäßig kleine Schicht der Bezieher höherer Einkommen [379]. In den Jahren zuvor war deren Anteil noch größer; jedoch ist für diese Zeit auf Grund der erfolgten Umgestaltung des Einkommensteuerrechtes und der Steuersätze eine eindeutige Beziehung schwerer herzustellen.

Aus dem Gesagten folgt, daß die Steuerbegünstigung des Bausparens überwiegend den oberen Einkommensschichten zugute kam und heute noch zugute kommt. Auch von den Prämien dürften vornehmlich die Bezieher mittlerer Einkommen Gebrauch machen. Obgleich den Förderungsmaßnahmen des Bausparens eine Breitenwirkung nicht versagt blieb, haben sie bisher doch hauptsächlich zu einer Vermögensbildung der Einkommensschichten beigetragen, deren Einkommen über dem Durchschnitt liegt. Bekräftigt werden diese Schlußfolgerungen durch die Angaben der Tabelle 22 über die als Sonderausgaben abgezogenen Beiträge an Bausparkassen in den einzelnen Einkommensschichten.

Die starke Bevorzugung der oberen Einkommensschichten folgt außerdem wieder aus dem Umstand, daß mit steigendem (Grenz-)Steuersatz auch der erzielbare Vorteil wächst [380]. Von Maßnahmen zur breiteren Vermögensstreuung kann daher nur in eingeschränktem Sinne gesprochen werden.

Nicht ganz so deutlich kommen diese Tendenzen (vgl. Tab. 24) in der Zusammensetzung der Bausparer nach Berufsgruppen zum Ausdruck, da weder die Zahl der Bausparer noch die Höhe der abgeschlossenen Bausparsummen hinlängliche Schlüsse auf die jährlichen Sparleistungen zulassen. Im Bereich der öffentlichen Bausparkassen entfällt auf Arbeitnehmer ein Teil von 54,5 % am Vertragsbestand. Auch der Neuzugang für 1959 zeigt keine wesentliche Änderung der Struktur.

Am Neuzugang der privaten Bausparkassen haben die Arbeitnehmer einen etwas höheren Anteil. Auf sie entfallen 60,6 % der abgeschlossenen Bausparsumme. Für den Vertragsbestand liegen keine entsprechenden Angaben vor.

[378] Der Anteil am Vertragsbestand ist höher, da die durchschnittliche Sparleistung der Sparer, die Prämienbegünstigungen in Anspruch nehmen, unter dem Durchschnitt liegt. Bei den privaten Bausparkassen beispielsweise stellten in den letzten Jahren mehr als 60 % der Mitglieder Anträge auf Wohnungsbauprämien. Vgl. Privates Bausparwesen 1959, a. a. O., S. 83.

[379] Die Zurechnung kann nicht völlig exakt erfolgen, da auf der einen Seite in gewissem, wenn auch nicht allzu großem Umfang, Einzahlungen über die prämienbegünstigte Höchstgrenze hinaus vorgenommen werden, auf der anderen aber auch Bezieher aus höheren Einkommensschichten von den Prämienbegünstigungen Gebrauch machen, wenn sie den Höchstbetrag für Sonderausgaben bereits anderweitig ausgeschöpft haben. Des weiteren ist zu berücksichtigen, daß Einlagen in beschränktem Maße auch auf juristische Personen entfallen. Bei den öffentlichen Bausparkassen haben die juristischen Personen einen Anteil am Vertragsbestand von 2 v. H. Vgl. Jahresbericht der öffentl. Bausparkassen 1959, S. 24.

[380] Vgl. Aprath, W.: Steuerbegünstigte Kapitalbildung durch Bausparen. In: Privates Bausparwesen 1950, S. 89 ff.

Tabelle 24. Anteil der einzelnen Berufsgruppen am Vertragsbestand bzw. den Neuabschlüssen der Bausparkassen (i. v. H.)

A. Öffentliche Bausparkassen

Berufsgruppen	Vertragsbestand am 31. 12. 1959	Neuabschlüsse 1959
Arbeiter	21,9	20,9
Angestellte	24,4	29,5
Beamte	8,2	6,6
Gewerbetreibende	25,3	23,9
Freie Berufe	7,6	6,3
Sonstige Berufe	10,6	12,0
Juristische Personen	2,0	0,8
Insgesamt	100,0	100,0
Anzahl der Verträge	1 311 700	243 992

B. Private Bausparkassen. Neuabschlüsse 1960

Berufsgruppen	Anzahl	Bausparsumme
Arbeiter	32,3	26,0
Angestellte	21,9	19,4
Beamte	13,2	11,5
Rentner und Pensionäre	2,6	2,0
Selbständige	17,1	24,5
Freie Berufe	3,4	4,7
Juristische Personen	2,3	5,9
Sonstige (u. a. Hausfrauen)	7,2	6,0
Insgesamt	100,0 (389 922)	100,0 (7 Mrd.DM)

Quellen: Jahresbericht d. öffentl. Bausparkassen 1959, S. 24;
Privates Bausparwesen 1961, S. 94.

3. Die finanzpolitische Förderung des Konten- und Wertpapiersparens

In ähnlicher Weise wie beim Bausparen hat der Staat in den vergangenen Jahren versucht, auch das Konten- und Wertpapiersparen mit Hilfe steuer- und ausgabepolitischer Maßnahmen zu beeinflussen. Allerdings wurden zunächst nur Steuerbegünstigungen gewährt, denen erst nach Auslaufen der steuerlichen Möglichkeiten ab Mai 1959 Prämienanreize folgten. Auf das spezielle steuerliche Mittel der Ertragsteuerfreiheit der Zinsen bestimmter Wertpapiere wird erst am Schluß dieses Abschnittes eingegangen.

Von der Inanspruchnahme der steuerlichen Begünstigung langfristig angelegter Gelder [381] auf Sparkonten und in Wertpapieren ist im Vergleich zur Förderung des Bau- und Versicherungssparens in verhältnismäßig geringem Maße Gebrauch gemacht worden, vor allem wenn man berücksichsichtigt, daß zu einem nicht unerheblichen Teil die Gelder revolvierend angelegt wurden. Der Gesamtbestand an steuerbegünstigten Spareinlagen ist, wie sich aus Tab. 25 ergibt, nie über 4,3 Md. DM hinaus gestiegen, obwohl es sich hierbei um die Ansammlung von Ersparnissen mehrerer Jahre

Tabelle 25. Steuerbegünstigte Spareinlagen am Jahresende (in Mill. DM)

Jahr	Steuerbegünstigte Spareinlagen	in v.H. der gesamten Spareinlagen
1950	279	6,8
1951	612	12,0
1952	972	12,8
1953	1 532	13,3
1954	2 319	13,5
1955	2 525	11,8
1956	2 917	12,0
1957	3 785	12,9
1958	4 157	11,5
1959	4 045	9,0
1960	3 216	7,2
1961	159	0,3

Quelle: Monatsberichte der Deutschen Bundesbank, Mai 1962, S. 52

handelte. Es ist zu beachten, daß die Werte der Tabelle nicht die Gesamtersparnis wiedergeben, da die Festlegungsfrist der in den ersten Jahren angelegten Gelder bereits im Verlauf der betrachteten Periode endete und die Statistik nur Aufschluß über die jeweilige Höhe des Bestandes gibt.

Bei den steuerbegünstigten Spareinlagen dürfte es sich nur zum geringen Teil um echte zusätzliche Ersparnisse handeln, wenn man von dem Umfang der für den einzelnen eingetretenen Senkung der Steuerbelastung absieht. Einmal war diese Bestimmung hauptsächlich für die Bezieher höherer Einkommen von Interesse, zum anderen beweist der relativ kleine Anteil an den Gesamtersparnissen, daß im großen und ganzen nur dann von dieser Möglichkeit Gebrauch gemacht wurde, wenn bereits ein gewisser Fundus an frei verfügbaren Ersparnissen zur Verfügung stand. Berücksichtigt man

[381] Die Bindungsfristen wurden laufend geändert; sie schwankten zwischen 3 und 10 Jahren.

ferner, daß wieder der Steuervorteil mit steigendem Einkommen zunahm, kann es nicht überraschen, wenn die Statistik eine eindeutige Bevorzugung der oberen Einkommensschichten ausweist (vgl. Tab. 22). Man wird daher im steuerbegünstigten Sparen weitgehend eine Unterstützung der Vermögensdifferenzierung sehen müssen.

Dieses findet seine Bestätigung in der Struktur der steuerbegünstigten Spareinlagen. Ende 1954 entfielen von einem gesamten Einlagenbestand in Höhe von 2,3 Md. DM nur 10 % auf Konten mit weniger als 1 000,– DM, rund 55 % auf Einlagen zwischen 1 000,– und 10 000,– DM und 35 % auf solche über 10 000,– DM [382].

Daß auch an diesen Vergünstigungen vornehmlich die zur Einkommensteuer Veranlagten und nicht die Lohneinkommensbezieher profitierten, läßt sich aus folgenden statistischen Werten ableiten: Während die steuerbegünstigten Spareinlagen im Jahre 1954 um 787 Mill. DM zunahmen, machten allein die Einkommensteuerpflichtigen Sonderausgaben auf Grund von Kapitalansammlungsverträgen in Höhe von 939 Mill. DM geltend [383]. Selbst wenn man berücksichtigt, daß in diesem Betrag auch das Wertpapiersparen enthalten ist, dürfte doch der weitaus größte Teil der steuerbegünstigten Spareinlagen von den Selbständigen erbracht worden sein.

Die bisherigen Erfahrungen mit dem prämienbegünstigten Konten- und Wertpapiersparen lassen auf gewisse Erfolge schließen. Ende des Jahres 1961, nachdem das Gesetz 2 Jahre und 9 Monate in Kraft war, belief sich die Gesamtsumme der Ersparnisse auf 2,55 Md. DM, zu denen noch ein Depotbestand aus prämienbegünstigtem Ersterwerb von Wertpapieren in Höhe von 393 Mill. DM kam [384].

Bis Ende 1961 sind allein bei den Sparkassen über 2 Millionen prämienbegünstigte Sparverträge abgeschlossen worden – eine Größenordnung, die angesichts der Tatsache, daß die höchste beim steuerbegünstigten Sparen erreichte Teilnehmerzahl nur 944 000 betrug, auf Erfolge der Prämienbegünstigungen hinweist. Es ist offensichtlich gelungen, auch breitere Schichten der Bevölkerung zu einer entsprechend langen Bindung ihrer Ersparnisse anzuhalten. Allerdings wurde wohl zu einem Teil – vor allem in der ersten Zeit – auf frühere Ersparnisse zurückgegriffen, wie der hohe Anteil der allgemeinen Sparverträge mit einmaliger Einzahlung: 1,13 Mill., dem 0,82 Mill. Ratensparverträge und 180 000 Verträge über den Ersterwerb von Wertpapieren gegenüberstanden [385], vermuten läßt.

[382] Vgl. Die Ergebnisse der Erhebung über Spar- und Termineinlagen. In: Monatsbericht der BDL, August 1955, S. 47 u. 49.
[383] Vgl. Tab. 25 in Verbindung mit Tab. 22.
[384] Vgl. Monatsbericht der Deutschen Bundesbank, Febr. 1962, S. 48
[385] Jahresbericht 1962 des Dt. Sparkassen- und Giroverbandes. S. 19 f.

Außer durch Steuer- und Prämienvergünstigungen hat der Staat mit Hilfe des sogenannten ersten Kapitalmarktförderungsgesetzes (1953–1955) versucht, den Kapitalmarkt zu beleben und das Sparen zu forcieren. Er stellte dazu die Erträgnisse bestimmter Wertpapiere von allen Ertragssteuern frei oder beschränkte die Belastung auf die proportionale Kapitalertragsteuer von 30 %.

Kaum eine andere steuerliche Bestimmung der letzten Jahre stand in so krassem Gegensatz zur Zielsetzung einer breiten Vermögensstreuung wie dieses Gesetz. Die Präferenz war ausschließlich den obersten Einkommensschichten vorbehalten. Weil die steuerlich begünstigten Wertpapiere mit einer niedrigeren Bruttoverzinsung ausgestattet waren als die übrigen Obligationen, ergab sich nämlich überhaupt nur für die Steuerpflichtigen ein Vorteil, deren (Grenz-)Steuerbelastung einen relativ hohen Satz (etwa 30 %) überstieg. Diese Regelung lief, wie Neumark es ausdrückt, „geradezu auf eine Pervertierung des fundamentalen Grundsatzes der Besteuerung nach der Leistungsfähigkeit hinaus“ [386].

Eine effektive Steigerung des Sparens konnte auf diese Weise offensichtlich nicht erreicht werden; die Wirkungen erschöpften sich in einer Umlagerung von der Selbstfinanzierung zur Kapitalmarktfinanzierung. Im Hinblick darauf läßt sich allerdings der Erfolg nicht bestreiten; denn nicht weniger als 8,6 Md. DM an festverzinslichen Wertpapieren dieser Art konnten während der Geltungsdauer dieses Gesetzes untergebracht werden [387]. Auf der anderen Seite bescherte es dem Kapitalmarkt nicht weniger als 17 steuerlich unterschiedlich behandelte Wertpapierarten, die zwischen 4 und 8 % Zinsen tragen [388].

4. Die Privatisierung öffentlicher Unternehmen

Ein letztes Mittel bleibt zu erwähnen, das die Bundesregierung bewußt in den Dienst einer breiteren Vermögensstreuung gestellt hat: Die Privatisierung öffentlicher Unternehmen. Bisher wurden wesentliche Teile des Aktienkapitals der Preußag und des Volkswagenwerkes in Privatbesitz überführt; weitere Unternehmen sollen folgen. Die mit einem Sozialbonus ausgestatteten Aktien, die lediglich Personen mit einem Jahreseinkommen bis zu 16 000 DM (bei Verheirateten) zum Kauf zur Verfügung standen

[386] Neumark, Fritz: Möglichkeiten einer finanzpolitischen Beeinflussung von Kapitalbildung und Kapitalverwendung, a. a. O., S. 64. Und: Jecht, Horst: Finanzpolitik und Kapitalbildung, a. a. O., S. 10.

[387] Vgl. Monatsbericht der Deutschen Bundesbank, Oktober 1958, S. 86.

[388] Vgl. Lohmann, Martin: Die westdeutschen Investitionen 1948 und 1957 und ihre soziale Problematik, a. a. O., S. 39.

und die mengenmäßig pro Person eng limitiert waren, wurden in beiden Fällen stark überzeichnet.

Welche Vermögenswirkungen sind von diesen Aktionen ausgegangen? Zunächst ist das vorhandene Volksvermögen auf diese Weise nicht berührt worden; die Privatisierung selbst hat nur eine Übertragung von staatlichem Vermögen in Privathand gebracht. Nur wenn der Staat die Verkaufserlöse für zusätzliche Investitionen verwendet und die privaten Investitionen nicht zurückgehen, kann man auch gesamtwirtschaftlich von einem Vermögenszuwachs sprechen. Beide Voraussetzungen lassen sich schwerlich überprüfen. Der private Vermögensbestand hat jedoch eine Ausweitung erfahren. Die Käufer der Volksaktien haben zunächst einmal einen Vermögenszuwachs in Höhe des Sozialbonus und der Differenz zwischen Ausgabe- und Börsenkurs der Aktien erhalten. Durch die sehr vorsichtige Bewertung des Eigenkapitals der privatisierten Unternehmen und den niedrigen Ansatz des Ausgabekurses ist die Differenz recht beachtlich, wie die eingetretenen Kurssteigerungen zeigen. Hierbei handelt es sich faktisch um Geschenke des Staates, die er um der Zielsetzung willen den Erwerbern der Aktien gewährt.

Aus eigener Leistung haben sie nur dann ihre Vermögen erhöht, wenn sie zusätzlich gespart haben [389]. In dem Maße, in dem sie hierzu durch die gewährten Vergünstigungen veranlaßt werden konnten, ergeben sich nivellierende Effekte in der Verteilungsstruktur. Die Umlagerung von Ersparnissen hatte dagegen — abgesehen von den erwähnten Vergünstigungen — keinen Einfluß auf die Vermögensverteilung der Aktienerwerber. Es läßt sich nun kaum feststellen, in welchem Umfang die Käufer zu vermehrtem Sparen angehalten wurden. Immerhin scheint es, wie man aus der großen Zahl der Interessenten und ihrer sozialen Schichtung schließen kann, in nennenswertem Umfang gelungen zu sein. Da jedoch der Gesamtbetrag der zusätzlichen Ersparnis im Verhältnis zur jährlichen volkswirtschaftlichen Vermögensbildung relativ klein ist und da die Privatisierungen Einzelaktionen darstellen, die nicht beliebig wiederholt werden können, erhebt sich die Frage, ob sich der große Aufwand und die hohen Prämierungen überhaupt lohnen.

Auch die langfristige Bindung der Ersparnisse dürfte für eine Rechtfertigung nicht ausreichen. Am ehesten vermag noch die psychologische Wirkung zu überzeugen: Auf diese Weise wurden etwa 1,5 Mill. Sparer – in den meisten Fällen zum ersten Mal – Besitzer eines Wertpapiers. Selbst wenn es

[389] Den Rückwirkungen der Umlagerung früherer Ersparnisse auf die privaten Investitionen soll hier nicht näher nachgegangen werden, da sie sich aus dem oben Gesagten ableiten lassen.

sich z. T. um vorgeschobene Personen handelt, sollte dieser Erfolg nicht unterschätzt werden. Er ist vor allem im Hinblick darauf bedeutsam, daß eine breitere Streuung des volkswirtschaftlichen Vermögens nur dann verwirklicht werden kann, wenn sich weite Kreise der Bevölkerung an der Finanzierung der Investitionen im gewerblichen Bereich direkt oder indirekt beteiligen. Der Wertpapierbesitz wird dabei eine entscheidende Rolle spielen. Nur hierin kann wahrscheinlich ein befriedigender Grund für die Privatisierungsmaßnahmen gefunden werden; letztlich ist dies jedoch eine politische Entscheidung.

So groß die Zahl der Aktionäre ist, sollte man sich doch nicht verhehlen, daß vorwiegend die Bevölkerungskreise von dem Kaufangebot Gebrauch machten, deren Einkommen bereits etwas über dem Durchschnitt liegt. Die in dem Emissionskurs enthaltenen Vergünstigungen kommen daher vornehmlich diesen Schichten zugute. Die Beschränkung der Kaufberechtigung auf die Bezieher unterer und mittlerer Einkommen verhinderte allerdings im Gegensatz zu den anderen finanzpolitischen Sparförderungsmaßnahmen, daß in erheblichem Umfang auch höhere Einkommensschichten davon profitierten.

Zehntes Kapitel

Die Finanzinvestitionen der Gebietskörperschaften und des Lastenausgleichsfonds

Wie bereits im Abschnitt A des zweiten Teils dargelegt, berühren nur die Finanzinvestitionen die private Vermögensbildung unmittelbar, die Subventionselemente enthalten. Kredite öffentlicher Institutionen, die unter Kapitalmarktbedingungen gegeben werden [390], beeinflussen höchstens indirekt die privaten Investitionen. Es soll daher hier nur auf die erste Art eingegangen werden [391].

In den Jahren seit der Währungsreform hat sich der Staat, vor allem die Gebietskörperschaften und der Lastenausgleichsfonds, in hohem Maße des Mittels der Kreditgewährung bedient, um die Investitionen in einigen Bereichen der Wirtschaft besonders zu forcieren. Von 1948 bis 1960 haben die genannten Institutionen Darlehen in Höhe von 58,6 Md. DM zur Durchführung privater Investitionen gewährt [392].

Mit diesen Krediten waren zumeist erhebliche Begünstigungen in Form von Zinsvorteilen – im Vergleich zum Zinsniveau des Kapitalmarktes – und langen Laufzeiten verknüpft. Außerdem wäre bei dem geringen Kapitalmarktangebot vornehmlich Anfang der 50er Jahre ein Teil des Kreditbedarfs der Wirtschaft nicht befriedigt worden, wenn nicht der Staat Finanzierungsmittel über Steuern aufgebracht hätte [393]. Die Kredite flossen hauptsächlich dem Wohnungsbau und in quantitativ wesentlich geringerem Umfang auch der Landwirtschaft und der gewerblichen Wirtschaft zu. Auf den Wohnungsbau entfielen in dem betrachteten Zeitraum 57,9 % (33,9 Md. DM), auf Industrie, Handel und Gewerbe 9,7 % (5,7 Md. DM) und auf Land- und Forstwirtschaft 9,5 % (5,5 Md. DM). Die übrigen Empfänge von Krediten wie das Sozialwesen, das Erwerbsvermögen der öffentlichen Hand usw. gehören in der Regel nicht zum privaten Bereich und können hier un-

[390] Hierzu gehören vor allem die Kredite der Sozialversicherungen.

[391] Eine eingehendere Untersuchung dieser Zusammenhänge findet sich bei Kronenberg, Friedrich: Beeinflussung der Vermögensverteilung in der Bundesrepublik Deutschland durch finanzpolitische Maßnahmen, insbesondere durch Subventionen zur Vermögensbildung. In: Jahrbuch des Instituts für Christliche Sozialwissenschaften, Bd. 2, Münster 1961, S. 63 ff.

[392] Vgl. Finanzbericht 1962, a. a. O., S. 94. Siehe auch: Die Investitionen der Gebietskörperschaften und des Lastenausgleichsfonds. In: Monatsberichte der Deutschen Bundesbank, Aug. 1959, S. 15. Die in der Statistik darüber hinaus ausgewiesenen Beteiligungen können hier unberücksichtigt bleiben, da sie nicht unmittelbar zur Vermögensbildung Privater beitragen.

[393] Vergleiche hierzu: Lütge, Friedrich: Finanzierungsprobleme des Wohnungsbaus in Westdeutschland seit der Währungsreform. In: J. f. Nat. u. St., Bd. 164, 1952, S. 120 ff.

berücksichtigt bleiben. Insgesamt sind also etwa 77 % der Darlehen, das sind 45,1 Md. DM, der Privatwirtschaft zugute gekommen.

1. Die Finanzierung des Wohnungsbaus durch die öffentliche Hand

Neben der Förderung des Wohnungsbaus durch Begünstigungen des privaten Bausparens und durch steuerliche Entlastung der Bauherren in den ersten Jahren nach Baufertigstellung – Maßnahmen, auf die bereits eingegangen wurde – hat der Staat in vielfältiger Weise durch Darlehen und Zuschüsse die Finanzierung erleichtert. Diese Kredithilfen kamen ausschließlich dem sogenannten sozialen Wohnungsbau zugute, von dem der steuerbegünstigte und der freifinanzierte Wohnungsbau unterschieden werden. Auf den sozialen Wohnungsbau entfielen in den vergangenen Jahren etwas mehr als die Hälfte der erstellten Wohnungseinheiten (von 1949 bis 1961 wurden insgesamt 6,25 Mill. Wohnungen gebaut). In den letzten Jahren ist der Anteil auf rund 40 % zurückgegangen [394].

Wie Tab. 26 zeigt, hatten staatliche Gelder am effektiven Finanzierungsaufwand des gesamten Wohnungsbaus in der Bundesrepublik einen Anteil, der anfangs bis zu 47 % betrug und mit der Gesundung des Kapitalmarktes auf 21 % fiel. Dieser Rückgang trat ein, obwohl die absolute Summe der Kredite Jahr für Jahr Steigerungen aufwies – abgesehen von 1961. Von 1950 bis 1961 sind auf diese Weise von der öffentlichen Hand 37 Md. DM zur Verfügung gestellt worden; das sind 29 % des gesamten Wohnungsbauaufwandes in Höhe von 128 Md. DM [395].

Im Rahmen des sozialen Wohnungsbaus lag der Anteil der öffentlichen Hilfen wesentlich höher, da sie lediglich hier eingesetzt wurden. Die Beteiligung des Staates am effektiven Finanzierungsaufwand des sozialen Wohnungsbaus ist jedoch nicht bekannt; es liegen nur Angaben über die Bewilligungen vor. Da Bewilligungen und Auszahlungen zeitlich stark auseinanderfallen können, weichen die Werte der Bewilligungsstatistik, die in Tabelle 27 enthalten sind, nicht unerheblich von den in der letzten Tabelle genannten Größen ab. Während in den Jahren bis 1958 die Bewilligungen öffentlicher Gelder meist über die Auszahlungen hinausgingen, blieben sie

[394] Vgl. Fey, Walter: Tendenzen und Merkmale des Wohnungsbaues 1961. Bundesbaublatt 1962, S. 222. Ferner: Perganda, Hans-Günther: Stichwort: Wohnungsbaurecht. In: HdWb. des Städtebaus, Wohnungs- und Siedlungswesens, Stuttgart 1959, Bd. 3, S. 1690.

[395] Der relativ hohe Anteil der sonstigen Finanzierungsmittel gibt u. a. auch einen Anhaltspunkt dafür, in wie starkem Umfang die Eigentümer über das unmittelbare Bausparen hinaus Vermögen durch sonstige Ersparnisse und Selbst- und Gemeinschaftshilfe gebildet haben.

Tabelle 26. Finanzierung des Wohnungsbaus in der Bundesrepublik[396] 1950–1961 (Effektiver Aufwand) (i. v. H. der Gesamtsumme)

Finanzierungsquellen	1950	1951	1952	1953	1954	1955	1956	1957	1958	1959	1960	1961
Mittel der Kapitalsammelstellen	41,9	29,8	25,6	32,4	43,0	48,3	46,2	42,0	44,6	49,9	53,8	53,2
Öffentliche Mittel	43,9	47,1	43,1	35,3	33,6	27,6	28,9	27,6	28,5	25,9	24,7	20,6
davon:												
Bundeshaushalt												
a) Allgemeiner Wohnungsbau (einschließl. Umsiedlerwohnungsbau)	8,1 (a und b)	4,6	6,4	5,9	5,9	3,3	3,8	3,7	4,7	2,6	1,3	0,6
b) Sonderaktionen		2,7	2,7	2,6	2,1	2,0	2,4	4,2	6,7	7,7	6,9	5,0
Lastenausgleichsmittel	17,6	21,6	10,3	10,4	11,7	10,0	9,0	7,8	6,2	4,8	4,1	2,9
Eigene Mittel der Länder	15,8 (Länder und Gemeinden)	14,9 (Länder und Gemeinden)	12,7	9,0	7,8	6,9	8,3	6,9	5,7	6,7	8,9	8,7
Eigene Mittel der Gemeinden			4,8	4,5	3,6	3,5	3,3	2,8	2,6	2,3	2,5	2,6
Sonstige öffentliche Mittel	2,4	3,3	6,2	2,9	2,4	2,0	2,1	2,2	2,6	1,8	1,1	0,8
Sonstige Mittel (echtes Eigenkapital, Arbeitgebergelder, Mieterdarlehen usw.)	14,2	23,1	31,3	32,3	23,4	24,1	24,9	30,4	26,9	24,2	21,5	26,2
Finanzierungsquellen insgesamt (in Mill. DM)	3 800	4 700	6 300	7 800	9 000	10 100	10 900	11 500	12 300	15 000	16 900	19 600

Quellen: Fey, Walter: Die Quellen der Wohnungsbaufinanzierung in der Bundesrepublik im Jahre 1961 bzw. 1958, Bundesbaublatt 1962, S. 174, bzw. 1959, S. 174; und ders.: Der Wohnungsbau in der Bundesrepublik 1954 und seine Finanzierung, Bundesbaublatt 1955, S. 169

[396] Ohne Westberlin, 1960 und 1961 einschl. Saarland.

seither durch die Umstellung im Förderungssystem erstmals erheblich dahinter zurück.

Die Tabelle läßt erkennen, daß von 1955 bis 1958 etwa 50 % der gesamten Finanzierung der voll geförderten Wohnbauten von der öffentlichen

Tabelle 27. Finanzierung des öffentlich geförderten sozialen Wohnungsbaus[397]
1955–1961
(nach der amtlichen *Bewilligungs*statistik)
(i. v. H.)

	1955	1956	1957	1958	1959	1960	1961
Kapitalmarktmittel	28,6	28,7	23,4	23,0	28,2	31,9	33,8
Öffentliche Mittel (einschließlich LAG-Mittel)	47,6	46,7	51,7	53,3	46,2	38,4	35,0
Sonstige Mittel[398]	23,8	24,6	25,0	23,7	25,5	29,7	31,2
Finanzierungsmittel insgesamt (in Mill. DM)	4 538	6 621	3 847	5 663	4 058	2 626	3 123

Quelle: Fey Walter: Die Quellen der Wohnungsbaufinanzierung in der Bundesrepublik. In: Bundesbaublatt 1962, S. 176; 1960, S. 248; 1959, S. 175.

Hand aufgebracht wurde. Die erwähnte Umstellung in den Förderungsmethoden hat dann seit 1959 einen starken Rückgang sowohl relativ wie absolut gebracht.

Der überwiegende Teil der öffentlichen Gelder wurde zu wesentlich günstigeren als Kapitalmarktbedingungen gegeben; sie enthalten infolgedessen erhebliche Subventionsbestandteile und können nicht in voller Höhe als Vermögensbildung des Staates angesehen werden. Der Gegenwartswert macht nur einen Bruchteil ihres nominellen Betrages aus. Es ist daher zu fragen, inwieweit sich diese Subventionen als Vermögen bei Privaten niedergeschlagen haben und wie es sich verteilt.

Legt man im Durchschnitt für die öffentlichen Kredite eine Laufzeit von 45 Jahren und eine Verzinsung von 0,5 % zugrunde – Bedingungen, die nach den Ermittlungen von Kronenberg in etwa als realistisch angesehen werden können – und geht man von einem Kapitalmarktzins für die betrachtete Periode in Höhe von 7 % aus, so ergibt sich auf Grund eines Vergleichs der Annuitäten für die Finanzinvestitionen ein Gegenwartswert von

[397] Nur voll geförderte Vorhaben; seit 1959 haben die teilgeförderten Wohnungen erheblich an Gewicht gewonnen. Siehe die angegebenen Quellen.

[398] Arbeitgeberdarlehen, echtes Eigenkapital, Selbst- und Gemeinschaftshilfe, Mieterdarlehen usw.

33,8 % der Kreditsumme [399]. Mithin hat der Staat auf rund zwei Drittel seiner Kredite verzichtet [400], indem er sie dem privaten Bereich – gemessen an den Kapitalmarktbedingungen – zu äußerst günstigen Konditionen zur Verfügung stellte. Sein effektiver Vermögenszuwachs ist also wesentlich geringer als der in der volkswirtschaftlichen Vermögensstatistik ausgewiesene Betrag. Die Kredite an den Wohnungsbau in Höhe von knapp 37 Md. DM dürften – wenigstens unter den genannten Annahmen – nur einem Gegenwartswert von etwa 13 Md. DM entsprechen. Die Differenz ist der in den Krediten enthaltene Subventionswert [401].

Der Subventionsbetrag kann aber aus den oben erwähnten Gründen nicht ohne weiteres als Vermögensbildung des privaten Bereichs angesehen werden; denn durch die Mietpreisbindung für die erstellten Mietwohnungen bleibt deren Ertragswert hinter dem ähnlicher Objekte im freifinanzierten Wohnungsbau zurück [402]. Die Subventionen kommen bei Mietwohnungen zum größten Teil den Mietern in Gestalt eines niedrigeren Mietzinses zugute. Doch auch beim Mietwohnungsbau können die Vergünstigungen einen Vermögenszuwachs der Bauherren mit sich bringen, nämlich dann, wenn die Kostenmiete eine Rückzahlung der staatlichen Darlehen einschließt, die schneller als der effektive Werteverzehr (Abschreibungen) erfolgt. Allerdings läßt sich nur schwer feststellen, in welchem Umfang dies der Fall ist.

Im Gegensatz dazu kann bei den Eigenheimen, Eigentums- und Eigentümerwohnungen davon ausgegangen werden, daß sich die in den Staatskrediten enthaltenen Subventionen voll beim Eigentümer als Vermögensmehrung niederschlagen [403]. Im Hinblick auf die Vermögensverteilung ist

[399] Vgl. Kronenberg, Friedrich: Beeinflussung der Vermögensverteilung ..., a. a. O., S. 74. Und Littmann, Konrad: Öffentliche Ausgaben und Konzentration, a. a. O., S. 1282 f. Ob ein Kapitalmarktzins in Höhe von 7 % nicht zu hoch gegriffen ist, weil er für die gesamte Laufzeit gelten soll, bleibe dahingestellt. Legt man statt dessen einen Satz von 6 % zugrunde, so erhöht sich der Gegenwartswert auf 38,4 %; der Subventionswert sinkt entsprechend.

[400] Der bei vorzeitiger Ablösung der Kredite gewährte Schuldennachlaß, der einen erheblichen Prozentsatz der Restschuld ausmachen kann, ist letztlich nichts anderes als eine Anerkennung dieses Subventionscharakters. Vgl. Wessel, Ulrich: Stichwort: Wohnungsbaumittel, öffentliche, Ablösung. In: Hdwb. d. Städtebaus ... Bd. 3, S. 1673 f.

[401] Weniger geeignet erscheint unter diesem Gesichtspunkt die Methode, den jährlichen Zinsausfall des Staates zu berechnen, da auf diese Weise immer nur (jährliche) Teilbeträge der mit der Kreditgewährung verbundenen Gesamtvergünstigung ermittelt werden. So hat das Bundesfinanzministerium für die bis zu diesem Zeitpunkt aus Haushaltsmitteln vergebenen Darlehen des Bundes einen Zinsausfall im Rechnungsjahr 1959 in Höhe von 600 Mill. DM berechnet. Etwa drei Viertel des Betrages kamen dem Wohnungsbau, 15 % dem Verkehr und je 5 % dem gewerblichen Sektor und der Landwirtschaft zugute. Vgl.: Subventionen im Bundeshaushalt. Drucksache 1229 des Deutschen Bundestages, 3. Wahlperiode, vom 28. 9. 1959, S. 8.

[402] Vgl. Barocka, E.: Zur Bewertung von Mietwohnhäusern des sozialen und des steuerbegünstigten Wohnungsbaus. In: Bundesbaublatt, 1960, S. 313 ff.

[403] Man könnte zwar auch hier die Vergünstigung als Mietsubvention ansehen, doch zeigt der bei einem Verkauf erzielbare höhere Preis, daß eine echte Vermögensbildung vorliegt.

daher zu prüfen, in welchem Umfang Eigenheime und Eigentumswohnungen an den Vergünstigungen teilhatten.

Von den rd. 3,3 Mill. im sozialen Wohnungsbau geförderten Wohnungen, die von 1950 bis 1961 in der Bundesrepublik (ohne Saarland und Westberlin) erstellt wurden, entfallen etwa ein Drittel auf Wohnungen in Eigenheimen [404]. Hinzu kommen die Eigentümerwohnungen in Mehrfamilienhäusern, die auf Grund der ab 1957 vorhandenen Statistiken mit etwa 4 % der in Mehrfamilienhäusern enthaltenen Wohnungen angesetzt werden können (vgl. die Tab. 28).

Es ist jedoch nicht ohne weiteres möglich, aus den genannten Prozentsätzen den Subventionsbetrag der Finanzinvestitionen im Wohnungsbau und daraus den privaten Vermögenszuwachs zu ermitteln. Einerseits liegt nämlich der durchschnittlich pro Wohnung gewährte Darlehensbetrag bei den Eigenheimen über dem der Mietwohnungen, andererseits ist der vermögenswirksame Subventionswert bei Einlieger- und Zweitwohnungen in Eigenheimen relativ niedrig; denn durch die Mietbindung für diese Wohnungen kommt die Subvention mehr dem Mieter als dem Bauherrn zugute. Auf derartige Zweitwohnungen kamen aber in den letzten Jahren zwischen 36 und 28 % aller Wohnungen in Eigenheimen [405].

Es dürfte daher nicht angebracht sein, mehr als 30 % des gesamten Subventionsbetrages der in den Finanzinvestitionen der öffentlichen Hand für den sozialen Wohnungsbau enthalten war, als Vermögensmehrung der privaten Haushalte anzusehen [406]. Eher dürfte ein noch geringerer Prozentsatz zutreffend sein. Immerhin würde eine Quote von 30 % bedeuten, daß sich die staatlichen Subventionen mit etwa 7 Mrd. DM als Vermögen bei den privaten Bauherren angesammelt haben.

Der subventionsbedingte Vermögenszuwachs hat in stärkerem Maße als alle anderen bisher besprochenen finanzpolitischen Maßnahmen der Politik zur gleichmäßigeren Vermögensverteilung Bezieher unterer und mittlerer Einkommen begünstigt. Nur beim Mietwohnungsbau und den in Miethäusern

[404] Völlig exakt läßt sich diese Größe nicht ermitteln, da nähere Angaben erst für die Jahre seit 1953 vorliegen und auch dann nur für die bewilligten Wohnbauten. Vgl. Fey, Walter: Der Eigenheimbau in der Bundesrepublik. In: Private Bausparkassen, 1957, S. 63. Und: Der soziale Wohnungsbau in der BR. In: Bundesbaublatt 1959, S. 231 und 1962, S. 280.

[405] Vgl. Fey, Walter: Entwicklungstendenzen und Merkmale des Eigenheimbaus in der Bundesrepublik. In: Privates Bausparwesen 1961, S. 50 ff. Der Anteilsatz geht laufend zurück.

[406] Wenn Kronenberg, obwohl er die Eigentümerwohnung in Miethäusern ausschaltet, 40 % des Subventionswertes als Vermögensbildung erachtet, so ist das vor allem darauf zurückzuführen, daß er den geringeren vermögenswirksamen Subventionswert der Zweitwohnungen in Eigenheimen unberücksichtigt läßt und statt von den fertiggestellten von der (höheren) Zahl der bewilligten Wohnungen ausgeht. Vgl. Kronenberg, Friedrich: Beeinflussung der Vermögensverteilung ..., a. a. O., S. 77 ff.

Tabelle 28. Eigentums- und Eigentümerwohnungen im öffentlich geförderten sozialen Wohnungsbau in den Jahren 1957–1961 insgesamt (nach der amtlichen Bewilligungs-Statistik)

	Wohnungen insgesamt	v.H. sämtlicher Wohnungen	Darunter Eigentums- und Eigentümerwohnungen		
			Anzahl	v.H. der jeweiligen Gruppe	v.H. sämtlicher Wohnungen
A. Vollgeförderte reine Wohnbauten					
Einfamilien-Häuser[407]	495 492	42,1	343 707	69,4	93,5
Mehrfamilien-Häuser[408]	682 184	57,9	23 697	3,5	6,5
Wohnungen insgesamt	1 177 676	100,0	367 404	31,2	100,0
B. Geförderte Wohnbauten insgesamt					
Einfamilien-Häuser[407]	527 614	38,1	363 106	68,8	91,1
Mehrfamilien-Häuser[408]	858 896	61,9	35 599	4,1	8,9
Wohnungen insgesamt	1 386 510	100,0	398 705	28,8	100,0

Quelle: Der Soziale Wohnungsbau in der Bundesrepublik.
In: Bundesbaublatt 1959, S. 231, und 1962, S. 280

enthaltenen Eigentümerwohnungen konnten auch Bauherren mit höherem Einkommen staatliche Kredithilfen in Anspruch nehmen. Beim Eigenheimbau, auf den, wie sich aus Tabelle 28 ergibt, rund 90 % der Eigentums- und Eigentümerwohnungen entfallen, war der Kreis der Begünstigten einkommensmäßig nach oben begrenzt.

Über eine solche Begrenzung hinaus, die bereits im ersten Wohnungsbaugesetz vom 24. 5. 1950 vorgenommen wurde, hat das zweite Wohnungsbaugesetz vom 27. 6. 1956 dem sog. Familienheimbau eine besondere Vorrangstellung eingeräumt und diesen nochmals für Leistungsschwache speziell begünstigt. So wurden in den letzten Jahren etwa die Hälfte der Familienheime von Leistungsschwachen (und ihnen Gleichgestellten [409]) gebaut [410].

[407] Mit ein und zwei Wohnungen.

[408] Einschließlich der geringen Zahl der gemischten Bauvorhaben.

[409] Zu den Gleichgestellten zählen neben den kinderreichen Familien die Schwerkriegsbeschädigten und Kriegerwitwen mit mehreren Kindern, ferner auch die sog. »Freimacher« mit (begrenzt) höherem Einkommen, sofern sie eine Altbauwohnung für Leistungsschwache freimachen.

[410] Die Zahl der geförderten Familienheime für die Bevölkerungskreise mit geringem Einkommen stieg von 27 500 im Jahre 1957 auf 38 160 im Jahre 1960 und 35 800 im Jahre 1961. Gegenüber den Jahren zuvor bedeutet dies als Folge des zweiten Wohnungsbaugesetzes eine erhebliche Steigerung. Vgl.: Der Soziale Wohnungsbau in der Bundesrepublik. In: Bundesbaublatt, 1959, S. 240 und 1962, S. 281.

Tabelle 29. Die Bauherren im Eigenheimbau der Bundesrepublik 1952–1960 (in v. H. der Wohnungen)

Bauherren	Gesamter Wohnungsbau		Öffentlich geförderter sozialer Wohnungsbau	
	in v. H. sämtlicher Bauherren	in v. H. der privaten Bauherren	in v. H. sämtlicher Bauherren	in v. H. der privaten Bauherren
Behörden und Verwaltungen	1,4		1,3	
Gemeinnützige Wohnungsunternehmen	20,9		35,8	
Freie Wohnungsunternehmen	1,6		2,0	
Erwerbs- und Wirtschaftsunternehmen	1,2		0,7	
Private Haushaltungen	74,8		60,2	
Davon:				
Selbständige Berufstätige	20,5	27,4	9,7	16,0
Beamte und Angestellte	15,3	20,4	14,6	24,2
Arbeiter	28,7	38,4	27,0	44,8
Rentner und Pensionäre	2,2	2,9	2,1	3,6
Sonstige	8,2	10,9	6,8	11,4
insgesamt	100,0	100,0	100,0	100,0
Anzahl der Wohnungen	1 901 487		732 950	

Quelle: Fey Walter: Entwicklungstendenzen..., a.a.O., S. 60f.

Die Ausrichtung der Förderung auf die unteren Einkommensschichten spiegelt sich auch in der Zusammensetzung der Bauherren wider. Die statistischen Unterlagen (vgl. die vorstehende Tabelle) lassen erkennen, daß etwa 73 % der privaten Bauherren im öffentlich geförderten Eigenheimbau Arbeitnehmer und Rentner waren. Da auch die von sonstigen Bauherren, vor allem von den gemeinnützigen Wohnungsunternehmen errichteten Eigenheime meist im Laufe der Zeit an private Eigentümer aufgelassen werden, d. h. in deren Vermögen übergehen[411], kann dieser Anteilssatz wohl auf alle öffentlich geförderten Eigenheimbauten übertragen werden. Im gesamten Eigenheimbau liegt der Anteil der Arbeitnehmer und Rentner bei rund 62 %.

Insgesamt ergibt sich also, daß die in den öffentlichen Finanzinvestitionen enthaltenen Subventionen zwar überwiegend den Mietern in Form niedrigerer Mieten zugute gekommen sind und nur in begrenztem Umfang

[411] Vgl. Brecht, Julius: Stichwort: Wohnungsunternehmen, gemeinnützige. In: Hdwb des Städtebaus..., Bd. 3, S. 1744. Und Fey, Walter: Entwicklungstendenzen..., a. a. O., S. 51 f.

zur Vermögensvermehrung bei den Bauherren der Miethäuser geführt haben[412], daß sich aber auch ein beträchtlicher Teil als Vermögen bei privaten Haushalten niedergeschlagen hat. Es handelt sich hierbei überwiegend um Haushalte der unteren und mittleren Einkommensschichten.

Mit der verstärkten Umstellung der Wohnungsbaufinanzierung von öffentlichen Krediten zur Kapitalmarktfinanzierung, die mit dem Jahre 1959 begann und in den nächsten Jahren die Wohnungswirtschaft von der staatlichen Hilfe, vor allem der staatlichen Kreditgewährung unabhängiger machen soll, werden die vermögenswirksamen Subventionen stark abnehmen. Soweit die Kredite durch Annuitätshilfen (Zinssubventionen) ersetzt werden, bleibt zwar der Vermögenseffekt erhalten, doch wird der quantitative Umfang dieser Hilfen erheblich eingeschränkt werden. Die Mietsubventionen werden durch objektbezogene Aufwendungsbeihilfen an die Bauherren oder durch Mietbeihilfen an die Mieter ersetzt[413].

2. *Der Einsatz öffentlicher Mittel bei der Investitionsfinanzierung im gewerblichen Bereich und in der Landwirtschaft*

Wie zu Beginn des Kapitels bereits dargelegt, hat die öffentliche Hand in erheblichem Umfang außer im Wohnungsbau auch zur Investitionsfinanzierung der gewerblichen Wirtschaft und der Landwirtschaft beigetragen. So sind in den Jahren 1948 bis 1960 dem gewerblichen Bereich 5,7 Md. DM und der Landwirtschaft 5,5 Md. DM als Kredite für Investitionen zugeflossen.

Es ist in diesem Zusammenhang nicht möglich, den Einflüssen dieser Finanzinvestitionen auf die private Vermögensbildung im einzelnen nachzugehen; der Rahmen der Arbeit würde bei weitem gesprengt. Es handelt sich um eine Fülle von Einzelprogrammen – oft von quantitativ geringem Umfang – die kaum noch überschaubar sind, angefangen von den ERP-Sonderkrediten[414], dem Lastenausgleich und dem Grünen Plan[415] bis hin zu einer Vielzahl einzelner Kredite, die auf allen Ebenen der Gebietskörperschaften auch außerhalb dieser großen Programme gewährt wurden. Ihre

[412] Es kann daher auch Kronenberg und Littmann nicht zugestimmt werden, die – trotz einschränkender Bemerkungen – letztlich den vollen Subventionswert beim Mietwohnungsbau als Vermögensbildung der Bauherren ansehen. Vgl. Kronenberg, Friedrich: Beeinflussung der Vermögensverteilung ..., a. a. O., S. 86 f. Und Littmann, Konrad: Öffentliche Ausgaben und Konzentration, a. a. O., S. 1285.

[413] Vgl. Giebner, Werner: Marktkonforme Wohnungsbauförderung 1959/60 in Nordrhein-Westfalen. In: Privates Bausparwesen 1960, S. 34 ff. Und: Geiger, Helmut: Öffentliche Förderung des Eigenheims in der sozialen Marktwirtschaft. In: Beilage Bausparkassen zum Handelsblatt vom 19. 12. 1960, S. 3.

Vermögenswirkungen können zumeist nicht einmal näherungsweise ermittelt werden, da die in den einzelnen Krediten enthaltenen Subventionsanteile ganz erhebliche Divergenzen aufweisen. Die Kreditkonditionen waren sehr unterschiedlich, sowohl was Länge der Laufzeit wie Höhe des zu zahlenden Zinssatzes betrifft. Im allgemeinen ist der Subventionswert wesentlich geringer als bei den Wohnungsbaudarlehen, da die Rückzahlungsfristen relativ kurz und die Zinssätze mehr oder weniger stark an die Kapitalmarktbedingungen angepaßt waren.

Insgesamt kann daher die unmittelbare Vermögensbildung im privaten Bereich nicht sehr hoch veranschlagt werden; die mittelbaren Effekte über einen Anreiz zum Sparen, um die Kredite zu tilgen, müssen wie stets unberücksichtigt bleiben. Der Wert dieser Kredite ist auch weniger in ihrer Vermögensbildung als in der Tatsache zu sehen, daß eine große Zahl kleiner und mittlerer Unternehmen Start-, Erweiterungs- und Festigungshilfen erhielt. Die kreditären Maßnahmen der öffentlichen Hand haben daher stärker der Unternehmungs- als der Vermögenskonzentration entgegengewirkt.

Diese kurzen Hinweise mögen genügen, zumal der folgende Abschnitt noch einige nähere Angaben über das bedeutendste Einzelprogramm, die im Rahmen des Lastenausgleichs gewährten Kredite, enthält.

3. Die vermögenswirksamen Leistungen des Lastenausgleichs

Dem Lastenausgleich ist vom Gesetzgeber die Aufgabe zugedacht, zu einer gleichmäßigeren Verteilung der Kriegslasten beizutragen, indem (im Verlauf von 30 Jahren) die Vermögensbesitzer die Hälfte ihres am Tage der Währungsreform vorhandenen Vermögens zur Linderung der Vermögensverluste der durch den Krieg besonders stark Betroffenen abgeben[416, 417]. Sowohl auf der Einnahme- wie auf der Leistungsseite stehen daher Vermögenswirkungen im Vordergrund.

Auf die volkswirtschaftlichen Zusammenhänge zwischen einer Vermögensabgabe und der privaten Vermögensbildung wurde bereits im ersten

[414] Vgl. Baumgart, Egon R.: Investitionen und ERP-Finanzierung. Sonderheft Nr. 56 des DIW. Berlin 1961. Ferner: Der Bund als Finanzier. Kredite, Leistungen und Bürgschaften des ERP-Sondervermögens. Herausgegeben von Dieter Carstens. Bad Godesberg 1960. Ingesamt wurden von 1949 bis zum 31. 3. 1960 Kredite in Höhe von 8,4 Mrd. DM und Zuschüsse im Betrage von 0,4 Mrd. DM gewährt. (S. 236)

[415] Vgl. zu den Schwierigkeiten derartiger Untersuchungen Kronenberg, Friedrich: Die Beeinflussung der Vermögensverteilung . . . , a. a. O., S. 96 f.

[416] Darüber hinaus wurden die Hypotheken- und Kreditgewinnabgabe mit eingebaut.

[417] Vgl. Weisser, Gerhard: Die Gesetzgebung über den Lastenausgleich. In: FA, Bd. 16, 1955/56, S. 62 ff.

Teil eingegangen. Die dort erzielten Ergebnisse brauchen hier nicht wiederholt zu werden. So wurde auch auf die erheblichen Unterschiede bei den Überwälzungschancen und damit in der effektiven Belastung der einzelnen Steuerpflichtigen hingewiesen. Die folgenden Ausführungen können sich des-

Tabelle 30. Die Leistungen des Lastenausgleichs (einschließlich der Soforthilfe) bis zum 31.12.1961

	in Mill. DM	in v.H.
1. Hauptentschädigung	2 778	6,6
darunter an Stelle bewilligter Aufbaudarlehen	164	
aus Umwandlungen früher gewährter Darlehen	731	
2. Renten	11 327	26,7
3. Hausratentschädigung	8 638	20,4
4. Sparerentschädigung	2 384	5,6
darunter Währungsausgleich	1 015	
Altsparerentschädigung	1 369	
5. Gewerbliche Wirtschaft	2 266	5,4
darunter Existenzaufbau- und Aufbaudarlehen	1 646	
Aufbaudarlehen des Härtefonds	244	
Arbeitsplatzdarlehen	282	
Liquiditätskredite/Beteiligung	94	
6. Landwirtschaft	1 769	4,2
darunter Aufbaudarlehen	909	
Aufbaudarlehen Härtefonds	72	
Flüchtlingssiedlung	276	
Darlehen nach § 46 Abs. 3 BVFG	497	
Liquiditätskredite/Beteiligung	15	
7. Wohnungsbau	10 556	24,9
darunter Wohnraumhilfe	2 807	
Aufbaudarlehen	4 251	
Aufbaudarlehen Härtefonds	250	
Förderung des sozialen Wohnungsbaus	1 206	
Finanzierungshilfen	177	
Darlehen aus Umstellungsgrundschulden	1 497	
Förderung des Wohnungsbaus für Umsiedler	225	
8. Sonstige Förderungsmaßnahmen (Ausbildungshilfe, Heimförderung, Sonderaktionen, Soforthilfe)	1 051	2,5
9. Sonstige Ausgaben (Rückzahlung der Vorfinanzierung, Verwaltungskosten usw.)	1 578	3,7
Insgesamt	42 347	100,0

Quelle: Amtl. Mitteilungsblatt des Bundesausgleichsamtes. Statistische Beilage zu Nr. 4, 1962.

halb den Ausgleichszahlungen und ihren Einflüssen auf die private Vermögensverteilung zuwenden, obgleich die im dritten Kapitel diskutierten Beziehungen zwischen Steuern, Finanzinvestitionen und privater Vermögensbildung nicht vergessen werden sollten. Auf diesem Hintergrund vollziehen sich erst die Wirkungen im einzelnen.

Bis zum Dezember 1961 sind auf Grund des Lastenausgleichs (einschließlich der Soforthilfe) 39,9 Md. DM an Leistungen im Bundesgebiet erbracht worden, wenn man die Verwaltungskosten und Doppelzählungen außer Betracht läßt[418]. Die Tabelle 30 gibt einen Überblick über die verschiedenen Ausgabepositionen.

Obwohl der Gesetzgeber in steigendem Maße bemüht war, einen wachsenden Prozentsatz der Leistungen der privaten Vermögensbildung nutzbar zu machen und durch spezielle Bestimmungen und Vorteile dazu anzuregen[419], ist bisher der größte Teil in den Konsum geflossen (einschließlich der Anschaffung langlebiger Konsumgüter)[420]. Vor allem gilt das für die Kriegsschadensrente und die Hausratsentschädigung sowie die sonstigen Förderungsmaßnahmen. Auch die Ausgaben für Währungsausgleich und Altsparerentschädigung können nicht ohne weiteres als Vermögensbildung angesehen werden, da sie dem Empfänger im Regelfall zur freien Verfügung standen. Immerhin dürfte ein Teil dieser Beträge gespart worden sein. Ähnliches gilt für die bisher verhältnismäßig geringen Zahlungen der Hauptentschädigung, soweit es sich nicht um die Umwandlung früher gewährter Darlehen handelt; von dieser Möglichkeit wird in steigendem Maße Gebrauch gemacht.

Unmittelbar haben außer der Wohnraumhilfe nur die Darlehen für den Wohnungsbau, für gewerbliche Unternehmen und die Landwirtschaft der Investitionsfinanzierung gedient. Was zunächst die Förderung des Wohnungsbaus betrifft, so sei darauf verwiesen, daß die in der Tabelle 30 genannten Beträge in den Finanzierungshilfen der öffentlichen Hand enthalten waren, auf die im letzten Abschnitt eingegangen wurde. Für die Leistungen des Lastenausgleichs lassen sich jedoch noch einige nähere Angaben im Hinblick auf die Vermögensverteilung machen. Im Gegensatz zu den übrigen in der Tabelle aufgeführten Maßnahmen der Wohnungsbauförderung, die im Rahmen der allgemeinen Wohnungsbaufinanzierung über die Länder zum Einsatz gelangen, werden die Aufbaudarlehen unmittelbar

418 Vgl. Stat. Jahrbuch 1962, S. 432.

419 Vgl. Zweig, Gerhard u. Hans-Georg Feldhege: Eigentum für alle, a. a. O., S. 57 ff. und Oberländer, Theodor: Eigentumsmaßnahmen des Lastenausgleichs. In: Privates Bausparwesen 1959, S. 27 ff.

420 Vgl. zum folgenden auch: Kronenberg, Friedrich: Die Beeinflussung der Vermögensverteilung ..., a. a. O., S. 64 ff.

den Bauherren zur Verfügung gestellt. Wie die folgende Übersicht zeigt, wurden rund 50 % dieser Darlehen für Eigentumsmaßnahmen verwandt, wobei es sich allerdings z. T. um die Förderung von Wohnungen in Miethäusern geschädigter Bauherren handelt.

Tabelle 31. Eigentumsbildung für Geschädigte durch Aufbaudarlehen für den Wohnungsbau (Stand 31.12.1961)

	in Mill. DM	in v.H.
§ 254 Abs. 2 LAG		
Wohnungen in Eigenheimen und Kleinsiedlungen	357,0	8,1
Wohnungen im Wohnungseigentum	93,6	2,1
Wohnungen in Miethäusern	637,4	14,4
insgesamt	1 088,0	24,6
Eigentumsmaßnahmen nach § 254 Abs. 3 LAG		
Eigentümerwohnungen in Eigenheimen und Kleinsiedlungen	991,7	22,4
Eigentümerwohnungen in Mehrfamilienhäusern sowie Eigentumswohnungen	161,5	3,6
insgesamt	1 153,2	26,0
Bewilligte Aufbaudarlehen nach § 254 Abs. 4 LAG	1,4	0,0
Eigentumsbildung insgesamt	2 242,6	50,6
Übrige Maßnahmen nach § 254 Abs. 3 LAG	2 188,2	49,4
Gesamtförderung	4 430,8	100,0

Quelle: Aufbaudarlehen für den Wohnungsbau. Statistische Informationen des Bundesausgleichsamtes, Reihe 8, Nr. 13, vom 23.2.1962

Obgleich auch die Darlehen des Lastenausgleichsfonds zunächst nur in Höhe des in ihnen enthaltenen Subventionswertes als private Vermögensbildung angesehen werden können, geht diese effektiv doch darüber hinaus; in steigendem Maße erfolgt nämlich die Erfüllung der Hauptentschädigung durch die Umwandlung von Darlehen. Ähnliches gilt für die Aufbaudarlehen im gewerblichen und landwirtschaftlichen Bereich. Bis 30. 6 1962 wurde in 226 000 Fällen die Hauptenschädigung durch Umwandlung von 1 Mrd. DM geleistet. Davon entfallen je ein Viertel auf Darlehen für den Wohnungsbau und die Landwirtschaft, knapp die Hälfte auf die gewerbliche Wirtschaft [421].

Ebenso wie beim Wohnungsbau sind die Darlehen für die gewerbliche Wirtschaft und die Landwirtschaft durch eine sehr breite Streuung gekenn-

[421] Vgl. Schadensfeststellung und Hauptentschädigung. Statistische Informationen des Bundesausgleichsamtes, Reihe 1, Nr. 15 v. 7. Aug. 1962, S. 17.

zeichnet. So haben bis Ende 1962 rund 242 000 Geschädigte aus dem gewerblichen Sektor und den freien Berufen Mittel aus dem Ausgleichsfonds in Höhe von 1,7 Md. DM erhalten (ohne Härtefonds). Vor allem wurde Anträgen aus Handwerks- und Handelskreisen stattgegeben. Auf industrielle Unternehmen entfiel nur ein sehr geringer Prozentsatz [422].

Im landwirtschaftlichen Sektor wurden für 69 300 Betriebsaufnahmen und 16 500 Betriebsfestigungen (einschließlich ergänzender Finanzierungsmittel) 2,5 Mrd. DM eingesetzt (ohne Härtefonds) [423]. Diese Kredite wurden im wesentlichen zinsfrei und mit relativ langer Laufzeit gewährt; sie haben daher einen ähnlich hohen Subventionswert wie die Kredite beim Wohnungsbau und sind wesentlich günstiger ausgestattet als die Darlehen an den gewerblichen Sektor. – Insgesamt haben somit die Aufbaudarlehen in beachtenswertem Maße zu einer breiteren Vermögensstreuung beigetragen.

Zusammenfassung der Ergebnisse des Abschnittes B

Auf Grund der Ergebnisse dieses Abschnittes läßt sich feststellen, daß nahezu alle Formen der privaten Vermögensbildung Westdeutschlands in den letzten Jahren durch finanzpolitische Maßnahmen unmittelbar beeinflußt und gelenkt wurden. Das gilt sowohl für die Selbstfinanzierung, die in erheblichem Umfang durch die steuerlichen Abschreibungsmöglichkeiten, die Sondervergünstigungen und Pensionsrückstellungen bestimmt wurde, wie für die verschiedenen Arten des Sparens der privaten Haushalte. Beim Lebensversicherungs- und Bausparen wurden fast ohne Ausnahme staatliche Begünstigungen in Anspruch genommen; auf das Konten- und Wertpapiersparen wirkten die finanzpolitischen Maßnahmen ebenfalls spürbar ein.

Auch der staatliche Beitrag zur volkswirtschaftlichen Vermögensbildung ist in erheblichem Umfang Privatpersonen zugute gekommen. Neben den Vermögensübertragungen muß ein großer Teil der sogenannten Finanzinvestitionen, auf die mehr als die Hälfte der Vermögensbildung der Gebietskörperschaften und des Lastenausgleichsfonds entfällt, Privaten zugerechnet werden – allerdings nicht ausschließlich als Vermögenszuwachs. Der in den Finanzinvestitionen enthaltene Subventionswert schlägt sich nämlich im privaten Bereich nur dann als Vermögen nieder, wenn nicht,

[422] Vgl. Aufbaudarlehen für die gewerbliche Wirtschaft und die freien Berufe. Statistische Informationen des Bundesausgleichsamtes, Reihe 6, Nr. 11 v. 23. 3. 1962 S. 3. Weniger für die Vermögens- als für die Unternehmenskonzentration ist außerdem bedeutsam, daß beispielsweise von den seit dem 1. 4. 1954 bewilligten Darlehen ein Drittel für Neugründungen und die Übernahme bestehender Betriebe zur Verfügung gestellt wurde.

[423] Vgl. Die Aufbaudarlehen für die Landwirtschaft. Statistische Informationen des Bundesausgleichsamtes, Reihe 7, Nr. 11 v. 5. 4. 1962, S. 2.

wie z. B. bei der Mietpreisbindung, entgegengerichtete Auflagen mit der Kreditgewährung verbunden sind. Selbst unter Berücksichtigung dieser Einschränkung kann mit einer zusätzlichen Vermögensbildung des privaten Bereichs durch die Finanzinvestitionen in Höhe von annähernd 10 Md. DM gerechnet werden. Möglicherweise liegt der Betrag noch darüber.

Die äußerst starke direkte Einflußnahme der öffentlichen Hand auf die private Vermögensbildung war in hohem Grade eine Folge der besonderen Umstände der Nachkriegssituation. Ein großer Teil der Maßnahmen gehört daher auch bereits der Vergangenheit an. Immerhin wird hieran sichtbar, daß die allgemeinen Zusammenhänge zwischen Besteuerung, Staatsausgaben und privater Vermögensbildung, die im ersten Teil dieser Arbeit dargelegt wurden, nicht losgelöst von den speziellen Einwirkungen gesehen werden können und durch sie modifiziert werden. Auch wenn man von den einmaligen Gegebenheiten der vergangenen Jahre absieht, scheint doch eine gewisse Parallelität zwischen der Höhe der Besteuerung und dem Einsatz direkter Förderungsmaßnahmen der privaten Investitionen und des privaten Sparens zu bestehen. Daß dieses bei den Schlußfolgerungen des ersten Teils nicht unbeachtet bleiben darf, wurde bereits dort erwähnt.

Der im politischen Raum so stark propagierten Vermögensbildung in breiten Schichten wurde – wenigstens bisher – die Finanzpolitik kaum gerecht[424]. Es überwiegen eindeutig die konzentrationsfördernden Wirkungen. Am ehesten haben noch – obgleich mit gewissen Einschränkungen – die Finanzinvestitionen der genannten Zielsetzung gedient. Größere Erfolge sind auch bei den Prämienvergünstigungen vor allem des Bausparens zu verzeichnen. Mit Vorbehalten kann dies auch von der Privatisierung öffentlicher Unternehmen gesagt werden.

Im Gegensatz dazu haben die steuerlichen Sparanreize, vornehmlich aber die Sondervergünstigungen und die Abschreibungsmethoden vorwiegend die Vermögenskonzentration forciert. Quantitativ dürften diese Effekte weit bedeutender sein als die erwähnten Wirkungen in Richtung auf eine gleichmäßigere Vermögensverteilung. Da, wie oben gezeigt, von der Struktur der Vermögensbildung nicht nur die Vermögensverteilung, sondern auch die Einkommensverteilung bestimmt wird, haben somit die finanzpolitischen Maßnahmen in der Bundesrepublik insgesamt bisher noch wenig zur Nivellierung beigetragen.

[424] Vgl. auch Meinhold, Helmut: Westdeutsche Wirtschaftspolitik und Konzentration. In: Die Konzentration in der Wirtschaft, a. a. O., Bd. 2, S. 1333 ff.

Rückblick und Ausblick

Der Aufgabe, die Zusammenhänge zwischen Finanzpolitik und privater Vermögensbildung und -verteilung eingehend zu analysieren, läßt sich nicht durch eine isolierte Betrachtung der Vermögenseffekte der verschiedenen finanzpolitischen Maßnahmen gerecht werden. Wie so häufig in der nationalökonomischen Theorie stimmt die Summe der aus der Sicht der einzelnen Wirtschaftseinheiten zu erwartenden Wirkungen nicht mit den aus dem wirtschaftlichen Gesamtprozeß ableitbaren Ergebnissen überein[425]. Jede einzelwirtschaftliche Betrachtung muß von allzu engen Voraussetzungen ausgehen; die mittelbaren Veränderungen, die sich aus dem Wirtschaftsprozeß ergeben, kann sie nicht erfassen.

Aus diesem Grund mußte an den Beginn der vorliegenden Arbeit eine Untersuchung der allgemeinen Beziehungen zwischen Finanzpolitik und privater Vermögensbildung gestellt werden; dabei war vor allem der Frage Aufmerksamkeit zu schenken, ob und inwieweit die Besteuerung den privaten Vermögenszuwachs beschneidet. Der Beantwortung dieser Frage kann nur ein Modell genügen, dessen Voraussetzungen mit den Vorgängen in der Realität in ausreichendem Maße übereinstimmen.

Den Ausgangspunkt der Analyse bildete daher die empirische Entwicklung der privaten Investitionsquote und der privaten Vermögensbildung im Verhältnis zum steigenden Anteil des Staates am Sozialprodukt. Aus der Tatsache, daß die private Investitionsquote in den vergangenen Jahrzehnten trotz der starken Anspannung der Besteuerung zumindest konstant blieb, daß die Besteuerung daher ausschließlich zu Lasten des privaten Konsums ging, mußte letztlich auf eine weitgehende Überwälzung der Gewinnsteuern geschlossen werden. Die theoretischen Überlegungen ließen dieses Ergebnis durchaus als sinnvoll erscheinen.

In einer wachsenden Wirtschaft können die dafür erforderlichen Bedingungen in der Regel als gegeben angesehen werden. Sofern die Unternehmer bereit und in der Lage sind, ihre Investitionen aufrechtzuerhalten, wächst ihnen auch – in ihrer Gesamtheit – durch Veränderungen in der Einkommensverteilung das Vermögen daran zu. Die private Vermögensbildung wird nicht durch den Umfang des Sparens der Haushalte bestimmt, sondern durch die Höhe der Investition. Die Investition zieht durch eine entsprechende Umschichtung in der Einkommensverteilung den notwendigen Konsumverzicht nach sich.

[425] Vgl. auch: Stützel, Wolfgang: Volkswirtschaftliche Saldenmechanik. Tübingen 1958, passim.

Der historische Ablauf ist jedoch offensichtlich durch drei Faktoren maßgeblich mit beeinflußt worden: Eine erste Vorbedingung für die aufgezeigten Wirkungen scheint in der Expansion der Wirtschaft zu liegen; denn diese Vorgänge vollziehen sich leichter, manche Voraussetzungen sind nur gegeben, wenn eine laufende Ausweitung des Produktions- und Einkommensvolumens stattfindet. Des weiteren muß in dem relativen Zurückbleiben der Anzahl der Selbständigen ein Umstand gesehen werden, der die sozialen Spannungen um die Verteilung des Volkseinkommens erheblich gemildert hat. Drittens darf nicht übersehen werden, daß steuerliche Bestimmungen die privaten Investitionen nicht nur hemmen, sondern auch anregen können. So wirken z. B. die degressiven Abschreibungen gerade dann investitionsfördernd, wenn die Steuersätze sehr hoch sind.

Erst auf dem Hintergrund der gesamtwirtschaftlichen Auswirkungen der Finanzpolitik auf die private Vermögensbildung konnten im 2. Teil die relevanten einnahme- und ausgabepolitischen Maßnahmen im einzelnen überprüft werden. Zumeist beeinflussen sie nicht so sehr die Höhe der privaten Investitionen, sondern führen zu Umschichtungen in deren Struktur und in der Einkommens- und Vermögensverteilung; die Verteilungseffekte sind äußerst vielschichtig und vielgestaltig.

Am Beispiel der Bundesrepublik wurden sodann im Abschnitt B des 2. Teils diese Einzelaspekte empirisch vertieft. Dabei ergab sich, daß die meisten der zur Beeinflussung der Kapitalbildung und des Sparens eingesetzten finanzpolitischen Mittel die Vermögensdifferenzierung verstärkt haben; entgegengerichtete Tendenzen lassen sich nur in geringem Umfang feststellen.

Wenn die abgeleiteten Ergebnisse die Vorgänge in der Realität richtig erklären, so muß die Einnahme- und Ausgabepolitik des Staates unter neuen Aspekten gesehen werden. Die politischen Folgerungen liegen zwar außerhalb des Aufgabenbereichs dieser Untersuchung; einige von ihnen seien jedoch abschließend kurz angedeutet.

Entgegen vielfach gehegten Befürchtungen werden die private Investitionsquote und damit die private Kapitalbildung durch die Besteuerung nur in relativ geringem Grade tangiert, sofern – was einschränkend hinzugefügt werden muß – nicht exorbitant hohe Steuersätze erhoben werden. Auf der anderen Seite ist es aber auch nicht ohne weiteres möglich, durch eine Förderung des Sparens oder eine Stärkung des Kapitalmarktangebotes die Investitionstätigkeit und damit das Wachstum der Wirtschaft zu steigern.

Nicht weniger bedeutsam sind die Folgerungen für die Verteilungspolitik. Die Bemühungen des Gesetzgebers, durch eine Höherbelastung der oberen und fundierten Einkommen die Steuerlast nach der Leistungsfähigkeit der einzelnen Zensiten zu verteilen, sind offensichtlich in erheblichem Maße zum

Scheitern verurteilt. Vor allem scheint eine stärkere Belastung der Selbständigen zugunsten der Arbeitnehmer so lange nicht zu verwirklichen, wie diese nicht in entsprechendem Umfang an der volkswirtschaftlichen Vermögensbildung beteiligt werden – es sei denn, das wirtschaftliche Wachstum werde beschnitten. Die Realisierung einer breiteren Streuung der volkswirtschaftlichen Vermögensbildung ist demnach eine notwendige und zugleich auch hinreichende Bedingung für eine gleichmäßigere Verteilung der Steuerlast und damit der Nettoeinkommen.

Literatur

Albers, Willi: Preisliche Wirkungen der Besteuerung. In: FA, Bd. 16, 1955/56, S. 227 ff.

derselbe: Staatsverschuldung und Geld- und Kreditpolitik. In: FA, Bd. 21, 1961, S. 25 ff.

Aprath, W.: Steuerbegünstigte Kapitalbildung durch Bausparen. In: Privates Bausparwesen 1950, S. 89 ff.

Arndt, Helmut: Zur mikroökonomischen Analyse der Überwälzbarkeit der Einkommensteuer und zur Frage der Übertragung von Modellergebnissen auf historische Tatbestände. In: FA, Bd. 21, 1961, S. 47 ff.

derselbe u. Günter Ollenburg: Begriffe und Arten der Konzentration. In: Die Konzentration in der Wirtschaft, Bd. 1, Schr. d. Vereins f. Socialpolitik, NF, Bd. 20, Berlin 1960, S. 3 ff.

Bach, G. L.: The Impact of Moderate Inflation on Incomes and Assets of Economic Groups. In: Federal Tax Policy for Economic Growth and Stability, Papers und Hearings, Washington 1956, S. 71 ff. u. S. 48 ff.

Barocka, E.: Zur Bewertung von Mietwohnhäusern des sozialen und des steuerbegünstigten Wohnungsbaus. In: Bundesbaublatt 1960, S. 313 ff.

Baumgart, Egon R.: Investitionen und ERP-Finanzierung. Sonderheft Nr. 56 des Deutschen Instituts für Wirtschaftsforschung, Berlin 1961.

Bevölkerung und Wirtschaft. Stat. d. BR Dtschld., Bd. 199.

Binder, P.: Die Geldkapitalbildung, Tübingen 1952.

Bodenhorn, Diron: The Shifting of the Corporation-Income Tax in a Growing Economy. In: Qu. J. of. Ec., Bd. 70, 1956, S. 563 ff.

Bombach, Gottfried: Preisstabilität, wirtschaftliches Wachstum und Einkommensverteilung. In: Schw. Z. f. V. u. St., 1959, S. 1 ff.

derselbe: Die verschiedenen Ansätze der Verteilungstheorie. In: Niehans, Bombach, Ott: Einkommensverteilung und technischer Fortschritt. Schr. d. Vereins f. Socialpolitik, NF, Bd. 17, Berlin 1959, S. 95 ff.

Boulding, Kenneth E.: A Reconstruction of Economics, New York 1950.

Brecht, Julius: Stichwort: Wohnungsunternehmen, gemeinnützige. In: Hdwb des Städtebaus, Wohnungs- und Siedlungswesen, Stuttgart 1959, Bd. 3, S. 1764 ff.

Brinkmann, Carl: Die Wirtschaftsgeschichte des Kapitals und die Lehrgeschichte des Kapitalbegriffs. In: Die Unternehmung im Markt. Festschrift für W. Rieger, Stuttgart 1953, S. 9 ff.

Brown, E. Cary: Business Income Taxation and Investment Incentives. In: Readings in the Economics of Taxation. London 1959, S. 525 ff.

derselbe: The New Depreciation Policy under the Income Tax: An Economic Analysis. In: Nat. Tax. J., Jahrg. 8, 1955, S. 81 ff.

Buchanan, James M.: Public Principles of Public Debt, Homewood 1958.

Der Bund als Finanzier. Kredite, Leistungen und Bürgschaften des ERP-Sondervermögens. Hrsg. von Dieter Carstens, Bad Godesberg 1960.

Bühler, Otmar: Die steuerliche Beeinflussung der Unternehmenskonzentration im Ausland. In: Die Konzentration in der Wirtschaft, Bd. 2, Schr. d. Vereins f. Socialpolitik, NF, Bd. 20, Berlin 1960, S. 1167 ff.

Butters, Keith J.: Taxation, Incentives, and Financial Capacity. In: AER, Pap. and Proc., Bd. 44, 1954, S. 504 ff.

Chamkers, S. P.: Taxation and Incentives. In: Lloyd's Bank Revue, 1949, S. 1 ff.

Champernowne, D. O.: Capital Accumulation and the Maintainance of Full Employment. In: Ec. J., Bd. 68, 1958, S. 211 ff.

Christmann, Walter: Die Theorie der Erbschaftsteuer und ihre finanzpolitische Problematik, Diss. Frankfurt 1939.

Coester, Franz: Sparen aus Masseneinkommen. In: Der Volkswirt, Heft 44, 1959, S. 2378 ff.

derselbe: Arbeitnehmer und Sparaufkommen. In: Politisch-soziale Korrespondenz, Heft 20, 1958, S. 8 ff.

Colm, Gerhard: »Don't throw the Baby out with the Bath!«, FA, Bd. 14, 1953/54, S. 525 ff.

derselbe: Full Employment through Tax Policy. In: Derselbe: Essays in Public Finance and Fiscal Policy. New York 1955, S. 68 ff.

Conzelmann, Heinrich: Der Begriff des Vermögens, Diss. Tübingen 1937.

Cosciani, Cesare: Zur Frage der Überwälzbarkeit einer Körperschaftsteuer. In: FA, Bd. 19, 1959, S. 240 ff.

Coulbois, Paul: Les Finances Publiques de la France de 1953 à 1955, FA, Bd. 17, 1956/57, S. 439 ff.

Davidson, Paul: Theories of Aggregate Income Distribution, New Brunswick 1960.

Diehl, Karl: Vermögen. WdV, Bd. 5, 4. Aufl., Jena 1933, S. 708 ff.

Dittmar, Rupprecht: Miteigentum – ein praktischer Vorschlag. Schriften der Sozialausschüsse der christlich-demokratischen Arbeitnehmerschaft, Königswinter 1957.

Dobrovolsky, S. P.: Depreciation Policy and Investment Decisions, In: AER, Bd. 41, 1951, S. 906 ff.

Döring, Heinrich: Die Berufsgliederung des Neuzugangs in der Großlebensversicherung. In: Versicherungswirtschaft, Nr. 4, 1960, Nr. 10, 1959 u. Nr. 10, 1956 (Sonderdrucke).

Domar, Evsey D.: The Case for Accelerated Depreciation. In: Qu. J. of Ec., Bd. 67, 1953, S. 493 ff.

Dow, Christopher: Die Mittel der Geldpolitik in englischer Sicht. In: Konjunkturpolitik Jg. 6, 1960, S. 131 ff.

Duesenberry, James S.: Income, Saving, and the Theory of Consumer Behaviour, Cambridge 1959.

derselbe: The Determinants of Savings Behaviour. In: Savings in the Modern Economy, Minneapolis 1953, S. 195 ff.

Ehrlicher, Werner: Die Wirkungen der Unternehmungsteuern auf Investitionen, Gewinne und Löhne, FA, Bd. 18, 1957/58, S. 373 ff.

Das Einkommen der Einkommen- und Körperschaftsteuerpflichtigen und seine Besteuerung. Stat. d. BR Dtschl., Bd. 125.

Einkommen und Körperschaftsteuer der Körperschaftsteuerpflichtigen. Ergebnisse der Körperschaftsteuerstatistik 1957. In: WuSt, Heft 9, 1960, S. 523 ff.

Eisner, Robert: Changes in Methods of Depreciation and their Effects. In: Federal Tax Policy for Economic Growth and Stability, Papers und Hearings, Washington 1956, S. 515 ff. und S. 416 f.

Zur Entwicklung der Bausparkassen. Monatsbericht der Deutschen Bundesbank August 1960, S. 3 ff.

Feiler, Popitz und *Colm:* Probleme der Erbschaftsteuererhöhung. In: Kapitalbildung und Steuersystem. Verhandlungen und Gutachten der Konferenz von Eilsen, Tl. 2, Berlin 1930, S. 4 ff.

Fey, Walter: Der Eigenheimbau in der Bundesrepublik. In: Privates Bausparwesen 1957, S. 43 ff.

derselbe: Entwicklungstendenzen und Merkmale des Eigenheimbaues in der Bundesrepublik. In: Privates Bausparwesen 1961, S. 42 ff.
derselbe: Tendenzen und Merkmale des Wohnungsbaues 1961. In: Bundesbaublatt 1962, S. 221 ff.
derselbe: Die Quellen der Wohnungsbaufinanzierung in der Bundesrepublik. In: Bundesbaublatt 1959, S. 170 ff.; 1960, S. 242 ff.; 1962, S. 170 ff.
derselbe: Der Wohnungsbau in der Bundesrepublik 1954 und seine Finanzierung, Bundesbaublatt 1955, S. 162 ff.
Finanzbericht 1962. Hrsg. vom Bundesministerium der Finanzen. Bonn 1962.
Föhl, Carl: Kritik der progressiven Einkommensbesteuerung. In: FA, Bd. 14, 1953/54, S. 88 ff.
derselbe: Geldschöpfung und Wirtschaftskreislauf, 2. Aufl., Berlin 1955.
derselbe: Kredit, Theorie. In: HdSW, Bd. 6, S. 312 ff.
derselbe: Das Steuerparadoxon. In: FA, Bd. 17, 1956, S. 1 ff.
derselbe: Über die Möglichkeiten einer Beeinflussung der Vermögensbildung. In: FA, Bd. 19, 1959, S. 132 ff.
derselbe: Ursachen und Beeinflußbarkeit der Vermögensbildung in den Unternehmen. In: Die Aussprache 1960, S. 284 ff.
derselbe: Ursachen und Beeinflußbarkeit der Vermögensverteilung. In: Die Konzentration in der Wirtschaft. Schr. d. Vereins f. Socialpolitik, NF, Bd. 22, Berlin 1961, S. 156 ff.
Forster, Karl-Heinz: Finanzierung durch Abschreibungen nach den Ergebnissen von DM-Bilanzen. Stuttgart 1952.
Forstmann, Albrecht: Zur Problematik einer dynamischen Kapitaltheorie. In: Schm. J., Bd. 75, 1955, S. 25 ff.
Geiger, Helmut: Öffentliche Förderung des Eigenheims in der sozialen Marktwirtschaft. In: Beilage Bausparkassen zum Handelsblatt vom 19. 12. 1960, S. 3.
Giebner, Werner: Marktkonforme Wohnungsbauförderung 1959/60 in Nordrhein/Westfalen. In: Privates Bausparwesen 1960, S. 34 ff.
Goedhart, C.: Some Reflections on the Scope and Methods of a Macroeconomic Theory of Tax-Shifting. In: Public Finance, Bd. 13, 1958, S. 1 ff.
Goldsmith, Raymond W.: A Study of Saving in the United States, 3 Bde., Princeton 1955/56.
Goode, Richard: The Corporation Income Tax and the Price Level. In: AER, Bd. 35, 1945, S. 40 ff.
derselbe: Accelerated Depreciation Allowances as a Stimulus to Investment. In: Qu. J. of Ec., Bd. 69, 1955, S. 191 ff.
Gutenberg, Erich: Untersuchungen über die Investitionsentscheidungen industrieller Unternehmen, Köln 1959.
Hall, Challis A.: Retirement Contributions, the Spending Stream, and Growth. In: Federal Tax Policy for Economic Growth and Stability, Papers, Washington 1956, S. 786 ff.
Haller, Heinz: Nettoumsatzsteuer versus Gewinnsteuer, FA, Bd. 16, 1955/56, S. 201 ff.
derselbe: Zur Problematik der Kreditfinanzierung öffentlicher Ausgaben. In: FA, Bd. 19, 1959, S. 72 ff.
derselbe: Finanzpolitik, HdSW, Bd. 3, S. 624 ff.
Hankel, Wilhelm: Kapitalbildung und Kapitalanlagen in der Bundesrepublik im letzten Jahrzehnt. In: Der Volkswirt. Beilage zu Nr. 42 vom 15. 10. 1960, S. 11 ff.
Harriss, C. Lowell: Das Finanz- und Steuersystem der Vereinigten Staaten von Amerika. In: HdF, Bd. 3, Tübingen 1958, S. 420 ff.

derselbe: Economic Effects of Estate and Gift Taxation. In: Federal Tax Policy for Economic Growth and Stability. Papers, Washington 1956, S. 855 ff.

Häuser, Karl und *Rudolf Richter:* Zum Problem der Einkommensteuerüberwälzung, FA, Bd. 16, 1955/56, S. 258 ff.

Häuser, Karl: Die Unüberwälzbarkeit der Einkommen- und Körperschaftsteuer bei Gewinnmaximierung. In: FA, Bd. 20, 1960, S. 422 ff.

derselbe: Die steuerliche Beeinflussung der Einkommens- und Vermögenskonzentration in der Bundesrepublik. In: Die Konzentration in der Wirtschaft, Bd. 2, Schr. d. Vereins f. Socialpolitik, NF, Bd. 20, Berlin 1960, S. 1097 ff.

Häussler, Erwin: Der Arbeitnehmer von morgen, 3. Aufl., Stuttgart 1956.

Hayek, Friedrich A.: Die Ungerechtigkeit der Steuerprogression. In: Schweizer Monatshefte, 1952, S. 508 ff.

Herden, Günter: Der Vermögensbegriff im Steuerrecht. Diss. Breslau 1940.

Herrmann, Kurt A.: Vermögensstatistik, HdSW, Bd. 11, S. 148 ff.

Hicks, Ursula K.: British Public Finances, 1880–1952, 2. Aufl., London 1958.

Höffner, Joseph: Die Funktionen des Privateigentums in der freien Welt. In: Wirtschaftsfragen der freien Welt, Frankfurt 1957, S. 121 ff.

Hoffmann, Walther G.: Die unverteilten Gewinne der Kapitalgesellschaften in Deutschland, 1871–1957. In: Z. f. d. g. St., Bd. 115, 1959, S. 271 ff.

derselbe und *Müller, J. Heinz:* Das deutsche Volkseinkommen 1851–1957, Tübingen 1959.

Holland, Daniel M. und *C. Harry Kahn:* Comparison of Personal and Taxable Income. In: Federal Tax Policy for Economic Growth and Stability. Papers, Washington 1956, S. 313 ff.

Hoover, Glenn E.: The Economic Effects of Inheritance Taxes. In: AER, Bd. 17, 1927, S. 38 ff.

Hosmalin, Guy: Der soziologische Ansatz und die ökonomische Theorie der Einkommensverteilung in Frankreich. In: J. f. Nat. u. Stat., Bd. 172, 1960, S. 273 ff.

Hübler, Siegfried: Die Wohnungsbauprämien in den Rechnungsjahren 1955, 1956 u. 1957 bzw. 1958 u. 1959. In: Bundesbaublatt 1958, S. 293 ff. u. 1960, S. 504 ff.

Die Investitionen der Gebietskörperschaften und des Lastenausgleichsfonds. In: Monatsbericht der Deutschen Bundesbank, Aug. 1959, S. 11 ff.

Jecht, Horst: Staatliche Wirtschaftspolitik und Einkommensverteilung. In: Einkommensbildung und Einkommensverteilung, Schr. d. Vereins für Socialpolitik, NF, Bd. 13, Berlin 1957, S. 126 ff.

derselbe: Über einige Entwicklungstendenzen und Probleme des westdeutschen Kapitalmarkts. In: Wirtschaftsfragen der freien Welt. Festgabe für Ludwig Erhard. Frankfurt 1957, S. 420 ff.

derselbe: Finanzpolitik und Kapitalbildung, Tübingen 1958.

derselbe: Wirtschaftspolitische Probleme der gegenwärtigen Finanzpolitik. In: Z. f. Nat. Ök., Bd. 20, 1960, S. 73 ff.

Jefferys, James B. and *Dorothy Walters:* National Income and Expenditure of the United Kingdom, 1870–1952. In: Income and Wealth, Series V, London 1956, S. 1 ff.

Jöhr, W. A.: Das Problem der Schuldentilgung. Ein Kernproblem der schweizerischen Finanzreform. In: FA, Bd. 11, 1948, S. 271 ff.

Johnson, Harry G.: The Macro-Economics of Income Distribution. In: Income Redistribution and Social Policy. Hrsg. v. Alan T. Peacock, London 1954, S. 19 ff.

Jostock, Paul und *Albert Ander:* Konzentration der Einkommen und Vermögen. In: Die Konzentration in der Wirtschaft, Bd. 1, Schr. d. Vereins für Socialpolitik, NF, Bd. 20, Berlin 1960, S. 179 ff.

Kaldor, Nicholas: Alternative Theories of Distribution. In: Rev. of Ec. St., Bd. 23, 1955/56, S. 83 ff.

derselbe: Economic Growth and the Problem of Inflation. In: Economica, Bd. 26, 1959, S. 212 ff.

derselbe: A Rejoinder to Mr. Atsumi and Professor Tobin. In: The Rev. of Ec. St., Bd. 27, 1959/60, S. 121 ff.

Kalecki, Michael: A Theory of Profits. In: Ec. J., Bd. 52, 1942, S. 258 ff.

derselbe: Drei Wege zur Vollbeschäftigung. In: Vollbeschäftigung. Sechs Studien des Stat. Inst. d. Universität Oxford, Bern 1946, S. 77 ff.

derselbe: The Distribution of the National Income. In: Readings in the Theory of Income Distribution, London 1954, S. 197 ff.

Kapitalbildung und Besteuerung. Finanzwissenschaftliche Untersuchungen, hrsg. von Walther Lotz, München 1929.

Kapitalbildung und Steuersystem, Verhandlungen und Gutachten der Konferenz von Bad Eilsen, Berlin 1930.

Katona, George: Das Verhalten der Verbraucher und Unternehmer. Tübingen 1960.

Keirstead, B. S.: An Essay in the Theory of Profits and Income Distribution. Oxford 1953.

Kemper, Paul: Private Kapitalbildung und Steuersystem. In: Kapital und Kapitalismus, Bd. 1, Berlin 1931, S. 308 ff.

Keynes, John Maynard: Vom Gelde, Berlin 1955.

Kimmel, Lewis H.: Taxes and Economic Incentives, Washington 1950.

Kindermann, Harry: Investitionsverhalten der Unternehmer in der Textilindustrie, Diss. Münster 1960.

Klösges, E.: Die Steuerlawine, Berlin 1953.

Kloten, Norbert: Das Eigentum in der Wirtschaftsordnung. In: Wirtschaftsdienst, Jg. 35, 1955, S. 76 ff.

Koch, Woldemar: Steuerpolitik, In: HdSW, Bd. 10, Göttingen 1959, S. 124 ff.

derselbe: Die Einkommensschichtung im Wechsel der Wirtschaftslagen. In: Festgabe für Friedrich Bülow, Berlin 1960, S. 169 ff.

Krelle, Wilhelm: Die Grenzproduktivitätstheorie des Lohnes. In: Jahrb. f. Nat. Ök. u. Stat., Bd. 162, 1950, S. 1 ff.

derselbe: Zur Wirkung der progressiven Einkommensbesteuerung, FA, Bd. 16, 1955, S. 22 ff.

derselbe: Bestimmungsgründe der Einkommensverteilung in der modernen Wirtschaft. In: Einkommensbildung und Einkommensverteilung, Schr. d. Vereins f. Socialpolitik, NF, Bd. 13, Berlin 1957, S. 55 ff.

derselbe: Die Investitionsfunktion. In: J. f. Nat. u. St., Bd. 172, 1960, S. 345 ff.

derselbe: Verteilungstheorie. Tübingen 1962.

Kronenberg, Friedrich: Die Beeinflussung der Vermögensbildung in der Bundesrepublik Deutschland durch finanzpolitische Maßnahmen, insbesondere durch Subventionen zur Vermögensbildung. In: Jahrbuch des Instituts für Christliche Sozialwissenschaften, Bd. 2, Münster 1961, S. 17 ff.

Kuznets, Simon: National Product since 1869, New York 1946.

derselbe: National Income. A Summary of Findings. New York 1946.

derselbe: Long-term Changes in the National Income of the United States of America since 1870. In: Income and Wealth of the United States, Trends and Structure. Income and Wealth, Series II, Cambridge 1952, S. 158 ff.

Laufenburger, Henry: Der private und der öffentliche Wirtschaftsbereich. In: Beiträge zur Finanzwissenschaft und Geldtheorie. Festschrift für Rudolf Stucken, Göttingen 1953, S. 94 ff.

Lehmann, Werner: 25 Jahre Steuerbegünstigung des Bausparens. In: Bausparen. Beilage zu Heft 43 des Volkswirt vom 25. 10. 1958, S. 13 ff.

Lewis, W. A.: Die Theorie des wirtschaftlichen Wachstums, Tübingen 1956.

Littmann, Konrad: Zur Problematik konjunkturgestaltender Zielsetzungen der Steuerpolitik. In: FA, Bd. 14, 1953/54, S. 531 ff.

derselbe: Zunehmende Staatstätigkeit und wirtschaftliche Entwicklung, Köln 1957.

derselbe: Über einige Zwangsläufigkeiten der Vermögensverteilung in der Marktwirtschaft. In: Z. f. d. ges. St., Bd. 113, 1957, S. 205 ff.

Lintner, John: Effects of a Shifted Corporation Income Tax on Real Investment. In: Nat. Tax J., Bd. 8, 1955, S. 229 ff.

derselbe: Effect of Corporate Taxation on Real Investment. In: AER, Pap. and Proc., Bd. 44, 1954, S. 520 ff.

Lohmann, Martin: Die westdeutschen Investitionen 1948–1957 und ihre soziale Problematik. In: Hamburger Jahrbuch f. Wirtschafts- und Gesellschaftspolitik, 3. Jahrg., 1958, S. 32 ff.

derselbe: Einführung in die Betriebswirtschaftslehre, 3. Aufl., Tübingen 1959.

Lütge, Friedrich: Finanzierungsprobleme des Wohnungsbaus in Westdeutschland seit der Währungsreform. In: J. f. Nat. u. St., Bd. 164, 1952, S. 120 ff.

Lydall, H. F.: The Long-term Trend in the Size Distribution of Income. In: J. of Royal Stat. Soc., Ser. A, Bd. 122, 1959, S. 1 ff.

Mann, Fritz Karl: Überwälzung der Steuer In: HdSt. 4. Aufl., Bd. 8, 1926, S. 336 ff.

derselbe: Die Überwälzbarkeit der Einkommen-, Vermögen-, Vermögenszuwachs- und Erbschaftsteuern. In: Kapitalbildung und Steuersystem, Bd. 2, Berlin 1930, S. 324 ff.

derselbe: Die Erhöhung der Erbschaftsteuer. In: Kapitalbildung und Steuersystem, Berlin 1930, Bd. 2, S. 462 ff.

derselbe: Steuerpolitische Ideale, Jena 1937.

Marberry, Charles E.: On the Burden of the Corporate-Income Tax. In: Nat. Tax J., Bd. 11, 1959, S. 323 ff.

Marchal, Jean: The Construction of a New Theory of Profit. In: AER, Bd. 41, 1951, S. 549 ff.

Meade, James Edward: Probleme nationaler und internationaler Währungsordnung, Tübingen 1955.

Meinhold, Helmut: Westdeutsche Wirtschaftspolitik und Konzentration. In: Die Konzentration in der Wirtschaft, Bd. 2, Schr. d. Vereins f. Socialpolitik, Bd. 20, Berlin 1960, S. 1333 ff.

Mering, Otto von: Die Steuerüberwälzung, Jena 1928.

derselbe: Steuerüberwälzung. In: HdSW, Bd. 10, Stuttgart 1959, S. 175 ff.

Methodische Erläuterungen zu den Berechnungen über die Vermögensbildung und ihre Finanzierung. In: Monatsberichte der Dt. Bundesbank. Dez. 1961, S. 13 ff.

Miller, Donald C.: Taxes, the Public Debt, and Transfers of Income. Urbana 1950.

Miteigentum der Arbeitnehmer, eine Stellungnahme der Deutschen Angestellten-Gewerkschaft, Hamburg 1955.

Murray, Roger: The Effect of Retirement and Pension Funds on Saving. In: Savings in the modern Economy, Minneapolis 1953, S. 191 ff.

Musgrave, Richard A.: On Incidence. In: J. of Pol. Ec., Bd. 61, 1953, S. 306 ff.

derselbe: General Equilibrium Aspects of Incidence Theory. In: AER, Bd. 43, Pap. and Proc., 1953, S. 504 ff.

derselbe: Theorie der öffentlichen Schuld, HdF., 2. Aufl., Tübingen 1958, Bd. 3, S. 69 ff.

derselbe: The Theory of Public Finance, New York 1959.

Neisser, Hans: Kreislauftheoretisches zur Gewinnsteuer, FA, Bd. 14, 1953/54, S. 687 ff.

Nell-Breuning, Oswald von: Der Lohn als Erwerbsmittel und Eigentumsquelle. In: Eigentum und Eigentümer, Köln 1960, S. 51 ff.

Neumark, Fritz: Theorie und Praxis der modernen Einkommensbesteuerung, Bern 1947.

derselbe: Grundsätze und Arten der Haushaltsführung und Finanzbedarfsdeckung. In: HdF., Bd. 1, Tübingen 1952, S. 606 ff.

derselbe: Möglichkeiten einer finanzpolitischen Beeinflussung von Kapitalbildung und Kapitalverwendung. In: Kapitalbildung und Kapitalverwendung. Schriften des Vereins für Socialpolitik, NF, Bd. 5, Berlin 1953, S. 53 ff.

derselbe: Finanzpolitik in der Hochkonjunktur. In: Konflikte der Wirtschaftspolitik, Der Volkswirt, H. 52/53, 1960, S. 74 ff.

Niehans, Jürg: Schuldentilgung und Kapitalmarkt. Schriften zur Neuordnung der Bundesfinanzen, H. 4a, Basel 1956.

derselbe: Die Wirkungen von Lohnerhöhungen, technischem Fortschritt, Steuern und Spargewohnheiten auf Preise, Produktion und Einkommensverteilung. In: Einkommensverteilung und technischer Fortschritt. Schr. d. Vereins f. Socialpolitik, NF, Bd. 17, Berlin 1959, S. 9 ff.

Nöll von der Nahmer, Robert: Kredit, öffentlicher. In: HdSW, Bd. 6, S. 329 ff.

Oberländer, Theodor: Eigentumsmaßnahmen des Lastenausgleichs. In: Privates Bausparwesen 1959, S. 27 ff.

Peacock, Alan T. and *Jack Wiseman:* The Growth of Public Expenditure in the United Kingdom, Princeton 1961.

Perganda, Hans-Günther: Stichwort: Wohnungsbaurecht. In: HdWb d. Städtebaus, Wohnungs- u. Siedlungswesen, Bd. 3, Stuttgart 1959, S. 1687 ff.

Peter, Hans: Sekundärwirkungen. Bemerkungen zu den Zahlenbeispielen des Aufsatzes von Carl Föhl, FA, Bd. 14, 1953/54, S. 110 ff.

Pfister, Bernhard: Diskussionsbeitrag in: Sinnvolle und sinnwidrige Sozialpolitik, Ludwigsburg 1959, S. 64 ff.

Phelps Brown, E. H. and *Hart, P. E.:* The Share of Wages in National Income. In: Ec. J., Bd. 62, 1952, S. 253 ff.

Pohmer, Dieter: Die steuerliche Beeinflussung der Unternehmenskonzentration. In: Die Konzentration in der Wirtschaft, Bd. 2, Schr. d. Vereins f. Socialpolitik, Bd. 20, Berlin 1960, S. 1045 ff.

Preiser, Erich: Geldschöpfung oder Sparen? In: Bildung und Verteilung des Volkseinkommens, Göttingen 1957, S. 65 ff.

derselbe: Erkenntniswert und Grenzen der Grenzproduktivitätstheorie. In: Bildung und Verteilung des Volkseinkommens, Göttingen 1957, S. 193 ff.

derselbe: Multiplikatorprozeß und dynamischer Unternehmergewinn. In: Bildung und Verteilung des Volkseinkommens, Göttingen 1957, S. 124 ff.

derselbe: Der Kapitalbegriff und die neuere Theorie. In: Bildung und Verteilung des Volkseinkommens, Göttingen 1957, S. 99 ff.

derselbe: Besitz und Macht in der Distributionstheorie. In: Bildung und Verteilung des Volkseinkommens, Göttingen 1957, S. 173 ff.

derselbe: Distribution, Theorie. In: HdSW, Bd. 2, S. 620 ff.

derselbe: Investition und Zins. In: Bildung und Verteilung des Volkseinkommens, 2. Aufl., Göttingen 1961, S. 171 ff.

derselbe: Wachstum und Einkommensverteilung, Heidelberg 1961.

Prest, A. R.: National Income of the United Kingdom 1870–1946. In: Ec. J., Bd. 58, 1948, S. 31 ff.

derselbe: Statistical Calculations of Tax Burdens. In: Economica, Bd. 22, 1955, S. 234 ff.

Probleme der Schuldentilgung. Schriften zur Neuordnung der Bundesfinanzen, H. 4, hrsg. v. Eidgenössischen Finanz- und Zolldepartement, Basel 1956.

Puthucheary, J.: Investment Incentive and Income Tax. In: Publ. Fin., Bd. 14, 1959, S. 218 ff.

Raabe, Karl-Heinz: Übereinstimmung und Unterschiede in der Definition und Messung der Abschreibungen in betriebswirtschaftlicher und volkswirtschaftlicher Sicht. In: Allg. Stat. Arch., Bd. 41, 1957, S. 357 ff.

Ratchford, B. U. and *P. B. Han:* The Burden of the Corporate Income Tax. In: Nat. Tax J., Bd. 10, 1957, S. 310 ff.

Recktenwald, Horst Claus: Bedeutung, Grenzen und neuere Entwicklung der Steuerüberwälzungslehre. In: FA, Bd. 16, 1955/56, S. 274 ff.

derselbe: Steuerinzidenzlehre. Volkswirtschaftliche Schriften, Heft 35, Berlin 1958.

derselbe: Steuerwirkungen. In: HdSW, Bd. 10, S. 182 ff.

Reuss, Gerhard E.: Produktivitätsanalyse, Basel 1960.

Ricardo, David: Über die Grundsätze der politischen Ökonomie. Berlin 1959.

Rignano, Eugenio: The Social Significance of the Inheritance Tax, New York 1924.

Ritschl, Hans: Begründung und Neugestaltung der steuerlichen Entlastung des Sparens. Gutachten. In: Sparkasse, Heft 20, 1957, S. 311 ff.

derselbe: Erbschaftsteuer. In: HdSW, 30. Lieferung, S. 273 ff.

Robinson, Joan: The Accumulation of Capital. London 1956.

Ruchti, Hans: Die Abschreibung. Stuttgart 1953.

Rüstow, Hans-Joachim: Theorie der Vollbeschäftigung. Tübingen 1951.

derselbe: Gewinnbesteuerung und Einkommensverteilung. In: FA Bd. 14, 1953/54, S. 360 ff.

Salin, Edgar: Besteuerung und Kapitalbildung. In: Z. f. Schw. St. u. V., Jg. 73, 1937, S. 502 ff.

Salz, Arthur: Vermögen und Vermögensbildung in der vorkapitalistischen und in der modernen kapitalistischen Wirtschaft. In: GdS, IV. Abt., 1. Teil, Tübingen 1925, S. 160 ff.

Scheffler: Zur Begriffsbildung von Vermögen und Kapital. In: Z. f. Betriebsw., Bd. 5, 1928, S. 761 ff.

Schindler, Heinz: Investitionsrechnungen in Theorie und Praxis. Meisenheim 1958.

Schlesinger, Eugene R.: Corporate Income Tax, Shifting and Fiscal Policy. In: Nat. Tax J., Bd. 13, 1960, S. 17 ff.

Schmidt, Kurt: Steuerprogression. Basel 1960.

Schmölders, Günther: Die Notwendigkeit der organischen Steuerreform. In: FA, Bd. 14, 1953/54, S. 21 ff.

Schneider, Erich: Einkommen und Einkommensverteilung in der makroökonomischen Theorie. In: L'industria, 1957, S. 256 ff.

derselbe: Einführung in die Wirtschaftstheorie. 5. Aufl., Tübingen 1959.

Schreiber, Wilfried: Investieren, Sparen, Wirtschaftswachstum und Eigentumsverteilung. In: Jahrb. f. Nat.-Ök. u. Stat., Bd. 171, 1959, S. 251 ff.

Schumacher, E. F.: Staatsfinanzen und ihr Verhältnis zur Vollbeschäftigung. In: Vollbeschäftigung. Bern 1946, S. 145 ff.

Schumpeter, Joseph: Erbschaftsteuer. In: Der deutsche Volkswirt, 3. Jg. 1928/29, 1. Hb., S. 110 ff.

Seifert, Jürgen: Zum Begriff der Konzentration. In: Gew. Mon.-Hefte 1959, S. 664 ff.

Seligman, Edwin R. A.: Die Lehre von der Steuerüberwälzung, Jena 1927.

Senf, Paul: Finanzpolitik und wirtschaftliches Wachstum. In: Wachstum und Konjunktur, Darmstadt 1960, S. 157 ff.

Shelton, John P. and *G. Ohlin:* A Swedish Tax Provision for Stabilising Business Investment. In: AER, Bd. 42, 1952, S. 375 ff.

Shelton, John P.: A Tax Incentive for Stabilising Business Investment. In: Nat. Tax J., Jg. 9, 1956, S. 232 ff.

Shoup, Carl S.: Some Problems in the Incidence of the Corporation Income Tax. In: AER, Pap. and Proc., Bd. 50, 1960, S. 457 ff.

Shultz, William J.: The Taxation of Inheritance. Boston 1926.

Simoneaux, Mervin J.: Accelerated Depreciation Tax Advantages and Corporate Income Determination. Baton Rouge 1957.

Slichter, Somer: Inflation and Savings: The Long View. In: Savings in the Modern Economy. Minneapolis 1953, S. 65 ff.

Sohn, Karlheinz: Konzentration heute und morgen. In: Das Mitbestimmungsgespräch. Sonderdruck.

Somary, Felix: Die finanzielle Durchführung einer einmaligen Vermögensabgabe. In: Schr. d. Ver. f. Soc. Pol., Bd. 156, München 1918, S. 85 ff.

Somers, Harold M.: Estate Taxes and Business Mergers: The Effects of Estate Taxes on Business Structure and Practices in the United States. In: The J. of Finance, Bd. 13, 1958, S. 201 ff.

Der soziale Wohnungsbau in der Bundesrepublik. In: Bundesbaublatt 1959, S. 230 ff.; 1960, S. 237 ff.; 1962, S. 278 ff.

Stockfisch, J. A.: Investment Incentive, Taxation, and Accelerated Depreciation. In: The Southern Economic Journal, Bd. 24, 1957/58, S. 28 ff.

Stobbe, Alfred: Kurzfristige und langfristige Bestimmungsgründe der Einkommensverteilung. In: Schw. Z. f. V. u. St., Bd. 96, 1960, S. 131 ff.

Stucken, Rudolf: Die große Vermögensabgabe und das heutige Finanzierungsproblem. In: FA, Bd. 11, 1948, S. 230 ff.

Stucken, Rudolf, u. *Werner Ehrlicher:* Zur Frage der Überwälzung der Unternehmungssteuern, FA, Bd. 14, 1953/54, S. 367 ff.

Stucken, Rudolf: Vermögensteuern. Heft 29 d. Schriftenreihe d. Instituts »Finanzen und Steuern«, Bonn 1957.

Stützel, Wolfgang: Volkswirtschaftliche Saldenmechanik, Tübingen 1958.

Tautscher, Anton: Die Vermögenssubstanzsteuer. In: Zeitschr. f. Nat.Ök., Bd. 13, 1951, S. 308 ff.

Thiemeyer, Theo: Die gegenwärtige Diskussion über die Vermögensbildung der Arbeitnehmer in der Bundesrepublik. In: Eigentum in der industrialisierten Gesellschaft, Göttingen 1958, S. 59 ff.

Timm, Herbert: Gedanken zur Staatsverschuldung. In: FA, Bd. 9, 1941/42, S. 622 ff.

Tobin, James: Relative Income, Absolute Income, and Saving. In: Money, Trade, and Economic Growth. New York 1951, S. 135 ff.

Umfang und Merkmale des Wohnungsbaus in der Bundesrepublik Deutschland im Jahre 1959. In: Bundesbaublatt 1960, S. 302 ff.

Vegh, Imrie de: Effects of Death Taxation. In: Can. Tax J., Jg. 2, 1954, S. 34 ff.

derselbe: The Changing Saving Pattern of High-Income Groups. In: Savings in Modern Economy, Minneapolis, 1953, S. 206 ff.

Die Vermögensbildung und ihre Finanzierung im Jahre 1959. In: Monatsberichte der Deutschen Bundesbank, Juli 1960, S. 55 ff.

Vogel, Otto: Begriff, Typen und Wirkungen der Unternehmenskonzentration. Berichte des Deutschen Industrieinstitutes zur Wirtschaftspolitik, Nr. 1, 1959.

Wagner, Adolph: Finanzwissenschaft. Teil 2: Gebühren und allgemeine Steuerlehre, Leipzig 1880.

Wedgewood, J.: The Influence of Inheritance on the Distribution of Wealth. In: Ec. J., Bd. 38, 1928, S. 38 ff.

Weintraub, Sidney: Real Versus Price Theories of Distribution. In: AER, Pap. and Proc., Bd. 51, 1961, S. 62 ff.

Weise, Herbert: Die Steuern im Vereinigten Königreich. Kiel 1957.

Weisser, Gerhard: Die Stellung des Eigentums in der Steuerreform. In: FA, Bd. 13, 1951/52, S. 529 ff.

derselbe: Die Gesetzgebung über den Lastenausgleich. In FA, Bd. 16, 1955/56, S. 62 ff.

derselbe: Vermögen und Vermögenspolitik. In: HdSW, Bd. 11, 163 ff.

Welinder, Carsten: Inflation und Steuerverteilung. In: Publ. Fin., Bd. 13, 1958, S. 15 ff.

Wepner, Günter: Die Überwälzung der Körperschaft- und Einkommensteuer. In: Betriebsw. Forschung und Praxis, Bd. 6, 1954, S. 265 ff.

Wertheimer, Robert G.: Tax Incentives in Germany. In: Nat. Tax J., Bd. 10, 1957, S. 325 ff.

Wessel, Ulrich: Stichwort: Wohnungsbaumittel, öffentliche, Ablösung. In: Hdwb d. Städtebaus, Wohnungs- und Siedlungswesens, Stuttgart 1959, Bd. 3, S. 1670 ff.

Wiegmann, Hildegard: Probleme der Eigentumsbildung. Diss. Münster 1959.

Wiles, P.: Corporate Taxation and Depreciation. In: Bull. of the Oxford University Inst. of Stat., Bd. 12, 1950, S. 115 ff.

Der Wissenschaftliche Beirat beim Bundeswirtschaftsministerium: Gegenwärtige Möglichkeiten und Grenzen einer konjunkturbewußten Lohnpolitik in der Bundesrepublik. Gutachten vom 21. 2. 1960. In: Gutachten vom Januar 1957 bis März 1961. Göttingen 1961, S. 82 ff.

Wright, David McCord: Income Redistribution Reconsidered. In: Income, Employment, and Public Policy. Essays in Honour of Alvin H. Hansen, New York 1948, S. 160 ff.

Zeitel, Gerhard: Die Steuerlastverteilung in der Bundesrepublik Deutschland. Tübingen 1959.

Zweig, Gerhard, u. *Hans-Georg Feldhege:* Eigentum für alle. Bad Godesberg 1961.

Sonstige verwandte Literatur:

Amtliches Mitteilungsblatt des Bundesausgleichsamtes.
Annual Report of the Secretary of the Treasury on the State of Finance, 1959.
Economic Survey of Europe in 1956. Genf 1956.
Jahresberichte der öffentlichen Bausparkassen.
Die Deutsche Lebensversicherung. Verschiedene Jahrbücher.
Monatsberichte der Deutschen Bundesbank und der Bank Deutscher Länder.
National Accounts, Income and Expenditure. Hrsg. v. Dominion Bureau of Statistics, Department of Trade and Commerce, Ottawa.
National Income and Expenditure, hrsg. v. Central Statistical Office, London.
National Income 1954. Supplement to the Survey of Current Business, hrsg. v. US-Department of Commerce, Washington 1954.
Privates Bausparwesen. Jahresberichte, hrsg. im Auftrag des Verbandes der privaten Bausparkassen.
Statistical Abstract of the United States.
Survey of Current Business.
Statistische Informationen des Bundesausgleichsamtes.
Statistische Jahrbücher des Deutschen Reichs und der Bundesrepublik Deutschland.
U. S. Income and Output. Supplement to the Survey of Current Business. Hrsg. v. U. S. Dep. of Commerce, Washington 1958.
Allgemeine Vorbemerkungen zum Bundeshaushaltsplan 1958.

GPSR Compliance

The European Union's (EU) General Product Safety Regulation (GPSR) is a set of rules that requires consumer products to be safe and our obligations to ensure this.

If you have any concerns about our products, you can contact us on ProductSafety@springernature.com

In case Publisher is established outside the EU, the EU authorized representative is:

Springer Nature Customer Service Center GmbH
Europaplatz 3
69115 Heidelberg, Germany

Batch number: 10809472

Printed by Printforce, the Netherlands